本书得到国家哲学社会科学基金项目资助（项目编号：12B

U0636748

Research on the Contingent Allocation Strategy of
Control Rights in the
Chinese Enterprises' Overseas Mergers and Acquisitions

中国企业海外并购中的控制权
相机配置策略研究

◎ 马金城／著

中国财经出版传媒集团

经济科学出版社
Economic Science Press

前　言

并购是企业对外扩张的重要路径之一，更是跨国企业实现国际化发展的主要方式。进入 21 世纪后，基于国际化发展的需要，中国企业走出国门参与跨国并购的热情不断高涨，但由于管理经验和管理能力不足，中国企业在海外并购中重视并购交易过程完成而忽视并购后对被并企业治理整合的现象较普遍。作为并购方的中国企业在完成并购交易后的通常做法是保留被并企业的原管理团队，只向被并企业派驻财务总监和经营管理副手，保持被并企业的高度独立性。这种看似简单有效的"本土化"管理模式在实践中却成为许多被并企业后期治理整合和发展中的障碍。针对这种情形，本书聚焦于中国企业海外并购活动中对被并企业如何控制，主要回答了四个方面的问题：一是海外并购中控制权配置的理论依据是什么；二是中国企业海外并购中如何根据区位选择不同的控制权配置模式；三是中国企业海外并购中如何基于行业差异选择不同的控制权配置模式；四是并购交易完成后如何向并购方动态调整和相机转移控制权。

本书以中国企业参与海外并购的事件为研究样本，采用案例研究、统计分析和比较研究的研究方法，得出以下主要结论：（1）控制权配置是集决策机制、监督机制、激励机制为一体的综合权力体系设计，其配置过程受资源依赖、战略状态、环境条件等多方面因素影响，与相关情境因素"状态依存"进行相机配置是控制权配置的基本指导思想。（2）海外并购后过度放权与过度集权都是不可取的做法。与创业企业比较，影响被并企业控制权配置的因素更为复杂，跨国并购则再次增加了这种复杂性。在有利、中等、不利三种配置环境中，对应选择整体控制或关键点控制、关键点控制、放弃并购进入模式的控制权配置策略，对提升跨国投资效率具有重要意义。采用 DIM 方法进行比较分析发现：当股权结构分散，公司信息通过外部市场获得性强且获得成本较低时，企业控制权可选择市场型配置模式，控股股东应重视关键资源点控制；当股权结构集中，股东参与公司控制与监督的成本相对较低时，企业控制权可选择关系型配置模式，控股股东适宜进行整体控制。(3) 中国企业的财务资本实力和外部环境助推力较强，在初级产业和低端制造业领域也具备了明显的所有权能力和内部化能力，但在中高端制造业和服务业领域的所有权能力和内部化能力较弱，同时，中国企业整体战略协调能力较差，海外子公司的治理能力弱，这种弱势格局制约着中国企业海外并购中对被并企业的整体控制能力。自然资源寻求型海外并购比无形资源吸收型海外并购更容易受东道国制度环境的制约，适合于控股股东整体控制；战略协同能力对无形资源吸收型海外并购影响较大，这类目标的并购适合向管理层让渡控制权，控股股东实施关键资源点控制。(4) 海外并购后向原管理团队让权实施管理层控制应该重视两条"底线"：一是核心控制权不能让渡，关键点控制权不能让渡；二是让渡一般控制权应该以主并企业动态调整、收回权力的能力为依托。海外并购交易完成后，主并企业应重视对被并企业社会资本控制链的嵌入，应基于自身所有权能力、内部化能力积极开发并购双方战略协同平台，在战略演化中围绕主并方核心控制权构筑主并企业的顶层控制基础。

基于上述研究结论，本书对中国企业海外并购中的控制权相机配置主要提出以下建议：

(1) 海外并购中应该重视对被并企业的控制，简单实施"本土化"管理并不可取，向管理层让渡控制权必须注意把握"底线"。(2) 中国企业海外并购中应根据并购目标的差异和自身在不同行业领域内的控制权配置能力，对被并企业采取不同的控制方式和控制程度。一是对处于初级产业领域的自然资源寻求型海外并购，应以整体控制为目标，重视并购交易阶段股权的获得。二是对处于低端制造业领域的无形资源吸收型海外并购，应以整体控制为目标，利用自身所有权能力和内部化能力以资产收购的方式吸并目标方，通过高度内部化实现并购目标。三是对处于中高端制造业和服务业领域的无形资源吸收型海外并购，应正视自身所有权能力和内部化能力不足的事实，从小规模、小比例并购获取对目标企业关键资源点控制入手，实施管理层控制，通过构建并购双方战略协同平台提升被并企业的战略依附性，逐步实现从关键点控制到整体控制的转变。(3) 理性分析不同东道国的区域治理特征和制度环境约束，适应性选择被并企业的控制权配置方式。在美英区域重视市场化配置模式的采用——控制权配置给管理层，控股股东重视关键点控制；在美英以外的区域重视关系型配置模式的采用——控股股东积极参与内部治理，控制权配置给由重要股东控制的董事会，重视对被并企业的整体控制。采用市场化配置模式时，要重视监督机制和激励机制的完善；采用关系型配置模式时，要重视同其他利益相关者的协作，营造共同治理的决策氛围。(4) 放权给原管理团队，实施管理层控制的海外并购活动中，主并企业在并购之初就应设计一个贯穿控制权配置全过程的控股股东顶层控制机制，当主并企业核心利益受到侵害时，控股股东应通过恰当的控制权转移方式相机完成控制权由管理层向控股股东的转移。

本书的主要贡献在于：遵循国内外学术研究规范，通过对控制权配置、并购和跨国并购中控制权配置的理论进行文献梳理，为海外并购中控制权相机配置模式建立一个理论分析模型；采用比较分析和统计分析的方法测度了中国企业海外并购中控制权配置能力；将DIM比较方法应用于区位差异下控制权配置模式选择的分析，对不同区位的东道国企业控制方式给出了参考意见；通过跨案例分析对中国企业海外并购中控制权初始配置、动态调整和相机转移策略进行研究，对中国企业海外并购中控制权相机调整提出建议。本书的结论和建议为并购后控制的理论研究以及中国企业海外并购后对被并企业的治理整合提供了有益的参考。

目 录
Contents

第 *1* 章

绪　　论

本章在对研究背景进行阐述的基础上，明确具体的研究问题。然后对研究中涉及的关键概念进行界定，对研究内容予以明确，论述了研究的理论和现实意义。最后对采用的研究方法、研究思路和整体研究框架进行说明。

1.1
研究背景

随着中国资本市场的不断完善，近年来中国企业通过并购实现扩张的步伐不断加快。根据 CVSource 投资中国数据终端显示，2015 年中国并购市场宣布交易案例达 9 700 起，宣布交易规模 7 094.43 亿美元，数量及金额较2014 年同比分别增长 24.30% 和 78.05%；完成交易案例数量为 4 156 起，同比上升 33.16%，完成交易规模 3 160.8 亿美元，同比增长 56.37%[①]，这一数据显示，不论是并购案例数还是并购交易金额都比十年前增长五倍之多。在并购模式不断受到企业重视的同时，通过跨境并购方式走向海外也越来越受到中国企业的青睐。在 2014 年中国企业实现的 1 231.2 亿美元对外直接投资流量中，海外并购交易实现的直接投资金额达到 324.8 亿美元，占到总投资流量的 26.38%[②]。显示出并购模式已经成为中国企业海外扩张的

---

① 数据来源：CVSource "投中统计：2015 中国并购规模创新高"，http://chinaventure.com.cn，2016 年 1 月 8 日。

② 数据来源：商务部、国家统计局、国家外汇管理局联合发布的《2014 年度中国对外直接投资统计公报》。2014 年中国企业海外并购实际交易金额为 569 亿美元，其中直接投资 324.8 亿美元，境外融资 244.2 亿美元，因境外融资不形成对外直接投资流量，因此境外融资部分在此处未计入海外并购交易总额。

重要进入方式。

中国企业通过海外并购进入方式实施跨国直接投资主要是 2000 年以后的行为。在改革开放之初的 1979 年，中国企业年度对外直接投资金额只有 50 万美元，20 世纪 90 年代中国企业的对外直接投资快速发展起来，年平均对外直接投资额达到 23.2 亿美元，但这一阶段的对外投资仍然以新建投资为主，并未选择海外并购进入方式，即使是在接受的境外对中国的投资中，跨国并购所占比重也不足 5%（UNCTAD，2000）。根据商务部等三部委发布的中国对外投资统计公报数据，从 2002 年初至 2014 年末，中国对外直接投资规模出现跨越式发展，对外投资年均增长速度达到 40% 以上。这期间通过海外并购进行的直接投资越来越受到重视，2010 年以来，中国对外直接投资额超过 30% 是通过海外并购的方式完成的。据新华网 2016 年 4 月 7 日报道，2016 年一季度，中国已公布的外向并购总额达 922 亿美元，成为全球跨境并购中的最大收购国，占到全球 30% 的市场份额①，涉及中国的跨国并购交易越来越引起全世界的关注。

但是，在中国企业海外并购交易快速增长的同时，较高的并购失败率也成为无法回避的问题。据有关机构的一项调查，除了一些大型企业以外，70% 进行海外并购的中国企业是第一次实施海外并购。其中，90% 的企业在海外并购前没有在目标企业所在国的投资经验。在中国企业海外并购较多的矿业领域，失败率甚至达到 80%，许多企业依然在"摸着石头过河"。依据关于成功的不同判别标准，中国企业海外并购失败率处于 50%~70%②。典型的海外并购失败案例包括：TCL 集团收购法国汤姆逊彩电业务和阿尔卡特手机业务整合失败、上汽集团收购韩国双龙汽车无法实施控制、中海油收购美国优尼克石油公司失手、中国平安收购比利时富通银行巨亏，这些经典的案例也进一步揭示了海外并购的风险。

海外并购的风险和较高的失败率已经引起了实业界的重视，尤其是实业界关注到并购的失败多缘于并购后的整合不力。海外并购中语言、文化、制度环境等方面的较大差异以及地理距离的障碍，使得海外并购比境内并购更难以整合。于是，为获得交易机会并降低交易完成后的整合难度，中国企业

---

① 资料来源：新华网，"中国一季度成全球跨境并购最大收购国"，2016 年 4 月 7 日。

② 资料来源：中国行业研究网"海外并购失败率处于 50%~70%"，http://www.chinairn.com，2014 年 1 月 8 日。

海外并购中的通常做法是保留被并企业原管理团队，将被并企业控制权让渡给管理层，控股但不控制，通过管理层控制实现被并企业的本土化管理。那么，作为主并方的中国企业的上述做法真能提高海外并购的成功率吗？管理层控制会给中国企业海外并购带来哪些新的障碍？主并方在管理层控制情境下应该如何行使权力保护控股股东利益？这些问题已成为中国企业海外并购实践中亟须解决的现实问题。

控制权是一组排他性地使用和处置企业稀缺的财务和人力等资源的权利束（Demsetz，1997），是排他性地利用企业资源从事投资和市场营运的决策权（周其仁，2002）。把控制权配置给所有者（控股股东）还是管理层（经营者）更有效率，理论界存在着不同观点（Hart & Moore，1990；Hart，1995；张维迎，1995；Barzel，1997；方竹兰，1997）。在近年的研究中，融合不同观点进行相机配置的思想得到更多学者认同（Aghion & Bolton，1992；周其仁，1996；付雷鸣等，2009；徐细雄、淦未宇，2013；崔淼等，2013），强调有效的控制权配置应是依据企业状态变化使控制权在所有者与经营者之间相机安排。

现有理论关于控制权如何配置才更有效率的研究虽然取得了一定的研究成果，但主要是针对创业企业的研究，针对并购角度的研究被忽视（Hitt et al.，2004），尤其是很少关注并购交易完成后对被并企业控制权动态调整和相机转移问题（乐琦、蓝海林，2010），具体到跨国并购中控制权配置的研究更为鲜见。凯罗莉、威瑞、卢巴金等是为数不多的围绕并购后控制权问题开展研究的国外学者（Calori et al.，1994；Very et al.，1996；Lubatkin et al.，1998；Larsson & Lubatkin，2001）。事实上，并购后主并企业对被并企业的控制是并购双方关系的核心，并购后的控制方式和控制程度直接影响到并购后的整合以及被并企业的绩效（Shimizu et al.，2004）。没有一个合适的控制机制，主并企业希望通过并购行为达成的目标很难顺利实现（Geringer & Frayne，1990），主并企业需要在并购后实施合理和有效的控制才能保证并购后的企业整合和运营符合主并企业的战略目标（Hitt et al.，2004）。

综合以上理论认识可见，学者们已经注意到并购后控制权如何配置会直接影响并购目标和并购绩效，但在这方面的研究还缺乏系统性，更缺乏具体的研究结论。因此，围绕海外并购这一具体领域进行系统性的理论梳理，从理论层面回答海外并购中基于不同因素的影响采用哪种控制权配置模式、控制到什么程度更有效率，这是并购理论研究，尤其是跨国并购投资理论研究的重要课题。

1.2
研究问题

中国企业海外并购的快速发展主要得益于中国整体经济实力提升的推动和全球经济环境变化创造的投资机会的拉动，从公司治理角度看中国企业并不具有优势。因此，海外并购中在控制权配置方面趋同性强，个性化选择较少。习惯性地保留被并企业原管理团队，实施管理层控制的做法虽然有利于赢得东道国监管部门及目标企业少数股东和管理层的认可，从而获得并购交易机会，但这种简单的选择也成为许多被并企业后期整合和发展的障碍，甚至导致并购失败。上汽集团并购韩国双龙汽车就是因过度放权给管理层而导致失控，最终导致并购失败的典型案例。因此，以中国企业海外并购活动为研究重心，从理论梳理到案例分析，本书主要回答了以下三个方面的问题：

（1）海外并购中放权给管理层实施管理层控制的理论基础是什么？管理大师德鲁克（Drucker，1986）在总结"成功兼并的五条原则"时指出，主并企业如果没有能力或没有准备向被并企业提供新的最高管理层，这个收购活动就不太可能成功；不管被并企业的管理人员多么有能力，他们通常都不应该继续留任，而外部录用新的高层管理人员则是一种很少取得成功的冒险，相信能"买来"管理是天大的谬误。德鲁克同时强调，在并购后最多一年的时间内向被并企业派驻最高管理层才能很好地保证并购目标的实现。与德鲁克的观点完全不同，中国企业海外并购却热衷于放权给原管理团队实施管理层控制，那么中国企业的做法是有违理论逻辑还是基于一种新的情境变化？这需要进行理论探讨和实证检验。

海外并购中放权给管理层实施管理层控制属于企业控制权配置问题。在控制权配置的理论研究中，阿吉翁和泰若尔（Aghion & Tirole，1997）将控制权分为名义控制权与实际控制权，名义控制权是对公司的战略发展方向、公司的重大经营改变等作出决定的权力；而实际控制权指的是公司权力部门做出发展决议之后，由公司管理层等执行部门具体执行决议，在执行过程中，管理层实际控制着决议的执行方向和程度，因此，其往往拥有对公司的实际控制权。名义控制权只是理论上的推演，实际控制权才是现实的决策权力。刘磊和万迪昉（2004）将控制权分为一般控制权和核心控制权。一般控制权通常被赋予人力资本所有者，而掌握在所有者手中的核心控制权则是一种或然权力，仅在特殊情形下被激活。上述两种观点比较相似，即一方面承认了控股股东的权力，但它是象征性的，实际权力掌握在管理层手中；另一方面形式性的控股股东控制权力可以被激活进而转化为实际控制权力。以这一理论思想为基础，需要研究的问题是：海外并购中为何要实行管理层控制？在海外并购中主并企业如何把握让渡控制权的边界？在放权给管理层控制的情形下如何构筑一个能够激活核心控制权的控股股东利益保护机制？对这些问题的探讨属于企业控制权配置中实施管理层控制的理论基础问题的研究。

（2）决定海外并购中控制权配置模式选择和控制程度的关键要素是什么？

爱默生（Emerson，1962）提出了资源依赖理论，认为权力建立在当事人所拥有的资源基础之上；希克森等（Hickson et al.，1971）则提出了战略相机状态理论来解释组织内部的权力，认为谁该拥有权力应该看谁对组织战略实施的不确定性拥有更强的处理能力。对于企业的控制权应该配置给谁更合适，多数学者遵循资源依赖理论进行了研究，重视股权资本和社会资本对控制权配置的决定作用，也有不少管理学者认为组织的集权程度取决于情境（Mintzberg，1983；Child，1984；Robbins & Coulter，2012）。环境的稳定程度、高层管理者的能力、决策的重要性、公司的规模以及战略目标实现对决策者的依赖程度等因素决定着应该集权控制还是分权控制。海外并购活动是一种特别情境下的企业扩张行为，那么，并购情境以及海外并购情境的引入，企业的控制权配置环境发生了怎样的变化？哪些因素是决定中国企业海外并购中控制权模式选择和控制程度的关键要素？回答这些问题需要对并购情境下影响控制权配置的因素进行理论层面的梳理；要对具有资本优势但缺少所有权能力和内部化能力的中国企业的控制权配置能力进行客观测度；在结合目标方环境分析的基础上要从理论层面为中国企业海外并购中控制权配置模式的选择以及控制程度进行系统设计。

（3）中国企业海外并购中如何配置控制权最有效率？

区位环境因素是影响权力配置的重要因素（Zingales，2004；Dunning，2008），目标企业所处的行业特征影响着企业的控制权配置倾向（Aghion &

Bolton，1992）。近些年快速增长的中国企业海外并购在目标方区位选择上体现出明显的区域集聚性特征，并购活动主要发生在美国、德国、澳大利亚和加拿大等少数发达国家；在行业选择方面重点集中在基础资源获取的采矿业领域，机械与工业制品、电子电气设备、汽车及配件、软件及网络服务业则是增速较快的热点行业；海外并购活动在区位与行业的关联上呈现出个别区域行业集聚特征：以能源为主的采矿业并购主要发生在澳大利亚和加拿大等国，发生在德国和美国的并购交易主要集中在制造业领域。因此，聚焦中国企业海外并购的实践，对上述重点区域、重点行业的控制权配置环境进行专门分析，研究重点区域存在怎样的治理环境特征，海外并购中如何配置控制权最有效率？分析海外并购涉及的主要行业领域的治理环境特征，研究不同行业采取何种控制方式、控制到何种程度对实现并购目标最有利？通过跨案例应用分析回答上述问题，一方面是对中国企业海外并购中控制权相机配置的理论模型进行实证检验；另一方面也通过对中国企业海外并购实践的分析，总结经验，发现规律，为其他企业开展海外并购活动提供借鉴。

1.3
研究对象和主要概念

1.3.1　研究对象范围

本书研究中国企业海外并购中的控制权相机配置问题，这一研究问题在研究对象方面涉及三个层面的限定：一是并购行为；二是海外并购行为；三是中国跨国企业的海外并购行为。

首先，本书把并购行为作为研究对象。并购是兼并（merger）和收购（acquisition）的统称（简称"M&A"），这一定义已经被中外学术界和实业界广泛接受。尽管学术界对兼并和收购没有明确的界定，但实践中兼并行为更倾向于资产购买，收购行为则倾向于股权购买。本书中所指的并购行为包含两类对象，但也不做严格区分，泛指资产购买和股权购买两类行为。并购与一般股权投资不同，对于购买了多少股权或资产归属于并购存在不同定义。联合国贸易发展会议（UNITED，2000）认为，购买方购买了10%以上目标方的股权即确认为并购，但多数学者则把购买方通过购买目标方的资产或股权，并成为目标方第一大股东作为确认并购行为的标准，并不关注购买比例为多少。本书认同后者的确认标准，即把购买方通过购买目标方资产或股权，并成为第一大股东的行为确认为并购行为。另外，并购活动中涉及买方、卖方和目标方三方面主体，对三方面主体理论界有不同的称谓。本书中将买方主体统称为主并企业或主并方；卖方主体统称为卖方股东；目标方统称为目标企业（并购交易完成前）及被并企业（并购交易完成后）。

其次，本书聚焦海外并购行为开展研究。海外并购属于跨越国境的并购投资行为，本质上与跨国并购相同。跨国并购（Cross-border Mergers and Acquisitions）是国内并购的延伸，是跨越国界的并购活动。从字面上理解，跨国并购是指产权交易跨越国家界限而实施的企业并购行为，为把非主权国家的独立关税贸易区囊括在内，我国的相关法律法规把国内企业对其他国家和地区包括中国香港、中国澳门和中国台湾在内的企业并购行为称为"跨境并购"，而在学术界与实业界，通常把这类并购行为习惯性称为"海外并购"。因此，为与国内学术界与实业界的习惯称谓保持一致，本书聚焦的海外并购行为特指中国企业在境外（包括香港、澳门和台湾地区）实施的跨境并购行为。本书中涉及外国企业间的并购仍然称为跨国并购；从东道国角度出发，将外国企业对东道国企业的并购称为外资并购。

最后，本书围绕中国跨国企业的海外并购行为展开研究。何为跨国企业？20 世纪 70 年代初，联合国经济及社会理事会通过全面考察跨国企业的各种准则和定义，于 1974 年决定统一采用"跨国公司"名称，将两个或两个以上国家的经济实体所组成的，从事生产、销售和其他经营活动的国际性大型企业确定为跨国公司。虽然这一界定中强调了跨国公司"大型企业"的特征，主要是指发达资本主义国家的垄断企业，但这一定义并未明确规模标准。联合国跨国公司委员会也明确了跨国公司应具备的三个要素（吴文武，2000）：一是跨国公司是指一个工商企业，组成这个企业的实体在两个或两个以上的国家内经营业务，而不论其采取何种法律形式经营，也不论其在哪一经济部门经营；二是这种企业有一个中央决策体系，因而具有共同的政策，此政策可能反映企业的全球战略目标；三是这种企业的各个实体分享资源、信息及分担责任。三个要素也主要强调了跨国属性，并没有具体定量标准，跨国企业区别于国内企业或一般涉外企业的主要标志是在海外建立子公司。参照以上标准，本书所指的中国跨国企业泛指走出国门，在中国境外（包括香港、澳门和台湾地区）拥有开展经营业务实体的企业，并非特指符合哪种定量标准的企业。由于绝大多数情况下海外并购的结果会伴随海外控股子公司的建立，因此，强调中国跨国企业的海外并购行为旨在突出跨国子公司运营和管理的特性，在具体研究对象方面，中国跨国企业海外并购行为与中国企业海外并购行为并无明显差别。

1.3.2　主要概念界定

1. 控制权及控制权配置

在伯利和米恩斯（Berle & Means，1932）首次提出公司控制权概念之后，尤其是 20 世纪 80 年代以来，在产权理论、代理理论和战略管理理论的相关研究中，公司控制权及其如何配置问题已成为学术界研究的热点问题之一。到目前为止，尽管对公司控制权尚未形成统一的概念，但学术界广泛认可控制权是对公司拥有的实际控制权（Aghion & Tirole，1997；La Porta et al.，1999），它是一组排他性地使用和处置企业稀缺的财务和人力等资源的权利束（Demsetz，1997），排他性地利用企业资源从事投资和市场营运的决策权（周其仁，2002）。本书认为，控制权的核心是决策权，所有权不等于控制权，代理行为的出现使控制权与所有权分离，在存在代理的情形下，所有权更多体现为现金流权，控制企业的战略和方向才是控制权的核心内容。因此，本书中的控制权是指企业利益的核心主体为维护自身利益而对企业的重大决策直接支配或施加实质影响，直接或间接控制企业重大决策的权力。

控制权配置是指控制权在不同权力承载主体间的具体安排。在企业的治理框架中，控制权承载主体主要包括控股股东、董事会以及管理层，因此，企业控制权配置指的是重大决策权力在控股股东、董事会和管理层间的具体分配过程。由于董事会常常受控股股东或管理层主导，因此，控制权配置在多数情况下是决策权在控股股东与管理层间的具体分配过程。由于控制、监督和激励三位一体（马永斌，2013），控制权配置需要综合考虑决策机制、监督机制与激励机制的配套设计，因此，控制权配置又是企业构建相互制约、相互促进的控制权体系的过程。

2. 控制权相机配置

由于控制权配置是一个综合制衡的权力体系的设计过程，因此，许多学者认为企业控制权应该适应不同情境相机安排（Aghion & Bolton，1992；张维迎，1996；徐细雄等，2008、2013；付雷鸣等，2009）。企业的所有权结构和资本结构、企业的资源依赖倾向和战略特征、企业的监督和激励机制的完善程度、企业运营的外部环境等因素都在某种程度上影响着企业是集权治理还是分权治理。阿吉翁和伯尔顿（Aghion & Bolton，1992）的"状态依存"配置控制权的思想明确指出，最优控制权配置可能要取决于不同的自然状态，信号依赖的控制权配置要优于单边完全的控制权配置。以这一思想为指导，本书认为，企业应根据其所处的外部环境、治理环境以及内部运营环境对实际控制权进行适应性安排，即实际控制权要依存于企业的生存状态进行相机抉择，策略配置，亦即控制权相机配置。控制权相机配置是尊重客观情境的高效率公司治理安排，企业只有基于现实运行环境与经营状态相机进行控制权配置，才能实现效益的最大化，进而实现多方参与主体的利益最大化。

3. 控制权初始配置

本书对于海外并购活动中控制权配置的研究以并购交易完成为分界线，划分为两大阶段：并购交易机会获得阶段和并购交易完成后的整合、运营阶段。在并购交易机会获得阶段，主并企业进入到一个全新的环境之中，既需要抓住交易机会，又要将自身的影响嵌入到目标企业中去，此时需要在并购契约中将目标企业的控制权配置原则予以明确，并在完成并购交易的同时依据这些原则变革目标企业的控制权配置体系，这即是本书强调的控制权初始配置。从本质上讲，本书中的控制权初始配置过程也就是控制权相机配置过程。控制权初始配置强调的即是根据"状态依存"思想相机确定控制模式和控制程度。在本书局部研究内容中之所以使用控制权初始配置概念，主要是为了与并购交易完成后的控制权动态调整、相机转移（重新配置）进行呼应。因此，本书的控制权相机配置与并购交易机会获得阶段的控制权初始配置是同一研究范畴。

4. 控制权动态调整

控制权相机配置强调在股东、董事会、管理层间构建各方面利益均衡的控制权配置体系时需要考虑具体目标企业的所有权结构、资本结构、资源属性、战略特征以及企业的内、外部运行环境，这里的"相机"强调的是根据并购交易阶段具体企业的情境，因企业而异安排控制权。而影响具体目标企业控制权配置的情境因素并不是静止不变的，在并购交易完成后的整合以及运营阶段，相关影响因素会随着企业发展而不断演化。基于影响因素的演化，被并企业的控制权配置体系应该进行适当调整，包括董事会结构、董事人选的变动，个别管理层人员的调整，监督、激励机制的完善等内容，这些调整只是局部微调，未从本质上改变控制权初始配置的原则，本书中将这类行为界定为控制权动态调整。控制权动态调整是对初始配置进行的调整，是并购交易活动中主并企业顶层控制机制发挥作用的重要体现，因此，也是控制权相机配置内容的延伸。

5. 控制权相机转移

在并购交易完成后的整合和运营阶段，基于影响因素的演化，尤其是当被并企业的资源依赖与战略状态发生根本性的改变时，标志着被并企业控制权初始配置的情境发生了本质的变化，此时主并企业能力优势显现，而被并企业管理层的能力优势已经变得微弱，这种情形下主并企业就会择机收回控制权。另外，针对被并企业中围绕控制权配置产生的摩擦与冲突，主并企业试图通过动态调整来消除分歧，但当这些手段难以达到预期目标时会导致冲突升级，进而引发控制权争夺战。因此，当影响企业控制权初始配置的关键要素发生本质改变，或被并企业的控制权冲突升级而无法调和时，就会引发控制权重新配置。本书所指的控制权相机转移即指上述情形下控制权从管理层向控股股东的转移过程，它是并购交易完成后对被并企业控制权的重新配置，也是并购交易活动中主并企业顶层控制机制发挥作用的重要体现，因此，也属于控制权相机配置内容的延伸。

1.4
研究内容和意义

1.4.1 研究内容

并购后对被并企业的控制是并购活动的核心内容（Hitt et al. , 2004），并购后的控制方式和控制程度直接影响到并购后的整合以及被并企业的绩效（Shimizu et al. , 2004）。本书中心内容聚焦于中国企业海外并购活动中对被并企业控制机制的构建，主要研究内容有以下四个方面：

（1）海外并购中控制权配置的理论基础。海外并购中的控制权配置问题既属于企业控制权配置问题研究的具体化，也是对并购后并购双方控制关系的研究。控制权配置的核心问题是决策权在控股股东和管理者间如何分配的问题（Aghion & Bolton，1992；Aghion & Tirole，1997；祝继高、王春飞，2012；徐细雄、淦未宇，2013）。在对企业控制权配置理论文献梳理的基础上，将并购以及海外并购的情境因素嵌入企业控制权配置模式选择模型，从理论层面探讨海外并购中控制权相机配置的依据。

（2）区位因素的影响与中国企业海外并购中的控制权配置模式选择。在海外并购活动中，区位环境因素对控制权配置模式的选择有明显的制约作用。这些环境因素主要包括文化环境因素、治理环境因素、制度环境因素等方面。文化环境因素和治理环境因素表现为区域性影响，而制度环境因素则以东道国法律规制的形式表现为具体国别的影响。因此，本书将从区域特征和国别特征两个角度对影响控制权配置的区位因素展开分析，为海外并购中适应区位环境特征相机配置控制权提供参考。

（3）行业因素的影响与中国企业海外并购中的控制权配置模式选择。基于海外并购战略目标的不同，并购活动所选择的行业领域也不同。中国企业在不同行业领域的竞争优势存在较大差异，其中在初级产业部门的采掘业和低端制造业领域优势明显，而在中高端制造业领域和服务业领域缺乏竞争力。在以所有权能力、内部化能力为核心标准对中国企业海外并购中的控制权配置能力客观测度的基础上，分析验证在不同行业领域的海外并购中的控制权配置模式和配置效果，为海外并购中基于并购战略目标的不同而相机配置控制权提供参考。

（4）并购交易完成后控制权的动态调整和相机转移。海外并购活动中的控制权配置贯穿并购交易前后两个阶段。并购交易阶段相机制宜进行了初始配置，但在并购交易完成后，随着影响控制权初始配置各因素的演化，特别是在初始配置不利的情形下需要对控制权体系进行动态调整，当原有控制权配置环境发生质的变化时则需要重新配置控制权。控制权的动态调整和相机转移也是控股股东实现对被并企业从关键资源点控制向整体控制转变的过程。因此，本书将对哪些因素的演化会引发控制权的动态调整或相机转移，采取何种手段实施控制权的动态调整或相机转移最有效率，控股股东如何构筑对被并企业整体控制的权力基础等内容进行实证分析。

1.4.2　研究意义

1. 理论意义

聚焦于海外并购活动中对被并企业的控制问题的研究，研究的理论意义主要有三点：

（1）并购后主并企业对被并企业的控制是并购双方关系的核心，并购后的控制方式和控制程度对并购目标的实现和并购绩效具有决定性影响（Shimizu et al.，2004；Hitt et al.，2004），但该角度的研究被忽视（Hitt et al.，2004）。目前国内理论界关于并购问题的研究主要集中在并购机会的获得角度，对并购交易完成后的研究通常是笼统讨论并购整合问题。虽然国外有学者针对并购后控制问题进行了一些探讨，但相关研究角度和成果也比较零散，缺乏系统性，国内学者专门针对并购后控制的研究更为少见。本书围绕并购活动中的控制权配置问题进行系统的理论梳理，开发相应的分析模型，初步形成并购后控制问题的系统研究框架，在一定程度上填补了该细分领域的研究缺口。

（2）现有对跨国企业控制的研究主要集中在跨国子公司控制的角度，也遵循控制权相机配置的思想，强调跨国子公司的控制权配置应该根据子公司的战略角色定位和成长阶段选择控制权配置模式（Birkinshaw & Morrison，1995；于伟等，2008；杨忠智，2011），但这些研究主要是以新建形成的跨国子公司为研究对象，专门针对跨国并购活动中对被并企业如何配置控制权问题的研究较少见。本书围绕跨国并购中形成的子公司控制模式进行专门研究，也是在该细分领域的新尝试，相关分析框架和研究结论为该角度的后续研究提供了一定的理论参考。

（3）新兴经济体相对于发达国家跨国子公司的控制权配置成本会更高。国家层面的制度落差、文化距离，母公司与合作伙伴关系层面的资源互补性、合作理念一致性、双方谈判能力对比以及母公司对子公司的战略角色定位等制约着治理模式选择（林润辉等，2011）。本书以中国企业海外并购活动为研究对象，研究新兴经济体对处于发达国家的跨国子公司的控制问题，相关研究结论对于探讨后发国家对发达国家的投资逻辑和对处于发达国家中的子公司治理模式选择具有一定的理论贡献。

2. 实践意义

随着中国企业竞争力不断增强，有能力"走出去"并购海外企业的公司会大量涌现，同时，国家政策环境也在多个方面支持中国企业通过并购活动走向国际。因此，针对中国企业海外并购所面对的较高失败率问题，从控制权配置角度剖析海外并购低效率的原因，寻求对策和完善控制权配置模式，这是中国企业通过并购实现快速成长的需要，也是实现国家整体战略的需要，凸显了本书的现实意义。本书的相关研究结论对中国企业有效开展海外并购活动具有重要指导价值。基于本书的相关结论，中国企业应注意到在海外并购中实施管理层控制并非普适性模式，选择何种控制方式、控制到什么程度需要根据情境相机抉择；通过科学评测自身的控制能力，对处于不同区位、不同行业领域的被并企业相机选择恰当的控制模式，完善监督机制和激励机制，在最大限度发挥被并企业管理层作用的同时，保障主并企业核心利益不受侵害；重视并购交易完成后被并企业控制权动态调整和相机转移的意义，打造主并企业控制权基础，择机实现从关键点控制向整体控制的转变。

1.5
研究思路和方法

1.5.1 研究思路

首先，通过对控制权配置、并购和跨国并购中控制权配置的理论文献梳理，为海外并购中控制权相机配置模式建立一个理论模型。其次，从比较分析与实证分析中测度中国企业海外并购中的控制权配置能力，并基于区位差别分析控制权配置模式选择。再次，通过跨案例分析海外并购中控制权初始配置、动态调整和相机转移策略。最后，为海外并购中控制权相机配置策略选择提供政策建议。具体研究思路如图1－1所示。

1.5.2 研究方法

本书遵循国内外学术研究规范，采用了文献研究、比较分析、统计分析与案例分析相结合的研究方法。

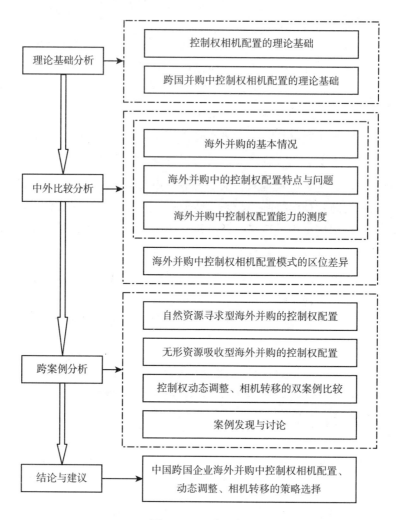

理论基础分析
- 控制权相机配置的理论基础
- 跨国并购中控制权相机配置的理论基础

中外比较分析
- 海外并购的基本情况
- 海外并购中的控制权配置特点与问题
- 海外并购中控制权配置能力的测度
- 海外并购中控制权相机配置模式的区位差异

跨案例分析
- 自然资源寻求型海外并购的控制权配置
- 无形资源吸收型海外并购的控制权配置
- 控制权动态调整、相机转移的双案例比较
- 案例发现与讨论

结论与建议
- 中国跨国企业海外并购中控制权相机配置、动态调整、相机转移的策略选择

图 1 - 1　研究思想

1. 文献研究

国内外文献资料为本书提供了理论支撑。本书的资料搜集和借鉴主要集中在三个方面：一是以"Journal of International Business Studies""Academy of Management Review"等期刊为代表的国外顶尖管理学期刊和以《管理世界》《经济研究》《南开管理评论》等期刊为代表的国内高水平管理期刊上的并购文献；二是 Wind 资讯并购数据库、Zephyr 全球并购数据库、国泰安 Csmar 数据库并购数据、清科研究中心数据库数据；三是联合国贸易和发展组织（UNITED）2000～2014 年世界投资报告、商务部等三部委 2005～2014 年度中国对外直接投资统计公报相关数据。通过上述文献资料的整理和分

析，提出本书的相关分析模型，构造本书的研究框架。

2. 比较分析

本书中的比较分析部分采用了两种分析模式：一是 DIM 比较分析。DIM 方法适用于典型经济活动分析，是对经济体制中决策（decision-making）、信息（information）、动力（motivation）因素的比较分析。将该方法的基本理念引入海外并购活动的分析，比较不同区域的决策结构、监督结构和激励结构，从而为科学选择控制模式提供应用参考；二是跨案例比较分析。采用跨案例比较研究在方便数据收集的同时，研究几个案例间的共性和特性，使之相互印证、互为补充，通过差别复制的原则，可得到比单案例更具普适性的结论（Yin，1994）。

3. 统计分析

在对数据库数据的搜集和整理的基础上进行定量分析。首先，根据 Wind 资讯并购数据库数据、UNITED 世界投资报告、商务部等三部委的中国对外直接投资统计公报等相关数据，对中国企业海外并购状况进行描述性统计分析，从直观角度揭示中国企业海外并购中控制权配置方面的优势和不足。由于中国企业海外并购样本数据有限，凸显出直观的描述性统计分析在本书中更具实际应用价值。其次，以国泰安 Csmar 数据库、Wind 数据库数据为样本，通过 EXCEL 对数据进行初步处理和进一步加工，采用 SPSS16.0 软件对样本数据进行多元回归分析，对相关变量的影响作用进行检验，完善分析量表。

4. 案例分析

由于中国企业海外并购样本数据有限，依靠有限的样本难以进行大样本统计分析，因此，通过对典型企业调研搜集资料，根据数据资料剖析个案，采用描述性案例分析和探索性案例分析相结合的案例分析方法探索一般规律是本书的重点。案例研究擅长于回答"怎么样"和"为什么"的问题（Yin，1994），而本书的目标在于尝试回答决定并购活动中控制权配置的关键因素是什么，因而采取案例研究的方法也比较适合。另外，本书中针对控制权初始配置、动态调整和相机转移的研究，采用了纵向比较案例研究方法（Eisenhardt，1989），是对动态演化过程中因果关系的研究，从过程视角探索问题的一般规律，纵向比较案例研究方法更合适（Langley et al.，2013）。

1.6
框架体系

根据上述研究工作，本书的具体框架体系设计如图1-2所示。

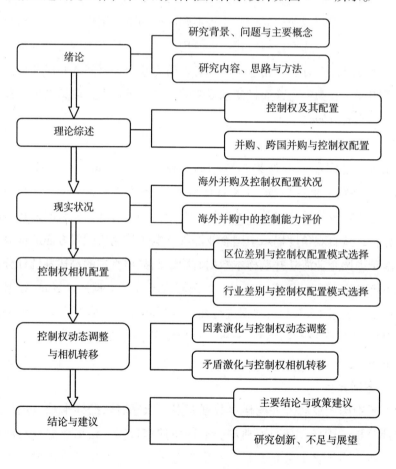

图1-2　研究框架体系

第2章

企业控制权相机配置的理论框架

本章以本书所涉及的主要概念内涵为主线，对企业控制权、控制权配置、控制权相机配置、控制权动态调整等基本内涵在前一章界定的基础上作了进一步解释。基于不同的理论视角（包括产权理论、代理理论、资源基础理论、战略相机理论等）对控制权配置机理及相机配置影响因素的研究做了回顾和评述。借鉴国内外相关研究成果，并以代理理论、资源基础理论、战略相机理论为主要理论支撑，本章构建了企业控制权配置理论分析框架和相机配置影响因素分析框架，并从基础理论认识角度对本书的研究问题和整体研究思路作了进一步说明。

2.1
企业控制权及其内涵

在公司治理的制度设计中，控制权配置是被高度重视的关键内容，但在现代企业理论中，控制权却是一个被广泛提及但又较为模糊的概念。

追溯对"控制权"的相关认识，最早提及"控制权"的是伯利和米恩斯，在他们发表于 1932 年的著作《现代公司与私有财产》中明确提出了"控制权是与所有权相分离的公司制度的特殊产物"，控制权是"所拥有的选举董事会成员或其多数成员的权力"。之后，美国 1933 年的《证券法》和 1934 年的《证券交易法》中约定，"控制权"指的是直接或间接具有指挥或引导某人的管理和政策方向的权力，而不限于是通过具有表决权的证券所有、合同或其他方式来行使这一权力。

20 世纪 80 年代以来，在产权理论、代理理论和战略管理理论的相关研究中，公司控制权及其如何配置一直成为理论界研究的热点问题，对控制权的内涵也赋予了更丰富的内容。但由于伯利和米恩斯（Berle & Means，1932）本身就认为控制权是一个模糊概念，而法律上给出的也只是列举式约定，因此，后来学者的相关研究中对控制权的定义也一直未形成一个统一的认识。分歧的焦点主要在于控制权是选举权还是决策权。例如，布隆伯格（Blumberg，1983）认为控制权是选择大部分董事和指导公司管理的权力；劳丝（Loss，1988）认为控制权是对公司的经营和决策有主导的权力；张维迎（1998、2003）认为控制权主要表现为"投票权"，即契约中没有说明的事情的决策权，是当一个信号被显示时决策选择什么行动的权威；德姆塞茨（Demsetz，1997）认为公司控制权是一组排他性使用和处置公司内部财务资源、人力资源、市场资源等稀缺资源的权利束；周其仁（1997）认为控制权就是排他性利用企业资产，特别是利用企业资产从事投资和市场营运的决策权。在两种认识的争论中，更多学者越来越倾向于认为控制权是决策权。

把控制权看作是决策权，近年来具有代表性的研究和主要观点体现在五个方面：（1）控制权是决策控制权。法玛和詹森（Fama & Jensen，1983）从与控制权紧密相连的决策权入手，认为企业的决策权分为决策管理权和决策控制权。决策管理权指最初决策方案的提议和方案被批准后的执行权力；决策控制权则包括对决策方案的审批权和决策方案执行的监督权。通常经营者拥有的是决策管理权，实际控制人拥有的是决策控制权。（2）控制权是剩余控制权。格罗斯曼和哈特（Grossman & Hat，1986）指出，由于合同的不完备，那些未被初始合同规定的或然事件出现时的决策权力就是控制权，这是企业产权契约规定的特定控制权之外的剩余控制权。张维迎（1995、2005）也认为控制权即是因契约不完备和未来的不确定性而导致的"剩余空间"出现时的决策权力。（3）控制权是实际控制权。阿吉翁和泰若尔（1997）认为，控制权可分为名义控制权与实际控制权，名义控制权是指作出决定的权利，即股东大会对公司的战略发展方向、公司的重大经营活动改变等作出决定的权利。实际控制权指的是对决议的有效控制，公司权力部门作出发展决议之后，由公司管理层等执行部门具体执行决议，在执行过程中，管理层实际控制着决议的执行方向和程度，因此，其往往拥有对公司的实际控制权。名义控制权只是理论上的推演，实际控制权才是现实的决策权力。（4）控制权是核心控制权。刘磊和万迪昉（2004）认为控制权可以分为一般控制权和核心控制权。一般控制权通常被赋予人力资本所有者；而掌握在所有者手中的核心控制权则是一种或然权力，仅在特殊情形下被激活。

从表面上看，一般控制权与核心控制权的划分同阿吉翁和泰若尔（1997）的名义控制权与实际控制权划分的出发点一致，但二者在权力归属的认识上存在差异：刘磊和万迪昉强调的是控股股东往往拥有主导决策的核心控制权，阿吉翁和泰若尔则强调拥有信息优势的管理层往往拥有实际控制权。由于核心控制权的行使状态决定了一般控制权的配置和运行状态，因此，核心控制权又被称为"控制控制权的控制权"，是企业的终极控制权（刘磊、万迪昉，2004）。（5）控制权是赚取控制权收益的基础。格罗斯曼和哈特（1988）首先提出了控制权收益的概念。阿吉翁和伯尔顿（1992）在相关研究中指出，企业的货币收益按照正式的所有权安排在所有者之间分配，控制权收益则只能由掌握控制权的阶层享有；控制权收益包括非利润的所有收入以及从企业开支的消费等。控制权收益可能为掌握实际控制权的代理人享有（Aghion & Bolton，1992），也可能为控制性股东享有（Dyck & Zingales，2004）。

综合以上思想，本书认为，尽管关于控制权及其内涵尚没有形成统一的认识，但对控制权基本内涵的理解在三个方面有较高的认同：（1）控制权是一种权力。同传统"权力"一样，这种权力既可能来源于职位权力（法定权力、强制权力和奖赏权力），也可能来源于个人权力（专家权力和参照权力），又可能来源于关系权力（血缘关系、地缘关系和人脉关系权力）。控制权可以借助股权资本优势通过票选来取得相关职位，也可以借助人力资本、关系资本等社会资本优势以代理方式取得。（2）控制权的核心是关键事项决策权。不论是把控制权划分为名义控制权和实际控制权，还是划分为一般控制权和核心控制权，都是强调对企业发展的关键事项具有真实控制权力才算是拥有控制权。这些关键权力的首要层次是公司发展战略决策权，次级层次是公司核心高管人员聘用、融资、利润分配等决定公司发展政策的决定权。（3）控制权是对"收益"的控制权。控制权是保障收益的基础。这里的收益既可能是现金流权收益，也可能是控制权私利收益。在保护自身正常收益不受侵占的目标下，拥有控制权就可以随时对不完全契约进行修补，保障现金流权对"剩余"的合理分配；而在追求控制权私利的目标下，拥有控制权的控制性股东或内部管理者就可以利用其控制权地位获取独占性私有收益。

基于上述分析可以认为，控制权的核心是决策权，投票权是获得决策权的手段，决策控制才是核心目标。管理本身就是决策，企业中的决策贯穿高层、中层和基层，因此，企业控制权应是涉及企业发展战略和大政方针的高层决策权力。因此，本书中的企业控制权是指"企业利益的核心主体为维护自身利益而对企业的重大决策直接支配或施加实质影响，直接或间接控制企业重大决策的权力"。

2. 2
承载控制权的权力基础

2. 2. 1　控制权的权力来源

对于组织中权力的来源，弗伦奇和雷文（French & Raven，1959）总结了两大领域、五种权力：一个是职权领域，即权力的获得来自于组织中的职位，这一领域的权力包括法定权力、强制权力和奖赏权力；另一个是权威领域，即当事人的个体威信形成的影响力，这一领域的权力包括专家权力和参照权力。尚玉钒和富萍萍等（2011）在此基础上强调了权力来源的第三个领域——关系领域。他们认为，关系权力是独立于职位权力和个人权力存在的，这一领域的权力主要包括血缘、地缘和人缘三种权力类型。

企业控制权作为组织权力的一种，其来源同样在三大领域中体现。首先，从职位权力领域看，企业控制权可以在三个层面实现：一是股东层面；二是董事会层面；三是管理者层面。（1）股东层面的投票权。股东对公司的控制主要体现在"票决制"中，通过多数票来决定公司的重大事项。股东的票决能力通常与股东的持股比例成正比（Aghion & Tirole，1997）。绝对控股的股东对公司重大事项的决策拥有确定的控制权；相对控股的股东对公司重大事项的决策控制能力会受到其他股东对决策认同度的制约；而在股权比较分散的情形下，股东对公司重大事项的票决能力会比较微弱（LLSV[①]，1999；La Porta et al.，1999）。（2）董事会层面的决策权。董事会代表公司行使法人财产权，享有法人民事权、提案权、聘任权和信息披露权等关键决策权力。通过在董事会中占有相对多数的席位或设置有利的董事会结构来控制董事会，进而控制企业关键事项的决策，可实现对企业的真实控制（Lip-

---

① LLSV 即拉·波塔（Rafael La Porta）、洛配兹·西拉内斯（Florencio Lopez-de-silanes）、安德烈·施莱弗（Andrei Shleifer）和罗伯特·维什尼（Robert Vishny）四位美国学者的合称。

ton & Lorsch，1992；Byrd & Hickman，1992）。（3）管理者层面的执行权。管理者对企业资产拥有直接使用权、运作权、生产与服务权等执行权力。尽管管理者不具有直接决策权，但管理者拥有直接面对市场的信息优势，在股东、董事缺少足够用以支撑决策的信息情形下，为提高决策的科学性，股东、董事会依赖管理者的"提议"，导致管理者把执行权与决策权统一，实现代理控制（Agrawal & Knoeber，1996；李维安、张国萍，2005）。其次，从个体权威领域看，技术权力与参照权力在对控制权的影响中更多地体现为知识资本的影响。知识资本是组织及其成员的知识和能力的集合，它除了体现在组织成员的各种技能和知识之外，还包括组织的管理资本、知识产权资本、顾客资本和市场资本（樊治平，2003）。在知识经济时代，知识资本对组织发展的重要性越来越强。当然，由于组织行业属性的差异，知识资本对知识密集程度不同的组织的影响程度也存在明显差异。越是知识密集型组织，知识资本对组织控制权的影响力也会越强（徐细雄、淦未宇，2013）。最后，从关系领域看，关系权力对控制权的影响主要体现为社会资本的影响。传统认识中，社会资本被列为广义的知识资本（彭灿，2010）。布迪厄（Bourdieu，1985）认为，社会资本是实际或潜在资源的集合体，那些资源是同某种持久性的网络的占有密不可分的，这一网络是大家共同熟悉的、得到公认的，而且是一种体制化关系的网络，社会资本的重点在于拥有某种资源的成员以一定的资源为基础，由成员在频繁交流过程中逐步形成的内部信任关系维持，使人们能够从这种稳定的网络关系中获益。公司发展中不论是控制性股东还是管理层，都可以把社会资本当作获取或巩固控制权的工具，控制性股东为了拉拢、左右和控制其他股东、董事和经理人员，通常要动员组织的社会资本和个人的社会资本（高闯、关鑫，2008）。赵晶等（2010）对草原兴发公司控制权转移过程进行研究后认为，控制性股东通过社会资本可以增强互信，节约交易费用，强化对股东大会、董事会和管理层的控制。祝继高和王春飞（2012）通过对国美电器控制权争夺的研究认为，在大股东相对控股的情形下，股权资本控制处于不稳定状态，社会资本控制则成为控制权的组成部分，并对股权资本控制形成一定的替代效应。

　　综合以上分析可见，如果从广义角度将知识资本也纳入社会资本范畴考察，企业控制权的权力基础主要来源于两大领域：股权资本和社会资本。两大领域可能共存，也可能相互替代，企业依赖的关键资源属性决定了股权资本与社会资本在企业控制权配置中的影响力度。

2.2.2 谁该拥有实际控制权

在组织中谁该拥有权力这一问题上，社会学界主要有两种观点，即资源依赖理论（resource dependence）和战略相机状态理论（strategic contingencies）。爱默生（1962）将权力看作是组织内社会关系的一个特质，在社会关系中，人们之间是相互依赖的，权力就是体现人们相互依赖的途径或媒介。他认为，行为者 A 对 B 的依赖程度，与 A 在保持同 B 的关系中所获取的投资回报正相关，而与关系外的投资回报负相关，因此 A 对 B 的依赖本质上是对 B 拥有的资源的依赖，B 的权力建立在其所拥有的资源基础之上。希克森等（1971）则提出了战略相机状态理论来解释组织内部的权力分配。他们认为组织是由一个个相互依赖的子单位组成，子单位的权力与组织面临的不确定性的处理、可替代性以及是否处于组织的中心有关，一个子单位处理不确定性的能力越强，越不容易被别的子单位替代，越是处于组织的中心，则其权力就越大。因此，谁拥有权力应该看谁对组织战略实施的不确定性拥有更强的处理能力。

以上述理论为基础，本书认为，对于企业中谁该拥有控制权也应该从两个角度进行分析：一个角度要看谁是企业运行所依赖的关键资源的提供者；另一个角度要看谁对企业战略实施具有不可或缺的影响力。

从资源角度看，企业的资源主要由人、财、物和信息四大类组成。在四大类资源中，财与物同属于物质资本，而人与信息则应归类为知识资本，人和信息中的人脉关系与社会网络信息可归类为关系资本，知识资本与关系资本都可归类为广义的社会资本（彭灿，2010）。基于前述分析，物质资本的承载主体为股权资本提供者，而社会资本的承载主体通常为人力资本的提供者，那么，关于谁该拥有实际控制权的讨论，主要集中于股权资本的提供者和人力资本的提供者两大主体之上。

在公司治理实践中，股权资本并非是形成控制权的唯一要素，诸如个人权威、从业经验与行业声誉、决策能力等非股权资本同样可能成为控制权的权力源，并对股权资本的控制权效应形成某种替代或强化（徐细雄、淦未宇，2013）。赵晶等（2010）、关鑫和高闯等（2011）即重点从非股权资本——社会资本角度研究企业控制权的配置，更关注社会文化因素对实际控制权的影响。事实上关于企业中的股权资本提供者与人力资本提供者谁该拥有实际控制权问题的争论由来已久，争论最终落脚在企业依赖的关键资源是股权资本还是人力资本之上（方竹兰，1997）。黄中生（2008）系统总结了两种观点的主要理论依据。他在总结中指出，强调股权资本优先的理论认为，股权资本是企业依赖的关键资源，是资本在雇佣劳动，人力资本在企业关键资源依赖中处于从属地位，因此，企业的控制权应该为股权资本的提供者拥有。其主要理论依据是：（1）非人力资本具有抵押功能而人力资本不具有这样的功能；（2）非人力资本具有承担风险的能力而人力资本不具有这样的能力；（3）非人力资本是企业存在的起点。强调人力资本优先的理论认为，在知识经济的背景下，人力资本的重要程度不断增加，人力资本成为企业发展的主导力量，是劳动在雇佣资本，因此人力资本的提供者应该拥有企业的控制权。其主要理论依据是：（1）非人力资本社会表现形式的多样化趋势和证券化趋势，使得非人力资本所有者日益成为风险的逃避者，而人力资本的专用性和团队化趋势，使其日益成为企业风险的真正承担者；（2）人力资本所有者才是企业财富的创造者。

　　针对谁该拥有实际控制权的争论，本书认为不论是"资本雇佣劳动"论，还是"劳动雇佣资本"论，都是站在较为单一的角度对一个复杂问题进行的静态分析，对于不同行业领域以及处在同一行业领域但处于不同发展阶段的企业，人、财、物、信息四大类资源并非都是均衡分布的。对于资本密集型企业来讲，对股权资本的依赖程度可能会更高，而对于技术密集型企业来讲，则可能更依赖人力资本的资源优势。并且，股权资本和社会资本对单一企业的影响作用会随着企业生命周期的更迭而发生演化，导致企业关键资源依赖倾向发生变化，进而也会使真实控制权承载主体相机改变。因此，谁该拥有实际控制权应基于不同行业、不同生命周期阶段，从动态角度考察企业关键资源的依赖倾向，动态确定企业真实控制权由股权资本提供者还是人力资本提供者掌握。

　　从战略相机状态角度看，企业战略实施中的不确定性主要来源于外部环境因素的影响，环境的复杂程度以及具体影响因素的变动性是不确定性产生的根源（Robbins & Coulter，2012）。企业所处行业领域不同，影响其战略实施的外部环境因素及影响程度都会存在差异，另外，企业规模、企业所处的发展阶段不同，外部环境因素对企业战略实施带来的影响程度也会不同。如图 2-1 所示，越是处于高不确定性中的企业，专业技能、信息等人力资本对战略实施的作用就越大，人力资本的提供者对控制权的承载能力就越强；而越是处于低不确定性中的企业，股权资本对企业战略实施的影响会越突出，股权资本的拥有者对控制权承载能力就越强。徐细雄和淦未宇（2013）认为，股权资本提供者往往在初始投资时把控制权授予具备专业技术知识和信息优势的管理层，以提升决策和资源配置效率，而随着企业发展，特别是一旦经营业绩不佳或战略出现冲突，控制权承载主体就会发生变化，控制权就会相机转移给股权资本提供者。由此可见，依据战略相机状态理论，谁该拥有企业实际控制权要看在处理企业战略实施中所面对的不确定性时谁最具有关键作用。

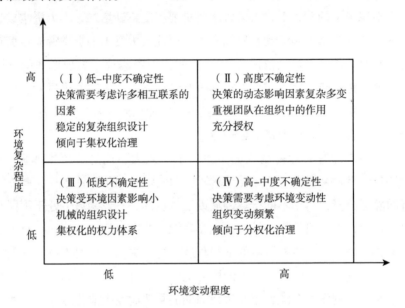

图 2 - 1   不确定性中的企业决策、组织结构与权力分配

资料来源：作者参考罗宾斯和库尔特（Stephen P. Robbins & Mary Coulter）著. 管理学（第11 版）[M]. 北京：中国人民大学出版社，2012：46、270 页相关内容设计。

2.3
企业控制权相机配置与动态调整

2.3.1   控制权配置

简单从字面理解，控制权配置是指控制权在不同权力承载主体间的具体安排。以前述分析为基础，控制权配置是指企业中的关键决策权在控股股东、董事会和管理层间的具体分配。但本书进一步研究发现，控制权配置是公司治理系统中以战略决策权分配为核心的权利制衡机制的构建，它是企业决策机制、监督机制和激励机制的综合构建过程。马永斌（2013）在讨论控制权争夺与股权激励关系时指出，公司治理是一个企业家、资本家和经理人涉及权力和利益分配的合约，公司治理最核心的内容是控制权配置和利益分配，明确、合理地配置股东、董事会和经理人之间的权力、利益和责任，从而形成有效的综合制衡关系，这是公司治理机制构建的关键。而讨论比较热烈的"股权制衡"理论也强调决策、监督和激励的平衡。施莱弗和维什尼（Shleifer & Vishny，1986）认为股权分散的情况下实施管理层控制，如果缺乏对经理人的监督，就容易造成经理人内部人控制，损害公司绩效；而在大股东一股独大下由大股东控制，如果没有外部监督，又容易产生大股东侵害中小股东利益的问题（LLSV，1999）；朱红军和汪辉（2004）在对宏智科技股份公司控制权争夺事件进行分析后指出，构建一个多元制衡的权力机制，既可以监督大股东的控制权私利行为，又可以监督经理人，防止出现内部人控制。基于这些理论认识，本书认为控制权配置就是围绕企业决策权安排，构建一个决策机制、监督机制和激励机制协调作用的权力制衡体系，在实现企业利益最大化过程中，最大化每一个利益相关者利益。图 2 - 2 是这一权力体系设计框架，这一权力配置过程也充分考虑了决策控制权、监督控制机制和激励约束机制相互影响、相互制衡的互动作用过程。

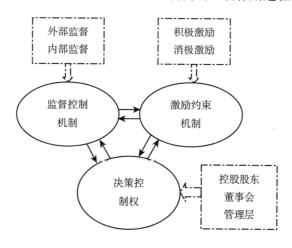

图 2 - 2　企业控制权配置机理

在图 2 - 2 中，企业的决策控制权指的是企业战略和企业发展的重大事项决策权，它可以配置给控股股东、董事会或经理层；监督控制机制由外部监督机制和内部监督机制构成，其中外部监督机制包括债权人监督、社会舆论监督、司法监督等内容；内部监督则包括股东干预、董事会监督、监事会监督和高管监督等内容。激励约束机制主要是针对管理层设立，其中积极激励包括股权激励、薪酬激励和声誉激励等内容；消极激励主要包括惩罚、解雇等内容。

基于图2-2所呈现的企业控制权配置机理，企业控制权综合配置框架进一步体现为适应监管体系和激励体系约束下的决策权安排，图2-3则是这一综合分析框架的描述。

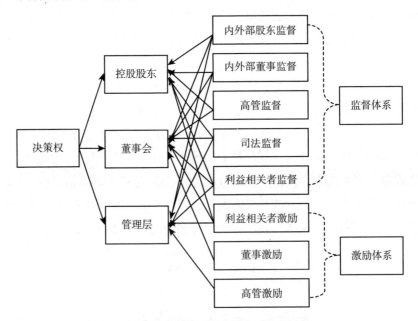

图2-3   企业控制权配置理论分析框架

2.3.2   控制权相机配置

基于控制权配置是一个综合制衡的权力体系的设计过程，许多学者认为控制权的配置应该适合不同的环境条件约束，相机制宜（Aghion & Bolton，1992；张维迎，1996；徐细雄等，2008、2013；付雷鸣等，2009）。阿吉翁和伯尔顿（1992）在其讨论创业投资者与经营者如何配置控制权的经典论文中认为，如果经营者收益与总收益线性相关，那么企业最好由经营者控制；如果货币收益与总收益线性相关，那么企业最好由资本所有者控制。张维迎（1996）通过设计简要模型分析了控制权配置的情形，他认为对应着企业不同的经营状况，企业控制权的主体应是不同的[①]。蒂斯（Teece et al.，1997）指出静态的资源基础观和核心能力的核心刚性无法使企业在迅速变化的环境中保持竞争优势，企业为保持竞争优势应该具备动态能力，这种能力就是用于整合、构建和重新配置内外部资源以应对快速变化的环境的能力。付雷鸣等（2009）认为有效的控制权配置应是依据企业状态变化使控制权在所有者与经营者之间相机转移。徐细雄和淦未宇（2013）在总结前人研究的基础上针对控制权在所有者和经理人间的相机安排提出并证明了三个基本命题：（1）宏观层面的法律制度环境影响控制权配置模式的选择，资本市场权益司法保护制度越完善，企业越倾向于经理人控制；（2）微观层面的企业技术生产率越高，企业越倾向于经理人控制；（3）经理人市场活跃程度影响控制权配置模式选择，经理人市场越发达，企业越倾向于经理人控制。同时，战略本身具有时间范畴的属性，战略环境和前提的转化将导致旧战略的消亡，取而代之的是一种崭新的战略状态（梁运文，2008），战略的演化将加快控制权配置的调整。陈敏灵等（2015）则采用 Matlab 仿真方法探讨了相机控制模式下科技型创业企业的控制权相机配置机理。

　　基于上述理论认识，并遵循资源依赖理论及战略相机状态理论配置权力的思想，本书认为，企业应根据其所处的外部环境、治理环境以及内部运营环境对实际控制权进行适应性安排，简单讲即是实际控制权要依存于企业的生存状态进行相机抉择、策略配置。控制权相机配置是尊重客观实际的高效的公司治理安排，企业只有基于现实运行环境与经营状态相机进行控制权配置才能实现企业效益的最大化，进而实现多方参与主体的利益最大化。

2.3.3　控制权相机配置的影响因素

　　根据图 2-3 描述的控制权配置分析框架，综合不同学者的研究结论，遵循"状态依存"配置控制权的思想（Aghion & Bolton，1992），本书对控制权配置研究文献进一步梳理发现，所有权结构、资本结构、企业发展依赖

---

　　① 其模型的基本思想是：设 x 为企业总收入，z 为股东最低预期收益，w 为应付给工人的合同工资，r 为债权人的合同收入（本金与利息之和），则当企业 $w+r<x\leqslant w+r+z$ 时，股东应该处于支配地位；当 $w\leqslant x<r+w$ 时，债权人应该处于支配地位；$x<w$ 时，则工人应该处于支配地位；而若 $x\geqslant w+r+z$ 时，则经理应该处于支配地位。

的资源属性、战略特征、企业运行环境的不确定性程度和监督、激励机制的完善程度等六方面因素在企业控制权配置中受到了高度重视。

1. 企业的所有权结构

学者对所有权结构的研究角度主要集中在两个方面：一是所有权集中度；二是所有权人的身份构成。夏俊（1999）在比较了欧洲12个最大国家中最大的100家公司的各种所有权结构分布状况后认为，企业的所有权结构可分为六种类型：（1）分散所有权型，即没有一个单独的所有者拥有公司的股票份额超过20%；（2）主导所有权型，即有单一所有者拥有公司股票份额大于20%但小于50%；（3）个人（或家庭）所有权型；（4）政府所有权型，即中央或地方政府拥有公司股票的多数；（5）外国所有权型；（6）混合所有权型。在夏俊的分类中，前两类是基于股权集中度进行的分类，后四类则是基于持股人身份进行的分类。近年来，学者们针对所有权结构类别的研究也大都是基于股权集中度和所有权人身份对公司绩效的影响角度展开的（LLSV，1999；冯根福，2004；叶勇等，2005；甄红线、史永东，2008；陈仕华、郑文全，2010）。

从股权集中度视角看，多数学者认为所有权结构可分为股权分散型和股权集中型两大类。遵循 LLSV（1999）的研究方法，20%的比例通常被用作对股权是否集中的判别标准，第一持股人如果持股数在总股本的20%以上即视为股权集中，小于20%则视为股权分散。而根据公司投票权的规则，当投票权在50%以上时则拥有绝对话语权，因此，当第一股东持股比例在50%以上时又被认为是绝对控股型所有权结构。基于这些认识，从所有权集中度角度看，本书认同夏俊（1999）的划分方法，即所有权结构可分为分散型股权结构、主导型股权结构和高度集中型股权结构。在股权分散的情况下，由于单个股东持股比例较低，投资者参与企业决策与监督的成本都较高，"搭便车"问题严重，因此，控制权配置上会更依赖于经理人的代理和完善的股权激励机制的构建；而在股权高度集中的情况下，重要投资者愿意对企业投入更多的财力和精力，控制权配置会向投资者方面倾斜，此时即使将控制权配置给经理层，当企业出现经营问题时投资者也容易通过撤换经理而收回控制权。但在主导型股权结构中，由于控制权私利的存在，主导股东的现金流权与控制权分离，为谋求控制权私利，控制权争夺会最为激烈，这一所有权结构类型中的控制权配置艺术更显重要。

从所有权人身份角度看，詹森和麦克林（Jensen & Meckling，1976）认为，内部股东（董事会成员及高管层人员）持股比例越高，他们的私利行为的成本就越大，因此，适当增加管理层人员的持股比例有利于公司价值的提升。施莱弗和维什尼（1986）通过实证研究发现，外部大股东可以采用协商或促进并购活动来监督公司管理者，因此，适当增加外部大股东及其持股比例，有利于公司价值的提升。

2. 企业的资本结构

企业的资本结构是指要素投入者投入资本的比例关系，从本质上看，资本结构问题主要是公司中股权资本与债务资本的比例安排问题。由于各要素投入者投入企业资本的性质和方式不同，其在企业决策中的地位及剩余分配中的分配方式也不同。资本结构决定着公司治理结构中股权投资者、债权人和管理者间的制衡关系，影响着治理效率。

周春生（2007）以詹森和麦克林（1976）对公司股权结构与公司价值的关系的认识为理论基础，认为资本结构对企业的控制权配置方式也会产生同样的影响：对企业管理者而言，还本付息是一种刚性约束，因此公司负债在一定程度上能够促使经理多努力工作，少进行在职消费，并尽可能做出更好的投资决策，从而降低由两权分离带来的代理成本。

高谦（2009）把资本结构、所有权结构与控制权配置结合起来考虑了四种资本——控制模式：（1）高负债比例的资本结构、控制型的所有权结构。控制权由股东掌握，实施内部人控制。（2）高负债比例的资本结构、分散型的所有权结构。通过控制权市场来实现控制权配置，实施外部人控制，股东不能完全拥有控制权。（3）低负债比例的资本结构、控制型的所有权结构。控制权由股东拥有，实施内部人控制。（4）低负债比例的资本结构、分散型的所有权结构。通过控制权市场实现控制权配置，股东不完全拥有控制权。

表 2-1 是资本结构、所有权结构对控制权相机配置影响的归纳。在四种类型中，（1）与（2）主要体现为高负债融资，控制权配置中的主要问题是股东与债权人的利益平衡问题，此时，由于债权人利益的增强，债权人对公司的监督作用也会不断强化，正是债权人发挥了较充分的监督作用，降低了公司对股东的治理依赖，构造了向经理层配置控制权的基础。（3）与（4）主要体现为高股权融资，控制权配置的主要问题是股东与经理人的利益平衡问题，此时，债权人的监督作用弱化，股东在公司中的利益较大，因此需要增加股东监督力量或强化对管理层的激励来减少与管理层的利益冲突。

表2-1　　　　　　　　资本结构、所有权结构与控制权相机配置

所有权集中度	高负债比例	高股权比例
控股型	控制权由股东掌握 实施内部人公司控制　　　　①	控制权由股东掌握 实施内部人控制　　　　③
分散型	控制权由控制权市场安排 实施外部人控制　　　　②	控制权由控制权市场安排 股东不完全拥有控制权　　　　④

资料来源：高谦. 资本结构与公司控制权配置研究［M］. 北京：中国金融出版社，2009：65-70.

3. 企业发展所依赖的资源属性

资源依赖理论（Emerson，1962）认为组织权力应该配置给组织发展所依赖的关键资源提供者，但处于不同行业的企业其所依赖的关键资源会存在属性差异，基于资源属性不同，资源提供者身份也会不同。物质资源（包括资金、实物等有形资源）的提供者多为股权资本的提供者——股东；非物质资源（包括技能、渠道、关系网络等无形资源）的提供者多为高管团队。无形资源与有形资源比较，显示出较强依附性、专属性、隐默性和适配性等特性，因此，这类资源的路径依赖性较强，与资源提供者之间有较大的黏性（刘文纲等，2007）。正是由于企业发展所依赖的资源属性的差异，在不同的企业中控制权的配置倾向不同：对物质资源强依赖的企业，控股股东控制可能更有利于股东利益保护；对无形资源强依赖的企业，股东受信息和专业能力局限影响，经理人因拥有更丰富的技能和经验，更熟悉市场态势，实施管理层控制对提升企业决策质量和资源配置效率会更有意义（Bennedsen et al.，2007；吴斌、黄鸣峰，2011）。

4. 企业战略特征

米尔斯和斯诺（Miles & Snow，1978）提出了一个企业战略选择模型，他们认为，企业的业务层战略可分为前瞻者、防卫者、分析者和反应者四种类型。实行前瞻者战略的企业是高度创新的企业，它总是寻求新的市场和新的机会，以增长和承担风险为导向。这类企业需要管理团队及雇员具有创新和创业精神，不断开发新产品和新市场，寻找新的商业模式和商业机会。采用防卫者战略的企业专注于保护自己当前的市场、保持稳定的增长和服务于当前的客户，他们采取的策略通常是降低成本和提高当前产品的绩效。采用这一战略的企业缺少进取性，缺少企业家精神，旨在保护当前的市场份额，防卫自己的核心业务。采用分析者战略的企业试图保护当前的业务并在新的业务中尝试创新，将前瞻与防卫结合起来。这类企业通常规模较大，既要保

护自己现有的业务，同时还要开创新的市场机会。采用反应者战略的企业没有一个一致的战略，随环境的变化而做出反应，这类企业通常因反应慢而影响企业绩效。比较上述四种战略类型可以发现，前瞻者战略最具风险性也最需要贴近市场，采用这种战略的企业应充分依靠管理团队的力量，因此授权和分权是提高效率的保障；而防卫者战略比较保守，严格规范化管理的集权模式适用性会更大些；在分析者战略中需要理清创新与防卫对企业发展的重要程度，相机考虑在哪些领域要集权，哪些领域要放权；在反应者战略中，基于企业缺少有效的前瞻性决策能力，放权给管理团队对提升反应的及时性效果会更好一些。而库玛和塞思（Kumar & Seth，1998）在实证研究不同因素对母子公司间控制权配置方式的影响作用时发现，母子公司战略的嵌入方向会影响控制权的配置，子公司战略越依存于母公司，越有利于对子公司的控制，增加子公司 CEO 权力并不会削弱母公司控制权；反之，子公司的战略独立性越强，母公司控制子公司的难度越大，放权给子公司管理层越可能导致母子公司战略冲突，损害母公司利益。

5. 企业运行环境的不确定性程度

根据希克森等（1971）的战略相机理论，企业战略实施中不确定性处理能力的大小决定权力的大小，那么企业运行环境的不确定性程度则直接反映企业对实际控制人不确定性处理能力的依赖程度。运行环境不确定性程度越高的企业对实际控制人的不确定性处理能力的依赖性会越强。因此，相比于成熟期以及处于低风险行业领域的企业，那些处于新建期、成长期的企业以及处在高风险领域的企业，因其较高的不确定性，分权决策的重要性更大。另外，竞争环境也影响企业控制权的安排。与拥有垄断能力的企业相比，处于充分竞争领域的企业发展的不确定性更高一些。德姆塞茨和莱恩（Demsetz & Lehn，1985）还认为，行业竞争程度越高的公司，其控制人获取控制权收益的难度越大，控制权收益也越低，因此，股东放权的代理成本就越低。邓宁（Dunning，2008）将制度环境引入跨国投资条件的分析，认为制度决定了国家激励结构的形式、质量和演进，会影响外国直接投资的流入和流出的数量和质量以及跨国公司的治理活动。

6. 企业内、外部监督和激励机制的完善程度

控制权配置是与企业内部治理机制中的监督和激励机制有机结合的系统，同时也受外部监督和约束机制的制约。施莱弗和维什尼（1986）认为，大股东之间有着相互监督与制约的作用，外部股东对内部股东和管理层也有这样的监督职能，因此，控制权的竞争受内外部治理环境的约束。拉·波塔（La Porta et al.，1999，2002）分析了控制权收益与法律制度对投资者保护之间的关系及其对资本市场发展的影响，认为法律制度对投资者保护程度越高，则公司控制权收益越低。津加莱斯（Zingales，2004）也认为，资本市场发展水平越低的国家，控制权收益机会越大；法律对小股东权利保护越好，控制权收益机会越小。控制权收益越小，则越适合分权管理。自拉·波塔等（1999）将法律制度变量引入到企业股权结构或控制权结构选择的分析以来，众多研究文献遵循了"投资者权益司法保护制度——控制权私利——企业控制权配置"的研究思路，强调外部制度环境对企业控制权相机配置的影响（徐细雄、淦未宇，2013）。

综合上述六方面因素可以发现，各因素在影响企业控制权配置方面所处的角度有所不同。其中，所有权结构和资本结构属于企业内部资本层面的影响因素；资源属性、战略特征、监督和激励机制则对某一类企业或某个具体企业产生影响作用，属于局部个体因素；外部环境因素则对多数企业具有共性影响。按照这种角度进行归类，六方面因素对企业控制权相机配置的影响过程分析框架如图2-4所示。

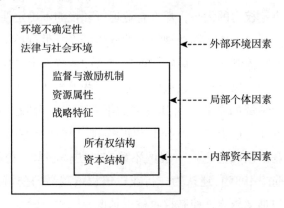

图2-4 企业控制权相机配置的影响因素分析框架

2.3.4 控制权相机配置、动态调整与相机转移

控制权相机配置强调在股东、董事会和管理层间构建各方面利益均衡的控制权体系时需要考虑具体企业的所有权结构、资本结构、资源属性、战略特征以及企业的内、外部运行环境，这里的"相机"强调的是根据具体情

境状况，因企业而异安排控制权。因影响具体企业控制权配置的各方面因素并不是静止不变的，这些因素中部分或全部会随着企业发展而不断演化，基于影响因素的演化，企业的资源依赖与战略状态也会发生改变。崔淼等（2013）以中外合资企业科隆公司为例从资源依赖角度研究了资源优势的演化对控制权配置的影响。他们研究发现，科隆公司的控制权配置经过了创业、摩擦、冲突和变革四个阶段。创业期中方拥有资源方面优势，控制权配置给中方高管层；摩擦和冲突期中方的资源优势出现弱化，相反外方的资源优势不断强化，控制权配置开始向外方倾斜；变革时期，外方的资源优势得到了充分显现，而中方的资源优势已经消失殆尽，外方乘机调整控制权初始配置，控制权由中方管理层转向了外方股东。本书认同崔淼等（2013）的分析逻辑及观点，与他们的分析路径有所区别的是，本书发现除资源依赖演化这一关键因素外，其他因素的演化同样也会引起控制权的动态调整，尤其战略演化会引起资源依赖的改变，资源依赖演化与战略演化相互作用，导致企业控制权配置在初始配置基础上不断进行动态调整直至重新配置。本书中将这种重新配置定义为控制权相机转移。基于关键资源依赖演化与战略特征演化而导致企业控制权从初始配置、动态调整到相机转移的变革过程如表 2-2 所示。

表 2-2　　　　企业控制权相机配置、动态调整与相机转移过程

阶段	初创期	冲突期	变革期
制约因素	基本影响因素	关键要素演化	关键要素改变
主导方能力	初始配置能力	维持能力	变革能力
控制权配置方式	相机配置	动态调整	相机转移

表 2-2 反映了在企业控制权的初始配置阶段，主导方根据影响企业控制权配置各因素的作用状况进行相机配置，实现各方面利益的均衡；随着企业的发展，影响控制权初始配置的各方面因素发生变化，尤其是随着关键资源依赖与战略特征的演化，原有的利益均衡格局开始出现不平衡，各利益方因争夺话语权开始出现摩擦与冲突，主导方为维持原有格局努力通过完善利益均衡机制或适当放权来进行动态调整以消除分歧；在变革阶段，由于影响企业控制权初始配置的关键要素发生本质改变，主导方择机变革控制权配置，构建新环境下各利益主体利益均衡的新控制权体系，完成控制权的转移。

2.4
本章小结

现有的相关文献主要基于代理理论、资源基础理论、状态依存理论等理论对企业控制权配置问题进行了研究，相关研究主要集中在企业控制权在控股股东与代理人间如何分配更有效率之上。已有研究结果表明，控制权配置是股东与代理人间的利益博弈问题，企业对关键资源的依赖决定着控制权配置给谁更合理，按"状态依存"思想配置控制权更符合客观实际。已有的研究文献为本书提供了重要的理论参考。但已有研究也存在两方面明显的不足：一是多数研究偏重静态考察企业控制权配置的效率，缺少动态考察思想和考察方式的融入；二是重视单一要素的影响——主要围绕资源依赖角度展开研究。已有研究的不足为本书提供了更广阔的研究空间。本书在梳理不同研究文献后认为：（1）控制权配置是一个综合权力体系的设计。为此，本书提出了包含监督机制和激励机制在内的控制权配置机理分析模型；（2）"状态依存"是控制权相机配置的指导思想。为此，本书设计了控制权相机配置影响因素分析框架；（3）战略特征是决定控制权相机配置的关键因素。为此，本书把战略状态引入控制权相机配置分析过程，与关键资源依赖一同作为影响控制权配置的关键变量。以上述理论思考为基础，本书对企业控制权相机配置的研究内容分为两大部分：一是如何根据不同影响因素状态进行控制权初始阶段的相机配置；二是基于各影响因素演化，尤其是关键资源依赖演化和战略方向演化进行控制权的动态调整和相机转移。相关理论分析框架如图2-5所示。

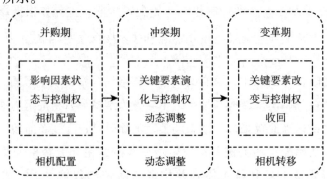

图2-5 企业控制权相机配置的综合分析框架

第 3 章

跨国并购与控制权相机配置

本章从理论层面对跨国并购中控制权相机配置问题进行专门分析。首先，对影响企业控制权配置的相关因素在并购情境下对被并购企业的控制权配置环境、控制主体、控制内容和控制方式的影响过程进行了剖析。其次，从目标企业治理环境、主并企业控制能力和子公司控制模式三个角度对跨国并购中跨国子公司的控制权配置问题展开讨论，在此基础上构建跨国并购中子公司控制模式综合分析模型。最后，对跨国并购中的控制权配置成本与控制权配置风险进行归纳总结。本章针对跨国并购与控制权相机配置的具体理论分析是后续案例分析的理论基础。

3.1
并购与控制权配置

3.1.1　企业并购中的一般治理问题

并购（Merger and Acquisition，"M&A"）是国际通用的对企业兼并和收购行为的合称。它既包括企业合并行为，即两家或更多的独立企业或公司合并成一家企业，通常是由一家占优势的企业吸收另一家或更多的企业的行为，也包括通过购买获取特定财产所有权的行为，即一方通过购买另一方部分或全部资产或股权，从而达到控制另一方目的的行为。不论是合并还是收购，都涉及资产的控制问题（Newburry & Zeira，1997）。

企业并购行为的操作通常涉及买方、卖方和目标企业三方交易主体，而根据买方及目标企业所在区位的不同，可以分为国内并购和跨国并购。跨国并购（cross-border mergers and acquisitions）是国内并购的延伸，是跨越国界的并购活动。从字面上理解，跨国并购是指产权交易跨越国家界限而实施的企业并购行为，为能把非主权国家的独立关税贸易区囊括在内，我国的相关法律法规把国内企业对包括香港、澳门和台湾地区在内的其他国家和地区企业的并购活动称为"跨境并购"，而在学术界与实业界，则把这类并购行为习惯性地称为"海外并购"。因此，为与国内学术界与实业界的习惯称谓保持一致，本书把中国企业在境外（包括香港、澳门和台湾地区）实施的跨境并购活动统称为"海外并购"。本质上，海外并购与国际经济领域的跨国并购完全相同。

不论是国内企业间的并购还是跨国并购，并购作为企业进入模式的选择来匹配国家和行业环境（Andersen，1997；Pan & Tes，2000），与新建投资模式①并驾齐驱，越来越受到企业青睐。尤其是在发达国家和地区企业的对外投资中，从20世纪80年代开始，并购已超过新建投资，成为企业跨国投资模式的首选（UNCTAD，2000）。

与创业投资、新建投资相比，并购作为企业对外投资进入模式，与单个企业内部治理和一般的母子公司治理不同，并购后的治理对象是之前存续的但发生了重要变革的组织，在并购后的企业治理方面会面对更复杂的问题。

1. 控制地位保护问题

并购是通过公司控制权市场竞争企业资源管理权的行为，控制权市场是不同利益主体通过各种手段收集具有控制权地位的股权或表决权，以获得对公司控制而相互竞争的市场（Manne，1965）。通过公司控制权市场竞争企业资源，表明主并企业不仅要同原有的资源控制者（卖方）进行谈判，同时还要时刻防备被并企业其他股东以及外部潜在投资者对目标资源控制权的争夺。基于此，并购多大股权比例，如何在不影响控制地位的前提下与其他外部股东实现共同治理是并购过程中即需要筹划的问题。同时，如何通过完善公司章程明确话语权地位，通过公司章程设立反并购规则和程序防御敌意收购，也是并购过程中为保护控制地位需要重视的治理问题。

2. 权力结构调整问题

权力结构调整主要在决策机构调整和监督机构调整两个方面。从公司治理角度来看，接管是公司控制权的外部市场，董事会则是公司控制权的内部市场（Fama，1980）。因此，通过并购从控制权外部市场获得目标企业控股

———

① 在跨国直接投资中也称为"绿地投资"（Green field Investment）。

地位后，控股股东与外部股东之间、控股股东与管理层之间首先要在董事会层面对决策权力进行重新分配。主并企业在并购目标企业后通常会依据并购协议改组董事会，通过掌控董事会，进而调整公司发展战略，确保并购目标实现。因此，董事会规模和结构的确定、董事会权限的确定以及董事会议事规则制定等问题就成为并购后被并企业治理的首要问题。与决策权力配置对应，监督机构的调整则是为保障权力规范行使，维护公司各利益相关者利益，构建公司综合治理体系的重要内容。

3. 代理冲突问题

根据哈特（1995）对代理问题的解释，组织内成员利益冲突的存在以及合同的不完全产生了代理问题，合同不完全又是基于信息不对称而在本质上无法消除的问题。有学者认为，并购可以借助市场信号来解决代理的低效率（Scharfstein，1998；宋清华，2004），但本书认为，并购行为使主并企业快速进入一个新的组织运行环境之中，基于初始合同——并购协议来对被并企业进行大框架治理安排，其合同的不完备性更为突出；同时，快速进入一个相对陌生的组织环境之中，主并企业与被并企业原管理团队在信息的不对称方面会进一步加剧。另外，并购过程中主并企业为取得目标企业管理层对并购行为的支持，获取交易机会，也常常对原管理团队做出较多的权力让渡承诺（马金城、王磊，2008；Knoerich，2010）。因此，在并购之后，主并企业不得不放权给被并企业原管理层，加重了代理冲突的风险。

4. 激励机制完善问题

既然并购后主并企业会更依赖被并企业原管理团队进行决策，那么如何通过完善激励机制使管理层利益与企业总利益保持一致就成为减少代理风险，提升管理效率的重要手段。同时，与决策机制、监督机制对应，公司综合治理体系中也需要有完善的激励机制内容配套。

3.1.2 并购后被并企业的控制权配置

学术界对并购后被并企业运营和管理的研究主要集中在并购后的整合方面（Hitt et al.，1997；Helfat & Peteraf，2003；潘爱玲，2006），涉及并购后被并企业控制权配置的研究极为有限，即使涉及对被并企业治理整合方面的研究也比较宽泛。凯罗莉、威瑞、卢巴金等是为数不多的围绕并购后控制权问题开展研究的学者（Calori et al.，1994；Very et al.，1996；Lubatkin et al. ,1998；Larsson & Lubatkin，2001）。事实上，并购后主并企业对被并企业的控制是并购双方关系的核心，并购后的控制方式和控制程度直接影响到并购的整合以及被并企业的绩效（Shimizu et al. ，2004）。并购后的企业重组过程绝不会一帆风顺，因为并购不仅仅只是一系列新的资源和技能的接收，同时也传承了被并企业原有嵌入的制度环境因素的影响，包括所有利益相关者的关系（Buono & Bowditch，1989），主并企业需要在并购后实施合理和有效的控制才能保证并购后的企业整合和运营符合主并企业的战略目标（Hitt et al. ，2004）。

本书通过对散见于并购后治理整合研究文献中涉及控制权配置内容的梳理，发现针对并购后被并企业控制权配置方面的思想主要体现在配置环境、控制主体、控制方式和控制内容四个方面，如图 3 - 1 所示。

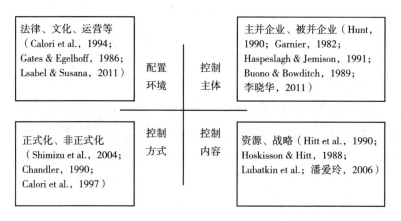

图 3 - 1　并购与控制权配置的相关研究

1. 被并企业控制权配置环境

环境变化的程度会影响集权化的程度（Burns & Stalker，1961）。环境对并购后被并企业控制权配置的影响主要在三个方面：一是法律环境的影响。汤欣（2001）通过对英国法律上的职业审计人制度、美国法律上的独立董事制度与日本法律上的监察人制度比较后发现，法律制度为分权（从董事会手中分割决策复核、财务检查的权力）及制衡（直接对股东负责，拥有限制、抵消董事会行为的实力）营造了外部环境，有助于并购中的授权治理。二是并购双方的传统文化环境。凯罗莉等（1994）调查了跨国企业在跨国收购后控制机制的差异程度，发现这种并购后的控制模式与企业母国的管理系统具有相关性，而这种系统是根植于民族文化的。研究发现不同国家的经理人员倾向于对被并企业实施不同的控制机制以及运用不同的管理方式，主并企业控制机制的运用受到母国文化较深的影响。三是被并企业运营环境。盖茨和艾哥豪夫（Gates & Egelhoff，1986）研究中发现，被并企业所处的行业会影响主并企业对被并企业的控制程度，被并企业所处的环境不确定程度越高，主并企业集权控制程度越低。伊莎贝尔和苏姗娜（Lsabel & Susana，2011）通过对 469 宗并购交易行为分析，发现法律和制度环境是主并企业股东收益的决定因素，当主并企业与目标企业所在国家的法律和制度有显著差别时，东道国更强的法律和制度环境会增加并购的交易成本。

2. 被并企业控制主体

被并企业控制主体是指被并企业的实际控制人，具体是指掌握控制权的控股股东、董事会或管理层。已有研究结论显示，被并企业由谁控制主要受制于三方面因素：一是并购双方的能力。亨特（Hunt，1990）研究发现，被并企业的健康程度（获利能力、增长率、职能功能等）是一个情境变量，会影响并购后的控制，被并企业越健康，它就越能得到更大的自主权。卡尼尔（Garnier，1982）通过实证研究发现，被并企业与主并企业相比，其相对规模越大，则并购后主并企业集权的程度就越低；被并企业越成熟，主并企业集权程度就越低。哈斯帕拉夫和杰米森（Haspeslagh & Jemison，1991）通过实证研究发现，被并企业的具体战略能力越高，自主性会越强。李晓华（2011）在对中国企业跨境并购失败原因的分析中发现，中国企业缺少核心能力实现对被并企业内部化控制是中国企业跨境并购失败较多的重要原因。二是并购双方战略依赖性。普拉哈拉德和多兹（Prahalad & Doz，1987）强调，子公司对母公司战略资源依赖程度越低，集权化的程度也会越低。哈斯帕拉夫和杰米森（1991）在实证研究中指出，并购后在权力分配中起决定性作用的因素是"战略依赖性的需要"，依赖是指相关业务交易和转让中的有效技能和综合管理能力的资源共享。并购双方对战略依赖的需求越高，控制程度会越高。三是信任机制的构建会使控制主体改变。博诺和鲍迪奇（Buono & Bowditch，1989）在研究中发现，并购后头几个月买家可能放松控制，之后控制可能会增加，当信任增长后控制又会慢慢消失。

3. 被并企业控制内容

针对被并企业控制的内容，希特等（1988，1990）认为主要集中在两方面：财务控制和战略控制。财务控制是客观、具体的指标；战略控制则是以长期的、与企业战略相关的标准来评价的行为和绩效，战略控制是一种长期控制或过程控制。两种控制同时存在，只是侧重有所不同（Hoskisson & Hitt, 1988）。卢巴金等（1998）通过案例对比发现法国企业比英国企业在并购时倾向于更多的管理能力转移和战略控制。潘爱玲（2006）认为，主并企业对被并企业的控制主要包括资本控制、信息控制、知识控制和财务控制。比较而言，潘爱玲更强调并购后的资源控制。综合不同学者的认识，从本质上看被并企业的控制内容主要集中在两方面：一是资源控制；二是战略控制。两类控制内容相互影响、相互促进。

4. 被并企业控制方式

并购交易完成后并购双方的控制方式和控制程度直接影响并购后的整合以及并购绩效（Shimizu et al., 2004）。对被并企业控制方式主要反映在控制的正式化程度方面（Lubatkin et al., 1998）。钱德勒（Chandler, 1990）发现，比起欧洲和日本公司，在关系到国际合资企业管理方面，北美公司的整合过程有着高度正式化的特点。英国人在调节技术上、经营上、细节上采取一种更宽松的财政控制。发生并购后，美国在市场和制造方面通过集权制比英国施行更高的正式化控制；美国在程序上比英国施行更高的正式化控制。凯罗莉等（1994）研究发现，当主并企业强调集权时，会更多地选用正式控制；而当主并企业强调分权时，则倾向于更多地选用非正式控制。通过对被并购的法国和美国企业进行比较研究，凯罗莉等（1997）发现与国内管理传统一致，法国比美国通过集权制施行更高的正式控制；美国在个体经理和财政资源上比法国施行更高的正式控制；美国在程序上比法国施行更高的正式控制；美国在团队合作上比法国施行更高的非正式控制。

关于控制权配置模式选择，莫兰德（Moerland, 1995）提出了一个比较典型的二分法分类：一类是市场导向模式；另一类是关系导向模式。市场导向型配置模式主要依靠资本市场、控制权市场和经理人市场进行控制权配置；关系型配置主要依据所有权结构进行控制权配置。在控制权的具体配置过程中，是采取市场导向模式还是关系导向模式，要依据具体目标公司的治理机制特征——决策结构、监督结构和激励结构动态确定。日本经济学家星岳雄（TAKEO HOSHI, 1999）也遵循莫兰德（1995）的分类方法对日本企业的控制权配置模式进行了国际比较，星岳雄（1999）进一步认为，在市场型控制模式中广泛使用信息，而在关系型控制模式中只少量使用信息；市场型控制模式要支付大量的市场开发成本，关系型控制需要支付较多的监督成本。

　　综合以上分析可以发现，并购情境下企业控制权配置的已有研究体现出以下四个特点：一是重视环境因素对被并企业控制权配置的影响，特别是法律和社会文化环境的约束作用；二是从资源和战略两个维度，特别是强调战略控制对主并企业并购目标实现的积极意义；三是把并购双方的"核心能力"作为控制权配置倾向的重要参照指标；四是指出因区域的不同，主并企业的控制方式和控制程度存在差别。上述研究成果为本书提供了重要的理论指导，但已有研究成果也在三个方面存在明显不足：一是研究成果有限。虽然学者们注意到控制权配置直接影响着并购目标的实现，但针对这一领域的研究成果极为有限。国外只有少数学者进行了相关研究，国内学者的相关研究则更为鲜见。二是相关研究缺乏系统性。学者的研究大都是在并购整合中偶然涉及治理整合的某一个方面，并没有将并购后被并企业控制权配置作为专题进行系统研究。三是研究问题不够深入。已有研究只是指出了问题的存在，涉及影响程度、控制权具体配置方式与配置绩效、并购情境下如何构建控股股东利益保护的顶层控制机制等核心问题缺少跟踪研究。针对这些不足，本书期望填补理论缺口，在丰富并购理论方面有所贡献。

3.1.3　并购情境下控制权配置倾向与财务绩效：实证分析

　　围绕并购后被并企业控制权配置倾向及相应对财务绩效产生的影响，本书以中国上市公司财务数据为样本，对并购后被并企业控制权倾向控股股东、董事会和管理层配置的不同情形进行了实证分析和检验，研究不同配置倾向下样本企业的财务绩效变化情况[①]。

　　以 219 个中国上市公司并购事件为研究样本，构建三个分析模型，基于国泰安 CSMAR 数据库数据，通过 EXCEL 对数据进行初步处理和进一步加工，采用 SPSS16.0 软件对样本数据进行多元回归分析。

　　实证分析结果发现，并购情境下侧重向控股股东配置控制权有利于样本企业财务绩效改善；在董事会规模适当的前提下，独立董事比例提高有利于改善样本企业财务绩效；侧重向经理层配置控制权有损于样本企业财

---

　　① 因相关研究不属于本书的核心研究问题，因此，本书在此处只列示该项实证分析的相关结论，实证过程见马金城，柳志光. 并购情境下目标公司的控制权配置倾向与公司绩效 [J]. 预测，2014：51 - 56.

务绩效。这一研究结论与稳定环境下企业控制权配置效率的研究结果不同,稳定环境下控股股东强控制会有损于企业财务绩效(Claessens et al.,1999;刘银国等,2010),管理层控制则有助于财务绩效改善(McKnight & Tomkins,1999;李维安、张国萍,2005)。并购情境下之所以出现变异,可能的原因在四方面:一是受主并企业战略调整影响,被并企业的未来发展面临诸多不确定性,这种情形下,管理层可能更加关注自身私利而非企业绩效。二是并购情境下信息不对称情形加剧,控股股东、董事与经理层存在更多认知分歧。当经理层与控股股东的意见出现分歧,同时又缺乏有效沟通时,认知冲突会影响财务绩效。三是经理层的控制权限过大容易出现经理层"架空"股东,实行"内部人"控制,导致其为谋取控制权私利而直接损害公司利益。四是并购情境下,整合成本是被并企业不可低估的财务费用,经理层控制会增加整合的困难,延长整合期,从而影响了企业财务绩效。

出现上述情形的另一可能原因在于,并购追求的可能是长期战略目标而非短期财务绩效,由于该项研究以财务绩效变化为考察目标,因此财务绩效的变化并不能完全代表并购绩效的实现程度。

上述实证研究结论表明,并购情境下控制权配置效率与传统的新建企业、创业企业控制权配置效率存在差异;以短期财务绩效为目标的并购中,控股股东控制被并企业比授权管理层控制更有利于并购目标的实现。

3.2

跨国并购与跨国子公司控制

3.2.1 企业跨国并购中的一般治理问题

跨国并购是跨越国境的并购投资行为。它首先是对外直接投资行为,其次是通过并购方式实现的对外投资行为。因此,企业跨国并购后对被并企业的治理需要面对一般企业并购中的治理问题,同时也需要面对跨国投资中子公司的治理问题,这些问题主要表现在跨区域治理环境适应、跨国整合、跨国子公司控制等方面。

1. 跨区域治理环境适应问题

跨国并购既能让主并企业享受到经济上跨国投资的区位好处,但也让主并企业面对治理方面非股权因素的区位束缚。首先,跨国并购比国内并购更能获得因东道国区位优势而带来的好处，这些好处包括特有的优惠政策、市场以及竞争环境优势等。从政策层面看，东道国政府对某些产业的扶持态度和相关优惠政策可能是吸引相关企业进入这些行业的诱发因素（UNCTAD，2007）。从市场获得角度看，如果东道国具有规模大或较大增长潜力的市场，而当关税和非关税壁垒对母国产品出口造成障碍时，跨国并购就成为快速进入这一市场的重要手段。从产业竞争环境来看，东道国某个产业的产业集聚效应让进入者享受到相关产业的空间集群优势（Dunning，2000）。其次，跨国并购比国内并购有更多的非股权因素的治理约束。这些约束主要包括三个方面：一是并购中的附加条件约束。跨国并购中，并购交易谈判除买方、卖方及目标企业管理层外，东道国政府也成为重要的间接谈判方，从保护东道国利益出发，主并企业身份及持股比例、目标企业被并后的权力结构组成及议事规则、被并企业的劳动用工保障等都可能以附加条件形式出现在并购契约中，成为约束主并企业对被并企业控制的重要因素。二是东道国民族文化环境约束。霍夫斯泰德（Hofstede，1980）从民族文化视角提出了权力差距、不确定性规避、个人主义与集体主义、男性化等维度强调民族文化环境对跨国企业治理的影响。跨国并购后，被并企业的治理即会受到来自于不同维度的价值观和习俗的束缚。威瑞等（Very et al. ，1996）发现，与本地并购相比，跨区域并购更容易产生文化适应的压力。三是东道国法律制度环境约束。凯罗莉等（1994）认为，在国家层面上，社会制度和政治制度构成了管理行为开展和实施的情境，因此，不同国家的制度差异导致不同的管理行为。凯普伦和吉伦（Copron & Guillen，2009）通过实证分析发现，主并企业所在地及被并企业所在地的公司治理机制会促进或限制主并企业对被并企业重组的能力。主并企业所在地对股东权益的法律保护越强，越会增强主并企业重组和重新配置被并企业资产和能源的能力；被并企业所在地对雇员利益的保护越强，越会限制主并企业对被并企业的重组能力。东道国法律对目标公司少数股东及目标公司利益保护方面的特别规定也约束着目标企业的治理（王仁荣，2012）。

2. 跨国整合问题

即使在环境、资源、战略等条件都具备的情形下实施跨国并购也并不必然成功，因为并购后的整合在很大程度上制约着并购后并购双方能否高度契合实现并购目标。根据并购领域中 70/70 定律①，通过并购实施扩张的行为中，有 70% 最终以失败告终；失败的并购案中，70% 是整合失败所致。整合失败是导致并购失败的一个最重要原因，消除部分整合失败困难可以极大地提高公司的价值（Frankel，2009）。不同地区企业之间的并购整合尤其困难，这类整合要面对企业间的文化差异以及地区间的文化和制度差异的"双层文化适应"（Barkema et al.，1996）。哈贝克等（Habeck et al.，2000）通过对 1998～1999 年发生在全球的 115 项并购交易进行调查后发现，在跨国并购投资失败的风险中，并购前失败的风险占 30%；谈判和交易阶段的失败风险为 17%；并购后整合失败的风险占 53%。跨国整合主要包括运营整合、技术和产品整合、品牌整合、客户和供应商整合、人力资源和文化整合等内容（Frankel，2009），主并企业与被并企业能否在这些领域有效协调和统一，成为影响并购目标实现的关键因素。跨国并购后的整合还要与企业国际化运营同步推进，通过资本国际化促进企业运营机制的国际化（石建勋、张鑫，2007）。

3. 跨国子公司控制问题

跨国企业在境外设立的子公司需要与母公司保持共同的战略目标，子公司应该按母公司的战略要求有序地进行企业内部资源的重新配置和核心竞争能力的扩散，对子公司的有效控制是落实母公司战略意图的保障。邓宁（1977）在总结不同学者研究成果的基础上提出了跨国直接投资的国际生产折中理论，认为所有权优势、内部化优势和区位优势是企业国际化发展的动机，也是国际化发展的条件。所有权优势与内部化优势决定着国际化发展的产业领域，是对外直接投资的必要条件，但不代表具备了条件投资就能成功，投资后对跨国子公司的有效控制是将优势转为胜势的关键。跨国并购中由于语言、文化、制度环境等存在差异以及地理距离的存在，对子公司的控制会更加困难（于伟等，2008）。韦伯等（Weber et al.，1996）研究发现，企业文化的差异会影响并购双方高管人员间的合作，当两个企业之间文化差异较大时，管理层人员对并购会产生抵制情绪。杨忠智（2010、2011）在分析国际化环境对跨国投资影响的基础上认为母公司对跨国子公司的控制存

---

① 70/70 定律是未经足够实证检验的大约推算，也有人认为可将 70/70 定律扩展为 70/70/70 定律，即 70% 的并购以失败告终；失败的并购案中 70% 是整合失败所致；整合失败的并购案中，70% 是文化整合失败所致。

在四个方面弱化趋势：一是股权控制弱化；二是人事控制弱化；三是财务控制面临困难；四是审计控制难度加大。林润辉等（2011）认为，国家层面的制度落差、文化距离，母公司与合作伙伴关系层面的资源互补性、合作理念一致性、双方谈判能力对比以及母公司对子公司的战略角色定位等会影响治理模式选择。

3.2.2　基于跨国并购的目标企业治理环境评价

跨国并购后主并企业对被并企业的控制权配置受目标企业所在区域及目标企业自身治理环境的双重影响。并购后不论是由主并企业控制，还是由被并企业原管理层控制，主并企业若要保障并购目标的实现，都需要设计一个控股股东顶层控制机制。设计并实施一个适当的顶层控制结构对于并购是否能够达到主并企业战略目标以及维持其竞争优势都是至关重要的（Geringer & Hebert，1989），没有一个合适的控制机制，主并企业希望通过并购行为达成的目标很难顺利实现（Geringer & Frayne，1990）。因此，对目标企业的治理环境进行科学评价是设计顶层控制机制的前期内容。目标企业的治理环境越好，主并企业越适合于宽松的控制；目标企业的治理环境越差，主并企业越需要从严的控制，以保证既调动管理层的积极性，又不损害控股股东利益。

企业治理评价体系主要包括治理环境评价、治理机制评价和跨国治理比较评价三个视角（李维安等，2011）。基于三个视角的国内外研究状况如图3-2所示。

1. 外部治理环境

外部治理环境主要是对国家层面宏观治理环境的总体评价。西方一些学者从民族文化、政治制度、法制环境、政府工作效能、社会稳定性等多个维度构建评价体系用于评价企业治理的外部环境质量（Hofstede，1980；LLSV，1998；Spamann，2009；Kaufmann et al.，2010）。比较不同学者构建的评价指标体系，本书认为考夫曼（Kaufmann et al.，2010）通过对全球200多个国家和地区的公司治理环境比较提出的话语权和问责制、政治稳定和不存在暴力与恐怖、政府效能、制度质量、法治与反腐败六个维度，与LLSV（1998）强调的投资者保护维度融合，可用于测量不同国家目标企业外部治理环境状况。

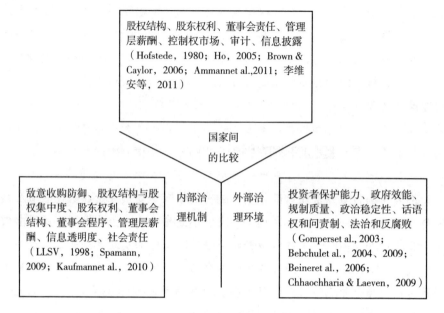

图 3-2 企业治理评价指标及评价体系的研究

2. 内部治理机制

内部治理机制主要是对目标企业内部微观治理机制构建状态及作用能力的评价。甘波斯等（Gompers et al.，2003）着眼于应对控制权争夺的接管防御为主提出了企业治理的五个维度——延缓敌意收购的战术、投票权、董事和管理层保护、其他接管防御措施、国家法律评价；别布丘克等（Beb-chuk et al.，2004）在甘波斯等（2003）的评价指标基础上引入股东投票权限制指标，主要强调对交错选举董事条款、股东修订公司章程的限制、毒丸计划、金色降落伞计划、兼并中绝对多数投票权原则、修订公司章程中绝对多数投票权原则六个维度进行考察；奇可里亚和雷文（Chhaochharia & Lae-ven，2009）将接管防御和股东投票权融合，并纳入股权结构特征、董事会特征、董事会议事规则和管理层薪酬等指标构建了企业治理机制综合评价指标体系。本书认为甘波斯等（2003）和别布丘克等（2004）构建的评价指标体系功能过于单一，而奇可里亚和雷文（2009）的评价指标体系又过于烦琐。综合不同学者的观点，本书认为敌意收购防御、股权结构与股权集中度、股东权利、董事会结构及议事规则、管理层权利及薪酬、信息透明度、社会责任承担七个维度能够较好地覆盖企业内部治理机制的主要评价指标。

3. 国家间的差异

由于不同国家的经济环境、制度环境、政府政策倾向以及企业治理传统存在差异，因此，跨国企业治理环境评价中还需要在主并企业与目标企业跨国比较中评价环境的适合程度。在跨国企业治理比较研究中，多伊奇（Doidge et al.，2007）发现，国家层面特征比公司层面特征更能揭示企业治理能力的差别，国家层面特征的解释力度为 39% ~ 73%，而公司层面特征的解释力度仅为 4% ~ 22%。霍夫斯泰德（Hofstede，1980）从民族文化差异视角提出了权力差距、不确定性规避、个人主义与集体主义、男性化等维度考察文化对跨国企业治理的影响。霍（Ho，2005）从股权集中度、董事会结构、战略领导作用、资本市场状况、社会责任履行五个维度考察了 104 家跨国公司的治理状况；李维安等（2011）指出，跨国企业治理测评比所在国单体公司的测评更为复杂，跨国企业测评中需要考虑母子公司关系及跨国治理中的制度落差和文化距离因素所造成的跨国治理风险。综合不同学者观点，本书认为，文化距离、股权结构特征与股东权利、董事会结构特征、监管机制效率、控制权市场效率、雇员权利和薪酬制度特征六个维度的国家间差异在很大程度上影响着并购双方的协调控制。

综合考虑以上三方面因素，本书设计的基于跨国并购的目标企业治理环境评价指标体系如表 3 - 1 所示。

表 3 - 1　　　　　基于跨国并购的目标企业治理环境评价指标维度

评价领域	指标维度
外部治理环境	话语权和问责制、政治稳定和不存在暴力与恐怖、政府效能、制度质量、法治与反腐败、投资者保护能力
内部治理机制	敌意收购防御、股权结构与股权集中度、股东权利、董事会结构及议事规则、管理层权利及薪酬、信息透明度、社会责任承担
跨国治理差异	文化距离、股权结构特征与股东权利、董事会结构特征、监管机制效率、控制权市场效率、雇员权利和薪酬制度特征

3.2.3　基于跨国并购的主并企业对子公司控制能力评估

并购后的控制主要是财务控制和战略控制（Hoskisson & Hitt，1988）。财务控制是一种结果控制，战略控制则是一种过程控制（Gupta，1987）。财务控制相对比较简单，战略控制则比较复杂，是一种交互式控制（Simons，1994）。财务控制通常通过控制对象的组织层级构建实施控制，战略控制则需要通过构建顺畅的控制者及控制对象间的交互关系来实现。由此可见，评估跨国并购中主并企业对子公司控制能力应该从经济能力和治理能力两个维度进行评估，重点考察战略控制能力。

1. 经济能力的评估

邓宁（1977）把所有权优势和内部化优势看作是跨国直接投资成功的必要条件。这一投资理论主要是以发达国家企业对外投资为研究对象提出的。英国里丁大学的坎特韦尔和托兰惕诺（Cantwell & Tolentino，1990）则以发展中国家企业为研究对象提出了技术创新和产业升级理论。该理论认为，发展中国家跨国企业通过利用特有的"学习经验"和组织能力，在利用外资和技术、经验累积的基础上，基于自身生产要素创造特有的比较优势，从而提高竞争力和获得综合优势。该理论强调了不具备所有权优势和内部化优势的发展中国家企业可以通过与发达国家企业的合作，在学习和利用中逐步形成所有权优势和内部化优势。尹盛焕（2004）从所有权能力角度对中国企业进入韩国市场的控制模式进行实证分析发现，所有权能力不同，投资方控制方式就不同。其中营销能力越高的企业越倾向选择独资控制；技术能力越高的企业越倾向选择合资控制。凯普伦和米切匀（Capron & Mitchell，2013）认为并购需要一种动态能力（Acquisition-based dynamic capability），需要在内增、外借动态比较中做出进入模式选择。阿米瑞尼（Amiryany et al.，2012）则从技术并购角度强调并购能力是对知识的获取和分享，是知识这种特殊资源边界的重构。

综合上述理论思想，本书认为，从战略控制角度看，跨国企业对跨国子公司的控制能力关键要考察母国企业的所有权能力和内部化能力以及母国企业与跨国子公司在互动过程中的学习、吸收和技术利用能力。

所有权能力是投资方拥有的有形与无形技术、专利、商标、管理与协调技巧等方面的特有资源和能力（Dunning，1996）。所有权能力具体体现为有形价值资产的拥有量、无形资产的拥有量和规模经济下的研发、创新及低成本经营能力。

内部化能力是企业通过内部组织体系以较低成本，在内部转移所有权优势的能力（Casson，1976）。内部化能力也包括投资方将所有权优势与东道国区位优势融合的能力（Dunning，1996）。企业跨国并购的实质是基于所有权之上的企业管理与控制权的扩张，其目标是用企业内部的管理机制代替外部市场机制。在企业跨国投资中，投资方的内部化能力主要根据行业因素、地区因素、东道国环境因素和企业本身治理和协调能力进行评估。

投资方的基础能力评估相对简单一些，可通过投资方的资源拥有绝对量、企业规模、独立而健全的公司治理机构运行状况、企业竞争力水平等方面进行评价。但投资方与东道国企业的互动能力评价则比较复杂。邓宁（2000）认为，判断企业跨国并购能否成功，最终要看并购是否在主并企业与目标企业的合作中真正延续或构建了主并企业的核心竞争优势。

管理大师波特（Porter，1990）在研究一个国家竞争优势时认为，国家竞争优势表现为拥有属于自己国家的具有高层次竞争优势的企业和产业，一个国家某种产业竞争力由生产要素、需求条件、相关及支持产业以及企业战略、结构和竞争四个基本因素以及政府与机会两个辅助因素决定。四个基本要素与两个辅助要素共同构建了产业国际竞争的钻石体系，即产业竞争力钻石模型。波特所构建的钻石模型为从静态角度考察一国产业的竞争力提供了很好的维度。但从母子公司互动影响过程来看，如果跨国投资中存在东道国相关企业和产业竞争力的逆向转移，母国企业和产业的竞争力就会因来自东道国企业和产业的影响而动态提升。本书以波特的钻石模型为基础，同时加入来自东道国产业与企业的相关因素的逆向影响，以此设计评价母国企业与东道国目标企业互动产生所有权能力和内部化能力的指标体系。具体指标体系如图 3 - 3 所示。

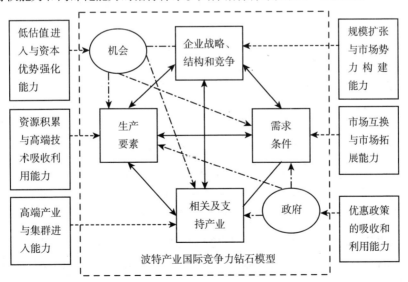

图 3 - 3　跨国投资中母子公司互动影响及母公司优势构建

在图 3－3 中，中间层次的企业战略、结构和竞争因素、生产要素、需求条件和相关及支持产业因素是影响产业竞争力形成的四大基本因素，政府和机会是两个辅助因素。这六方面因素同样可用于分析企业竞争力形成的影响因素。外围六方面力量则强调在存在跨国投资的情形下，来自于东道国子公司的能力的转移对母公司产生的互动影响。其中，初级生产要素增加巩固了母公司的基本资源基础，高级生产要素吸收和利用增强了母公司技术能力；东道国产业布局与产业集聚状况对母国企业技术升级和新竞争优势的构建产生积极影响；东道国的产业竞争程度、市场规模和潜力则对于母国企业竞争优势的拓展和扩散形成推力；东道国企业需求条件的融入有助于母国企业的市场开发和拓展。东道国政府资源的利用和进入机会的把握则对于基本竞争优势的提升产生助推作用。

2. 治理能力的评估

库玛和塞思（Kumar & Seth，1998）主要从治理角度研究了子公司间控制权配置方式。他们以 257 家合资公司为样本测量合资公司控制权配置的影响因素，选择了整合机制、董事会结构、董事会角色、激励制度、组织社会化、员工安置和 CEO 权限作为反映控制权结构状况的维度，考察战略依存度、环境不确定性、合资年限、企业规模、企业国别五个方面因素与相关治理结构各维度间的作用关系。具体研究设计和研究结论如表 3－2 所示。

表 3－2 　　　　　子公司控制权考察维度与相关影响因素的关系

	战略依存程度	环境不确定性	合资年限	合资规模	合资方国别
整合机制	＋＋＋＋	－	－	＋	＋
董事会角色	＋＋＋＋	＋	－	＋	＋
董事会结构	＋＋＋	0	－ － －	－	＋
组织社会化	＋＋＋＋				＋
激励计划	－ － －	0	0	＋	＋
员工安置	＋	0	－ －	－	
CEO 权限	＋＋	0	－ －	－	－

注："＋"越多正相关越显著；"－"越多负相关显著；"0"不显著。

资料来源：Kumar, S. and Seth, A. The design of coordination and control mechanisms for managing joint venture-parent relationships, Strategic Management Journal, 1998 (19)：579－599.

在表 3－2 中，从子公司控制权测量指标选取了七个维度，其中董事会角色、董事会结构和 CEO 权限归属于权力配置；员工安置和激励计划为激励制度设计；整合机制可划归为监督控制的内容。从控制权配置的影响因素角度看,战略依存程度与控制权配置各变量间有很大的关联性;环境不确定性与控制权配置间关系不明显;目标企业的规模、年限以及投资方国别与控制权配置的各维度间都存在关联关系。基于表 3 - 2 的结构维度和相关数据可以发现,在治理能力层面,投资方在目标企业董事会中的话语权、对目标企业社会资本把控、在目标企业整合中的作用以及对目标企业激励的投入是评估投资方对子公司控制能力的重要指标。

以上述分析为基础,把经济能力与治理能力两个方面因素融合,本书进一步把由国家环境、社会环境和产业环境因素反映的外部推动力划归为外部影响力;把核心竞争力和战略控制力反映的企业竞争能力划归为战略能力;把决策、监督和激励机制的综合控制能力反映的组织能力划归为治理能力;把所有权能力、内部化能力所反映的经济实力划归为资源能力,各种能力的综合作用是目标企业控制权配置的基础。围绕上述能力构建的基于跨国并购中子公司控制权配置能力评估指标体系如图 3 - 4 所示。

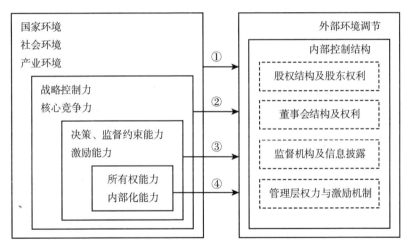

注:①外部影响力;②战略能力;③治理能力;④资源能力。

图 3 - 4 跨国并购中子公司控制能力与控制权配置

3.2.4 基于跨国并购的跨国子公司控制模式

关于跨国企业对子公司控制模式的研究存在不同的讨论视角。很多学者在研究跨国公司内部协调与控制时,经常探讨的问题就是集权化、正式化、社会化三种控制与协调机制(Child,1973;Gupta & Govindarajan,1991;Calori et al.,1997;左庆乐,2003,王凤彬,2009)。乌奇(Ouchi,1979)

从控制手段的角度将母子公司管理控制的方式分为官僚控制、市场控制和团队控制三大类。葛晨和徐金发（1999）从控制所依托的权力基础角度将母子公司控制模式分为资本控制型、行政控制型、参与控制型、平台控制型四种类型。高勇强和田志龙（2002）将母子公司的控制模式分为控股权控制模式和非控股权控制模式。控股权控制主要通过控制子公司董事会实现控制；非控股权控制则是通过参股方式进入子公司，通过控制某些关键资源实现对子公司一定程度的控制。与这一观点对应，有学者则提出多数股权控制与少数股权控制的分类（Schaan，1988；薛求知、罗来军，2006）。杨忠智（2010）从控制方式角度提出了行为控制和结果控制的分类。

综合以上学者的认识可以发现，关于跨国企业对子公司的控制模式的讨论主要基于由谁控制，控制什么，控制到什么程度等问题展开，在具体分析过程中，多数研究只是描述性分类，缺少细致深入的研究。本书以沙恩（Schaan，1988）、葛晨和徐金发（1999）、杨忠智（2010）的分类方法为基础，认为基于控制宽度进行分类更具有实践意义。按照控制宽度，跨国企业对子公司的控制可分为整体控制和关键点控制两种模式。

1. 整体控制

整体控制是对子公司战略决策权的整体掌控。按照葛晨和徐金发（1999）的分析思路，基于股权比例的变化，母公司可以通过四种方式实现对子公司的整体控制。具体模式分类、特点及适用范围分析如表3-3所示。

表3-3　　　　　　　　　　母公司整体控制模式

模式	特点	适用范围
资本控制	以资本为纽带，母公司通过股权集中掌握投票权，通过控制董事会席位间接控制管理层。日常业务管理层负责，管理层拥有较大的决策权	子公司治理环境好，管理能力强；或母公司专业运营能力弱
行政控制	母公司绝对控股，通过全面控制董事会、管理层，实现高度集权下的一体化运营。控股股东拥有投票权、董事会决策权和决策执行权	母子公司战略依存度高，业务关联密切；或子公司治理环境差
参与控制	少数股权控制形式控股子公司，通过管理层持股分享所有权。管理层参与董事会决策，控制决策执行。管理层拥有控制权	子公司治理环境好，战略独立性强；或母子公司内部化能力弱
平台控制	母公司全资或绝对控股子公司，子公司只是母公司业务开展的平台。子公司不参与决策，只具有事业部性质的决策执行权	子公司治理能力差，子公司不具有独立的公司层战略

资料来源：作者参考葛晨，徐金发. 母子公司的管理与控制模式——北大方正集团、中国华诚集团等管理与控制模式案例评析 [J]. 管理世界，1999（6）：190～196页相关资料设计。

2. 关键点控制

关键点控制是指对子公司决策的某个方面实施的重点控制。关键点控制主要基于少数股权控制和非股权控制的思想提出。沙恩（1988）强调，少数股权方可以实现对子公司各种程度的控制，有时这种控制与他们所拥有的股权比例并不相关。薛求知和罗来军（2006）则指出，高股权地位有利于最终的整体控制，但高股权地位并不意味着有效控制；有效控制并不一定以高股权地位为前提，但有效控制有助于提高或降低股权地位。杨忠智（2010）也提出了类似的非股权控制思想。事实上，上述学者强调的非股权控制之所以能够演变成有效控制，根本原因在于实施了关键点控制。跨国公司对子公司控制中的关键点分类、特点及适应范围如表 3 - 4 所示。

表 3 - 4　　　　　　　　　　子公司关键点控制模式分析

模式	特点	适用范围
关键人事控制	通过协议约定董事会、管理层关键职位人选的定向产生原则，通过职位控制实现对关键资源或关键技术部位的控制	子公司治理环境好，管理层控制下控股股东利益保护
关键技术控制	通过关键技术的独占、使用、转让的约定，实现对关键技术的掌控。关键技术可能是来自母公司的技术输出，也可能是来自子公司的技术逆向转移	技术密集型或关键技术主导型子公司控制
关键资源控制	通过控制企业发展所依赖的关键资源，实现对子公司生产经营活动的控制。关键资源可能是来自母公司的资源输出，也可能是子公司的自有资源	关键资源依赖明确的子公司控制
融资控制	通过融资支持形成子公司对母公司的资金依赖；以融资协议的限制性条款及债权地位影响子公司决策；也可以通过高债务杠杆形成对管理层间接控制	资本密集或资金依赖程度高的子公司控制
议事规则控制	通过议事规则的调整，明确关键事项的分类决策规则，掌握重大事项决策权；或通过分权管理掌握局部决策权	子公司治理环境好，股权集中度低，管理层控制下控股股东利益保护

资料来源：作者参考杨忠智. 企业海外并购及海外子公司内部控制研究 [M]. 厦门：厦门大学出版社，2010 年版相关资料设计。

表 3 - 4 中的关键点主要是基于跨国企业子公司控制中主要的关键点列示，不同类型和不同行业企业的关键点或有不同。在关键点选择中，基于母公司的战略目标可能选择单点控制，也可能选择多点连动控制。

3.2.5 治理环境、控制能力与控制模式选择：一个综合分析模型

综合上述理论分析可见，企业跨国并购中，目标企业的治理环境在影响目标企业自治能力的同时，也是影响主并企业对其控制模式选择的关键维度；同时，主并企业的控制能力又是影响对目标企业控制模式选择的另一关键维度。因此，如果将目标企业的治理环境与主并企业的控制能力两个维度综合起来考察，可以产生四类组合：（Ⅰ）治理环境好、控制能力强；（Ⅱ）治理环境好、控制能力弱；（Ⅲ）治理环境差、控制能力弱；（Ⅳ）治理环境差、控制能力强。比较四类组合，（Ⅰ）类组合是最有利于主并企业的控制环境。这类环境中，不论对子公司实施整体控制还是关键点控制，都比较有利于并购目标的实现；（Ⅱ）、（Ⅳ）类环境属于中等环境。这两类环境都存在一定的控制缺陷，不论是来自于目标企业治理环境的因素还是来自于主并企业自身控制能力的因素，控制缺陷的存在要求主并企业不能盲目求大，应该重视从控制关键点入手，抓住关键领域的控制，以点带面实现并购目标；（Ⅲ）类环境属于最差的控制环境。这类环境条件下的并购成本和风险都较高，尤其是并购后整合困难，并购失败的概率大，因此，应该放弃并购进入模式，选择新建模式进入更为恰当。四类组合及控制模式选择模型如图3-5所示。

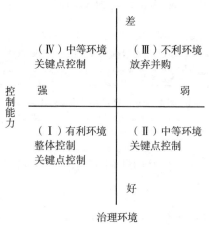

图3-5 治理环境、控制能力与控制模式选择模型

3.3
跨国并购中的控制权配置成本与配置风险

3.3.1　企业跨国并购中的控制权配置成本

企业并购成本主要包括交易费用成本、对价成本、整合成本和机会成本等方面直接和间接费用的开支。在跨国并购中，因为涉及跨国投资中母子公司复杂的管理关系以及东道国政府管控等方面的影响，跨国并购的成本更为复杂。控制权配置尽管是公司治理方面的问题，但在跨国并购中，如何安排控制权体系与跨国并购能否成功以及跨国并购成本开支都紧密关联。本书将那些因控制权配置而影响跨国并购效率以及跨国并购费用开支的成本划归为跨国并购中的控制权配置成本。企业跨国并购中这类成本主要包括支付成本、代理成本、政治成本和整合成本。

1. 支付成本

支付成本是主并企业为获得控制权而向被并企业股东支付的收购对价费用。从控制权配置角度看，支付成本与控制权获得有三个方面的紧密关联：一是股权结构安排；二是并购溢价水平；三是并购支付方式。从股权结构安排方面看，高的股权收购比例意味着较稳定的控股地位，但也需要支付较多的收购对价；从并购溢价方面看，适当地让渡控制权给其他股东或管理层，有利于得到其他股东或管理层对并购的支持，从而会提升主并企业的议价能力，降低对价支付成本（Knoerich，2010）；从支付方式角度看，通常卖方偏好现金支付，买方则偏好股票支付。现金支付会增大买方的现金流压力和筹资成本，股票支付有利于减轻买方的现金流压力和筹资成本，但股票支付往往会降低买方并购对价谈判能力，并且股票支付会稀释买方在母公司中的股权比例，给买方在母公司中控制权的稳定带来潜在威胁。

2. 代理成本

代理成本是主并企业委托经理人代为控制和运营被并企业而发生的监督、激励、约束以及经理人私利行为的成本。詹森和麦克森（1976）将代理成本分为股东的监督成本、经理的抵押成本及股东的剩余损失。简新华（1998）认为，代理成本由代理人的选聘费用、代理人的报酬、监督成本、代理人的在职消费和经营损失构成。在跨国并购中，让渡控制权虽然在一定程度上可减少买方的支付成本，提高并购交易成功率，但跨国代理成本要高于国内代理成本，如果跨国代理成本高于跨国代理收益，抑或因代理人控制而影响买方的跨国并购战略目标的实现，则意味着并购失败。

3. 政治成本

跨国并购是母国企业获取东道国资源、技术、市场、共享东道国区位优势的重要手段。但由于各个国家和地区存在着政治制度及意识形态领域的差异，加之跨国并购中东道国会把本国国家安全和公共利益放在首位，经常会对跨国并购行为设置若干附加条件，其中就包括股权结构设置、董事会结构安排、管理团队权力保障等方面限定。这些限定即是主并企业获取东道国企业控制权的政治成本。另外，由于东道国只是关注被并企业在该国的经营行为，监督它是否遵守和履行了该国的有关规定和签订的有关协议，而对于被并企业的原股东和管理层是否履行了与母国公司的协议和约定则缺少足够的监督和法律控制，致使代理人的私利行为往往难以跨境追查和惩罚，这类制度成本也可归属于跨国并购控制权配置上的政治成本。

4. 整合成本

跨国并购的整合成本包括战略一体化成本、业务一体化成本、组织一体化成本、人事一体化成本、管理一体化成本、文化融合成本等为母子公司协调发展所支付的费用。从控制权配置角度看，跨国并购的整合成本与支付成本、政治成本存在一定程度的负相关关系（马金城、王磊，2008）。并购之初，为降低支付成本和政治成本，主并企业更愿意让渡或承诺让渡一些权力给被并企业的其他股东或管理团队，但这种让渡会使后期的整合时间延长，整合难度加大，从而加大整合费用，甚至导致并购失败。

3.3.2 企业跨国并购中的控制权配置风险

跨国并购虽然能通过被并企业控制权的获得为主并企业带来资源和效率，但与境内并购相比，跨国并购在控制权配置方面存在着更多的风险，这些风险主要包括财务风险、代理风险、诉讼风险、敌意收购风险和并购失败风险。

1. 财务风险

并购的财务风险是指由并购对价、并购融资、并购整合等各项财务决策失误所导致的企业财务状况恶化或财务成果损失风险，是并购价值预期与价值实现严重负偏离而导致的企业财务困境和财务危机。企业跨国并购中，由于在控制权配置上的影响因素更为复杂，并购交易机会获得更不容易，主并企业常常通过提高溢价水平、承担高额负债、承诺对被并企业注资以及让渡控制权给管理团队等方式换取各利益相关群体的支持，但上述方式要么会直接增加支付成本，要么会增加并购后的整合成本或运营成本，这些成本费用都会给主并企业带来不可低估的现金流压力，如果财务筹划失误则可能将主并企业拖入财务危机的困境。

2. 代理风险

代理风险是代理人最大限度增加其自身效用时做出的损害委托人利益而给委托人造成损失的风险。跨国并购中基于地理距离的影响，信息不对称问题更加突出，加上东道国经济环境不确定性的影响，主并企业在并购后更多会依靠被并企业管理层实施本土化管理，而这种本土化管理较之国内并购的经理人代理风险会更大，这些风险主要表现在三个方面：一是由于地理距离影响，母公司董事会很难及时了解和监督被并企业的日常运作；二是被并企业的运营受东道国环境因素影响较大，代理人的偷懒和无能行为更容易以外部环境因素为借口得以掩饰；三是受东道国"地方保护主义"的影响，由代理人的越权行为所导致的主并企业损失往往难以得到追偿。

3. 诉讼风险

跨国并购行为受东道国法律约束。与控制权配置相关联的跨国并购诉讼风险主要体现在三个方面：（1）准入风险。不同国家和地区对于一些行业的进入及竞争有特别的约定。这些领域的控制权获得行为会受到限定，例如，国家安全需要、反垄断约定等。如果企业的跨国并购行为与这些约定冲突，即可能招致法律诉讼。（2）其他权利人制约风险。在控制权配置中，忽略其他权利人的利益也可能招致法律诉讼。（3）劳资冲突风险。在跨国并购中，有些东道国的法律赋予了工会和其他劳工组织较多的权利，如果处理不当也会带来诉讼风险。

4. 控制权转移风险

公司并购后当代理成本过高或控制权配置出现冲突时，需要相机进行控制权转移。但由于跨国并购受各国家地区法律、制度落差、文化距离、社会关系网络等环境因素影响，跨国并购的控制权相机转移更为困难，转移成本也更高。

3.4
本章小结

　　与一般企业的控制权配置相比，并购后的控制权配置问题更为复杂，而跨国并购则再次增加了这种复杂性。许多学者注意到并购后对被并企业的控制模式对于并购绩效的表现至关重要，但对于选择何种方式控制，由谁控制，控制到什么程度等问题缺乏深入研究，尤其缺乏实证研究对理论观点进行验证。本章在梳理已有研究成果中发现，控制权配置环境、控制主体、控制内容和控制方式是并购后控制研究的主要视角；具体到跨国并购中控制权配置问题的研究，相关专题研究成果极少。为此，本书将并购后控制权配置研究视角与跨国子公司控制的已有研究相结合，从控制权配置环境、控制能力和控制模式三个角度对跨国并购中的控制权配置问题进行理论分析，在此基础上将跨国并购中的控制权配置环境分为有利环境、中等环境、不利环境三大类，提出了在有利的控制环境中选择整体控制或关键点控制，在中等环境中选择关键点控制，在不利环境中放弃并购进入模式的基础分析模型。最后，本章强调了跨国并购中需要重视的控制权配置成本和配置风险。本章的主要贡献在于：一是从理论层面梳理了并购后控制的主要问题，强调了战略控制与资源控制是并购后控制的两个关键维度；二是从理论层面首次提出整体控制和关键点控制两种控制模式，并基于跨国并购后的子公司控制模式选择开发了综合分析模型。

第 *4* 章

中国企业海外并购及其控制权配置的基本状况分析

本章首先通过描述性统计从总体规模、主体构成、行业和区域分布四个角度对中国企业海外并购的基本情况进行了分析。在此基础上，通过典型案例对中国企业海外并购在控制权配置特点、配置中存在的主要问题进行了剖析。最后从资源能力、治理能力、战略能力和外部环境影响力四个角度对中国企业实施海外并购中的控制权配置能力在静态层面进行了分析和比较。本章从理论与实践相结合的角度对中国企业海外并购中在控制权配置方面存在的问题进行揭示，使后续关于海外并购中控制权配置策略的探讨更有针对性和应用价值。

4.1
中国企业海外并购的基本情况分析

中国企业通过海外并购进入方式实施跨国直接投资主要是 2000 年以后的行为。在改革开放之初的 1979 年，中国设立的对外直接投资企业只有 4 家，年度直接投资金额只有 50 万美元，20 世纪 90 年代中国企业的对外直接投资快速发展起来，年平均对外直接投资额达到 23.2 亿美元，但这一阶段的对外投资仍然以新建投资为主，难见海外并购的踪迹，即使是在接受的境外对中国的投资中，跨国并购所占比例也不足 5%（UNCTAD，2000）。根据商务部等三部委发布的中国对外投资统计公报数据，从 2002 年起至 2014 年末，中国对外直接投资规模出现跨越式发展，对外投资年均增长速度接近 40%，2014 年中国对外直接投资总额达到了 1 231.2 亿美元，连续 3 年位列全球第 3。这期间通过海外并购进行的直接投资越来越受到重视，

2014 年中国对外直接投资总额中，并购交易达到 324.8 亿美元，占全部海外投资额的 26.38%；2005 ~ 2014 年 10 年间，中国对外直接投资总额为 6 397.15 亿美元，其中通过并购交易实现的投资额达到 2 212.2 亿美元，占到对外直接投资额的 34.6%①，涉及中国的跨国并购交易越来越引起全世界的关注。

4.1.1 海外并购规模状况

2000 年以来，随着中国经济的快速发展，中国企业借助海外并购实现对外直接投资的增速与整体规模不断提升，仅 2014 年，中国企业共实施对外投资并购项目 595 个，实际交易金额达到 569 亿美元。表 4 - 1 是 2005 ~ 2014 年 10 年间中国企业海外并购的交易规模情况。

表 4 - 1 　　　　　　　　2005 ~ 2014 年中国企业海外并购规模情况

年度	对外直接投资（百万美元）	海外并购金额②（百万美元）	海外并购所占比例（%）
2005	12 261	6 500	53.0
2006	17 634	8 250	46.8
2007	26 506	6 300	23.8
2008	55 907	30 200	54.0
2009	56 529	19 200	34.0
2010	68 811	29 700	43.2
2011	74 654	27 200	36.4
2012	87 800	27 600	31.4
2013	107 840	33 790	31.3
2014	123 120	32 480	26.4
合计	639 715	221 220	34.6

资料来源：商务部等三部委.2014 年度中国对外直接投资统计公报 [M]. 北京：中国统计出版社，2015.

---

① 2014 年中国企业海外并购总金额为 569 亿美元，其中境内投资者或其境外企业收购项目的款项来源于境内投资者的自有资金、境内银行贷款（不包括境内投资者担保的贷款）额为 324.8 亿美元，并购项目在境外直接融资额为 244.2 亿美元（此部分不纳入对外直接投资统计）。具体数据和计算口径参考商务部等三部委．2014 年度中国对外直接投资统计公报 [M]．北京：中国统计出版社 2015.

② 海外并购金额是按商务部等三部委"2012 年度中国对外直接投资统计公报"统计口径计算的不包括境外融资部分的海外并购直接投资金额。

表 4－1 中的数据反映了 2005～2014 年中国企业海外并购规模的变化情况。与发达国家企业跨境并购规模相比，中国企业海外并购规模方面具有四个特点：

（1）海外并购总体规模增速较快。由表 4－1 中的数据可以看出，相比于 2005 年的 65 亿美元，2014 年海外并购的总额已经达到 324.8 亿美元，10 年间增长了近 5 倍。2016 年一季度，中国已公布的外向并购总额达 922 亿美元，成为全球跨境并购中的最大收购国，占全球 30% 的市场份额①。中国企业海外并购在全球跨境投资中的影响作用越来越大，中国企业的海外并购也愈发受到东道国重视。

（2）海外并购成为跨境直接投资的重要进入方式但尚未超过新建投资。从表 4－1 中海外并购占全部跨境直接投资的比例来看，尽管海外并购投资占全部对外直接投资的比例尚未达到 50%，但也接近四成。其中有两个年度海外并购占跨境直接投资的比例超过了 50%。以 10 年间境外直接投资流量总数计算，海外并购占跨境直接投资的比例已经达到 34.6%。这表明海外并购尽管未超过新建投资，但已经成为中国企业跨境直接投资的重要进入方式。

（3）海外并购的总规模偏低。尽管海外并购越来越受到重视，但表 4－1 中的数据也反映了中国企业海外并购在规模上的不足。10 年间中国企业海外并购总流量达到了 2 212.2 亿美元，但这期间中国企业海外并购交易额只是美国企业的 1/5。即使在中国企业海外并购交易快速发展的近三年，海外并购交易总额也只达到美国企业跨境并购交易额的一半②。这表明中国企业的海外并购虽然发展速度较快，但海外并购额在 GDP 总额中所占比例较低，后期发展的空间仍然较大。

（4）海外并购中大型及超大型并购项目较少。中国企业海外并购多以小型并购为主，缺少大型及超大型的并购项目。表 4－2 是 2010～2012 年③全球跨境并购中单项并购金额超过 30 亿美元的项目总数排在前 10 位的国家

---

① 资料来源：新华网，"中国一季度成全球跨境并购最大收购国"，2016 年 4 月 7 日。

② 美国企业的数据来源于联合国贸易和发展组织《世界投资报告 2015》数据统计，其统计口径与中国商务部 "2014 年度中国对外直接投资统计公报" 数据统计口径略有差异。

③ 由于自 2013 年起《世界投资报告》在关于跨国并购的数据统计中减少了个别指标，为保障可比性，故本书在相关内容分析中选择了 2010～2012 年 3 年间的数据。后文相关内容分析的数据选取与此相同。

和地区的母国情况。

表 4 – 2　　　　　2010～2012 年跨境并购金额超 30 亿美元项目数的前 10 位母国

排序	国家或地区	2010 年（件）	2011 年（件）	2012 年（件）	合计（件）
–	全部	43	62	47	152
1	美国	13	14	14	41
2	英国	2	9	4	15
3	加拿大	5	2	5	12
4	日本	2	3	2	7
5	澳大利亚	2	5	0	7
6	荷兰	2	1	3	6
7	瑞士	1	1	3	5
8	德国	1	3	1	5
9	法国	1	4	0	5
10	西班牙	2	3	0	5

　　资料来源：作者根据联合国贸易和发展组织《世界投资报告 2011》《世界投资报告 2012》《世界投资报告 2013》相关数据计算整理。

　　从表 4 – 2 中的数据可以发现，排在前 10 位的全部为发达国家经济体，中国 3 年间的海外并购虽然表现优越，但单项并购金额超过 30 亿美元的大型并购项目数却排在 10 名之外①。而结合表 4 – 1 的数据分析，2012 年中国所发生的 457 个海外并购项目，单项平均交易规模为 0.95 亿美元，这与 2011 年发生在美国的 1 147 件跨境并购项目②，单项平均交易规模为 1.19 亿美元相比，中国企业海外并购平均交易规模比美国低 25%。而如果扣除交易金额一枝独秀的中国海洋石油公司对 Nexen 公司单项达 151 亿美元的并购个案，剩余 456 项海外并购项目的平均规模只有 0.62 亿美元，只是 2011 年美国企业跨境并购平均规模的 50% 左右。缺少大型及超大型并购项目，平均并购规模较低，反映了中国企业虽然在海外并购中扩张势头较猛，但在诸多领域还缺少处于全球领导地位的强势企业，能够开展大规模海外并购的企业还不多。另外，平均并购规模较小也反映了一些中小型民营企业在海外寻

---

　　① 根据联合国贸易和发展组织《世界投资报告 2013》数据统计，2010～2013 年 3 年间中国企业海外并购金额超过 30 亿美元的项目共有 4 项，排名第 11 位。

　　② 联合国贸易和发展组织《世界投资报告 2013》数据统计中未包含跨境并购交易量，故此处使用了联合国贸易和发展组织《世界投资报告 2012》数据统计中所披露的 2011 年美国企业跨境并购交易数量的数据。

求战术型、规模较小但项目数量较多的投资机会的趋势比较明显。

4.1.2　海外并购主体分析

跨国进行对外直接投资需要具备所有权优势和内部化优势（Dunning，1977；1999），或具有学习能力和组织能力（Cantwell & Tolentino，1990），因而只有具备一定实力和较高管理水平的企业才能成为海外并购的主角。近十年来，中国走向海外实施海外并购的企业主要以大型国有企业为主，中石油、中石化、中海油等"中字号"企业一直是海外并购的主力。但 2008 年全球金融危机爆发后，一些民营企业开始加入海外"抄底"的行列，尽管这些企业主体的海外并购成功率不高，但参与过程中所获得的国际化发展经验，尤其是海外并购经验为后续国际化发展奠定了基础。另外，在中国国家实力不断增强的同时，在多个行业领域的领先企业开始寻求嵌入全球价值链的机会，并努力实现从低端价值链向高端价值链的升级（田泽，2010）。在这种全球经济环境拉动、政府产业发展政策推动和企业自主行动相融合的发展形势中，中国企业的海外并购也逐步摆脱了国有企业一元主体的投资局面，呈现出国有、民营、混合投资的多元化投资主体并存的发展格局。

表 4 - 3 是根据交易规模、股权比例、投资壁垒、战略意义和社会关注度五项指标列出的 2012 年中国企业海外并购排行榜前 20 名企业[1]。

表 4 - 3　　　　2012 年中国企业海外并购排行榜前 20 名企业

排名	主并企业	目标公司	股权比例（%）	交易规模（百万美元）	并购行业	并购区域
1	中国海洋石油公司	Nexen Inc	100	15 100.00	能源	加拿大
2	大连万达集团	AMC	100	3 100.00	文化	美国
3	中国五矿资源公司	Anvil Mining	100	1 300.00	能源	澳大利亚
4	三一重工股份公司	Putzmeister	90	427.00	机械	德国
5	联想集团公司	CCE	100	461.00	电子	巴西
6	中信证券公司	CLSA Asia-Pacific	100	1 252.00	金融	法国

---

[1]　李桂芳等在《中国企业对外直接投资分析报告 2013》中列出了交易规模、股权比例、投资壁垒、战略意义和社会关注度五个维度，每个维度量化评分，最高 20 分，然后加总得分从高到低进行排名。本书参考该榜单进行投资主体特点分析。榜单中的第 14 位最后并购失败，因不影响本书分析，此处未做改动。

排名	主并企业	目标公司	股权比例（%）	交易规模（百万美元）	并购行业	并购区域
7	中石化集团	Talisman Energy	49	1 500.00	能源	加拿大
8	赛维太阳能公司	Sunways AG	70.9	31.95	电力	德国
9	中石化石油勘探公司	Devon Energy Corp	33.3	2 440.00	能源	美国
10	海尔集团	Fisher & Paykel	80	766.00	制造	新西兰
11	腾讯控股公司	Level UP	100	27.00	文化	菲律宾
12	永晖焦煤公司	Grande Cache Coal	60	595.80	采矿	加拿大
13	吉恩镍业公司	Goldbrook	95.5	80.00	采矿	加拿大
14	广东振戎能源公司	Petrochemicals	89.9	622.00	能源	香港
15	汉能控股集团	MiaSolé	100	30.00	材料	美国
16	光明乳业公司	Weetabix	60	1 200.00	食品	英国
17	柳工机械公司	Huta Stalowa	100	86.00	机械	波兰
18	中润资源公司	Noble Mineral	42.7	87.70	采矿	澳大利亚
19	中石油国际投资公司	Mckay Riveroil	40	666.00	能源	加拿大
20	国家电网公司	REN	25	513.40	电力	葡萄牙

资料来源：作者参考李桂芳等. 中国企业对外直接投资分析报告 2013［M］. 北京：人民大学出版社 2013 年版相关资料整理。

以表 4-3 中典型并购事件为例，可以发现中国企业海外并购在主体构成上显现出以下五个方面特点：

（1）国有及国有控股公司仍然占据海外并购的主导地位。从表 4-3 中的数据可以发现，从交易数量上看，2012 年中国企业海外并购前 20 家企业中，国有及国有控股公司有 10 家，占总数的 50%。但从交易额上看，10 家国有及国有控股企业实现交易额 247.59 亿美元，占 20 家企业全部交易额（302.86 亿美元）的 81.75%。在单项并购额超过 5 亿美元的 12 宗并购交易中，只有大连万达集团和永晖焦煤公司两家民营企业，其余皆为国有及国有控股公司，由此可以看出，国有及国有控股公司仍然是海外并购投资的主力。

（2）海外并购的企业绝大多数为上市公司。通过进一步分析表 4-3 中20 家企业的身份发现，20 家企业中有 15 家为上市公司或上市公司控股的子公司，占全部企业的 75%。而 15 家上市公司或上市公司控股的子公司中，有 10 家在境外交易所挂牌交易。这表明上市公司身份及融资渠道是支撑海外并购交易的重要条件，并且境外上市身份尤其重要。

（3）地方企业在海外并购中比较活跃。表 4 - 3 中的 20 家企业有 6 家为中央企业，其余 14 家皆为地方企业。14 家地方企业中，除汉能集团 1 家为西部企业外，其余都为中东部经济比较发达地区的企业。由此可见，虽然央企在海外并购交易额上仍然处于主导地位，但地方企业在交易发生频率上要远高于央企，呈现比较活跃的态势；并且区域经济发展水平也是促进海外并购交易的重要因素。

（4）民营企业在海外并购中的地位受到重视。表 4 - 3 的数据显示，相比于中国企业海外并购起步阶段中国有企业的绝对主导，现阶段民营企业在海外并购交易中的重要地位已不可轻视。联想集团、大连万达集团、腾讯控股、三一重工等企业的海外并购，在全球 2012 年的并购影响力排名中已经处于比较重要的位置，尤其是三一重工对德国普茨迈斯特的并购和大连万达集团对美国 AMC 影院公司的并购已被列入 2012 年全球十大并购事件①。

（5）海外并购的目标企业多为非上市公司。表 4 - 3 所列示的并购事件中，除个别目标企业为上市公司外，绝大部分为非上市公司或上市公司的某一部分业务。这主要由于在跨境并购审查中，东道国政府一般不支持对上市公司的并购，因为对上市公司的并购可能影响金融市场秩序，例如澳大利亚政府外国投资审查委员会就规定，国外公司并购澳大利亚上市公司，其股份不能超过 20%。除非经过股东大会同意和证券交易所认可，并经其备案后可以超过 20%。受此限制，如果主并企业最终希望购买更多的股份，则20% 以上部分只能通过期权授予的形式在股票市场上进行购买，但每年购买限额不能超过 6%。如果大比例收购上市公司股权（持股数超过 30%）只能通过要约收购，而要约收购往往需要高溢价购买。如此不仅耗时，也会大大提升并购的现金成本。受相关政策规制的影响，中国企业海外并购大都选择非上市公司作为目标企业，通过协议收购方式实施并购。

4.1.3　行业分布状况分析

随着中国企业海外直接投资规模的不断扩大，中国企业海外并购在行业

---

① 资料来源于海外并购融资中心网，网址：http：//www.chinabizdata.com.cn/1970/0101/3554.html。

分布上也呈现出覆盖面不断扩大的态势，在传统的采矿业仍占重要地位的同时，制造业、文化产业、电子信息产业等新兴产业领域的并购也不断出现。针对中国企业海外并购行业分布状况及演化趋势，本书选择 Wind 资讯并购数据库中 2005～2012 年中国企业海外并购数据作为基础数据，然后对已经完成的、披露完整交易额且控制权发生变更的并购，且非境内公司对境外子公司的关联并购进行筛选，共选出 197 宗并购事件，涉及并购金额 951.99亿美元，借此进行了相关分析①。

　　首先，从数量分布情况看，2005～2012 年，中国企业完成的 197 件海外并购事件分布于三大产业 18 个子行业，其中：初级部门 70 件，占 35.53%；制造业 75 件，占 38.07%；服务业 52 件，占 26.40%。具体分布情况如表4-4 所示。

表4-4　　　　　2005～2012 年按部门/行业划分的中国企业海外并购数目②

部门/行业	并购购买交易量（件）③							
	2005 年	2006 年	2007 年	2008 年	2009 年	2010 年	2011 年	2012 年
总量	4	4	20	20	26	43	44	36
初级部门	1	1	6	6	17	14	17	8
农、林、牧、渔业	—	—	—	—	—	—	1	2
矿业和采石业	1	1	6	6	17	14	16	6
制造业	2	1	9	8	7	15	20	13
食品、饮料和烟草	1		1			3	2	3
纺织、服装、制革	—				1	2	3	
木制品与塑制品	—		1			1	1	
化工产品			1				3	1
机械与工业制品	—		4	4	3	3	4	7
电子电气设备	1		1	3		1	6	2
汽车及配件	—	1		1	3	4	1	—
服务业	1	2	5	6	2	14	7	15
电力、燃气和水	—	1				3	3	

　　① 完整的分析过程见马金城，焦冠男，马梦骁. 中国企业海外并购行业分布的动态变化与驱动因素：2005-2012 [J]. 宏观经济研究，2014：33-74. 此处为主要结论。
　　② 部门/行业是根据联合国贸易和发展组织《世界投资报告 2012：迈向新一代投资政策》的行业划分标准进行的划分。
　　③ 指中国企业在东道国相关部门/行业进行的净购买件数，不包括中国企业与其海外的子公司间进行的关联交易件数。

续表

部门/行业	并购购买交易量（件）							
	2005 年	2006 年	2007 年	2008 年	2009 年	2010 年	2011 年	2012 年
建筑业	—	—	—	—	—	—	—	1
住宿和餐饮	—	—	—	—	—	—	—	1
运输、仓储与通信	—	—	—	2	1	1	1	3
金融	—	1	1	1	—	1	—	3
商业服务	1	—	—	—	1	2	—	1
教育、医疗、保健	—	—	—	—	—	1	1	2
影视娱乐	—	—	—	—	—	—	1	1
软件及网络服务	—	—	3	2	—	6	1	3

资料来源：作者根据 Wind 资讯并购数据库资料统计整理。

　　其次，从金额分布情况看，2005～2012 年，中国企业完成的 197 件海外并购事件总交易金额达到 951.99 亿美元，其中：初级部门 641.98 亿美元，占 67.43%；制造业 139.28 亿美元，占 14.63%；服务业 170.73 亿美元，占 17.93%。具体分布情况如表 4－5 所示。

表 4－5　　　　2005～2012 年按部门/行业划分的中国企业海外并购金额①

部门/行业	并购购买交易额（百万美元）②							
	2005 年	2006 年	2007 年	2008 年	2009 年	2010 年	2011 年	2012 年
总额	4 190	1 007	2 178	11 837	12 101	10 212	28 467	25 207
初级部门	4 180	20	1 257	5 227	8 700	4 324	20 765	19 725
农、林、牧、渔业	—	—	—	—	—	—	1 400	—
矿业和采石业	4 180	20	1 257	5 227	8 700	4 324	19 365	19 725
制造业	8	22	854	620	3 378	3 150	4 721	1 175
食品、饮料和烟草	8	—	7	—	—	134	50	136
纺织、服装、制革	—	—	—	—	120	48	109	—
木制品与塑制品	—	—	13	—	—	9	9	—
化工产品	—	—	228	—	3 151	13	3 206	22

　　①　部门/行业是根据联合国贸易和发展组织《世界投资报告 2012：迈向新一代投资政策》的行业划分标准进行的划分。
　　②　指中国企业在东道国相关部门/行业进行的净购买额，不包括中国企业与其海外的子公司间进行的关联交易；并购交易以非美元结算的，全部按并购当年的汇率折算为美元进行统计。

续表

部门/行业	并购购买交易额（百万美元）							
	2005 年	2006 年	2007 年	2008 年	2009 年	2010 年	2011 年	2012 年
机械与工业制品	—	—	173	439	50	161	78	534
电子电气设备	—	—	408	176	1	18	819	483
汽车及配件	—	22	25	5	56	2 767	450	—
服务业	2	965	67	5 990	23	2 738	2 981	4 307
电力、燃气和水	—	—	—	985	—	2 274	1 628	—
建筑业	—	—	—	—	—	—	—	136
住宿和餐饮	—	—	—	—	—	—	—	485
运输、仓储与通信	—	—	—	360	15	66	1 050	7
金融	—	965	22	4 632	—	73	—	793
商业服务	2	—	13	—	8	105	—	37
教育、医疗、保健	—	—	—	—	—	7	28	33
影视娱乐	—	—	—	—	—	—	19	2 600
软件及网络服务	—	—	32	13	—	213	256	216

资料来源：作者根据 Wind 资讯并购数据库资料统计整理。

综合表 4 - 4 和表 4 - 5 中的数据，并与国外企业跨国并购的行业分布情况进行比较，2005 ~ 2012 年 8 年间中国企业的海外并购在行业分布上呈现以下四个方面特点：

(1) 海外并购主要集中于初级部门，制造业、服务业所占比例较低。尽管从数量分布上看，采矿业、制造业和服务业三大产业占比似乎不相上下，但从交易额上看，以采矿业为主的初级部门几乎占到全部并购的 2/3。说明这期间中国企业的海外并购主要以产业链中的上游行业为主，基础资源获得是主要并购目标。这种情形与全球企业跨境并购的产业分布状况差别较大。表 4 - 6 是 2005 ~ 2012 年 8 年间全球企业跨国并购在三大产业中的分布情况①。全球经济领域 8 年间在三大产业中发生的跨国并购涉及交易金额 42 445.38 亿美元。其中，初级部门 3 487.51 亿美元，占 8.22%；制造业 12 564.18 亿美元，占 29.60%；服务业 26 393.71 亿美元，占 62.18%。这

---

① 因从 2012 年起，《世界投资报告》不再披露交易数目，故交易数目为 2005 ~ 2011 年 7 年的数据。

种分布状况表明，全球并购主要发生在产业链的中下游领域，其中服务业是跨国并购的高发区。

表 4 - 6　　　　　　2005 ～ 2012 年按部门/行业划分的全球跨国并购数目、金额

部门/行业	并购购买交易量、交易额（件、百万美元）							
	2005 年	2006 年	2007 年	2008 年	2009 年	2010 年	2011 年	2012 年①
总量	5 004	5 747	7 018	6 425	4 239	5 484	5 769	—
初级部门	199	288	350	296	221	362	383	—
制造业	1 367	1 523	1 872	1 850	909	1 315	1 490	—
服务业	3 438	3 936	4 796	4 279	3 109	3 807	3 896	—
总额	462 254	625 319	1 022 725	706 544	24 9732	344 030	525 881	308 055
初级部门	2 816	32 650	95 021	53 131	29 097	61 717	63 005	11 314
制造业	118 804	163 847	218 661	244 667	37 632	121 031	208 610	143 166
服务业	340 634	428 822	709 043	408 746	183 003	161 282	254 266	153 575

资料来源：作者根据联合国贸易和发展组织《世界投资报告 2012》《世界投资报告 2013》披露的数据整理。

（2）石油和有色金属为主的采矿业、机械与工业制品、电子电气设备、汽车及配件、软件及网络服务业是海外并购的热点行业。抛开基础资源领域，表 4 - 4 中的数据表明，在制造业和服务业中，单纯从数量上考察，海外并购发生最多的前六个子行业依次是机械与工业制品、软件及网络服务、电子电气设备、食品和饮料、汽车及配件、电力和燃气。

（3）初级部门所占比例趋于下降，制造业与服务业所占比例趋于上升，尤其是制造业上升趋势明显。表 4 - 5 中的数据显示，2008 年以来，初级部门的海外并购规模波动性较大；在服务业中，2012 年服务业并购规模虽然上升较多，但如果扣除万达集团单笔达 26 亿美元的并购，其上升并不明显；制造业在 2012 年并购规模虽然也有所下降，但 2008 ～ 2011 年保持了较好的上升趋势。

（4）海外并购涉及的行业范围在扩大，但单一行业中的集聚趋势不明显，产能过剩的传统产业未显现出通过海外并购释放压力的态势。结合表 4 - 4 和表 4 - 5 的数据发现，8 年来中国企业海外并购涉及的行业范围在不断扩大，尤其是自 2010 年以来在多个子行业中发生了海外并购行为，即使是在并购

---

① 联合国贸易和发展组织《世界投资报告 2013：全球价值链 - 促进发展的投资与贸易》中未披露全球跨境并购行业分布的交易数量，故此处交易数量空缺。

总体降温的 2012 年，虽然并购规模有所下降，但并购所涉及的行业并没有减少。而从某个单一行业的并购数量看，除了在机械与工业制品领域发生的并购数量较多一些之外，尚没有哪一个子行业表现出明显的稳步上升趋势。另外，煤化工、多晶硅、风电制造、平板玻璃、钢铁、水泥等被列入中国严重产能过剩的六大行业[①]中发生海外并购的个案并不多见。

4.1.4　区域分布状况分析

从区域分布情况看，中国企业海外并购的主要东道国与新建投资目标国相比有较大的差别。本书选择 Wind 资讯并购数据库中 2005 ~ 2012 年中国企业海外并购数据作为基础数据，然后对已经完成的、披露完整交易额且控制权发生变更的并购进行整理，列出了 2005 ~ 2012 年中国企业海外并购交易前 10 位东道国，具体分布情况如表 4 - 7 所示。

表 4 - 7　　　　2005 ~ 2012 年中国企业海外并购交易前 10 位东道国

经济体/地区	国家	交易数量（件）	交易金额（百万美元）
发达经济体/北美洲	美国	36	18 291.34
发达经济体/澳洲	澳大利亚	31	12 747.26
发达经济体/北美洲	加拿大	21	20 917.44
发达经济体/欧洲	德国	15	1 610.69
发达经济体/亚洲	日本	15	509.86
发达经济体/欧洲	英国	12	3 237.45
发展中经济体/亚洲	新加坡	11	7 352.16
发展中经济体/南美洲	巴西	10	17 662.00
发达经济体/欧洲	法国	10	3 654.70
发达经济体/欧洲	荷兰	6	150.76

资料来源：作者根据 Wind 资讯并购数据库资料统计整理。

表 4 - 7 中的数据，显示了中国企业海外并购在区域分布上的三个显著特点：

（1）并购发生区域高度集中。8 年间中国企业海外并购在这 10 个国家的交易总额为 861.34 亿美元，占表 4 - 5 统计的海外并购交易总额（951.99

---

① 产能严重过剩行业资料来源于中国经济网 2009 年 9 月 30 日。网址：http：//www.ce.cn。

亿美元）的 90%。这与中国对外直接投资分布在近 180 个国家和地区的总
体分布情况相比①，凸显了高度集中的特点。

（2）发达经济体是主要投资目的地。在中国企业海外并购集中的前 10
位东道国中，只有新加坡和巴西属于发展中经济体，其余 8 个国家皆为发达
经济体国家。表 4 - 8 是 2010 ~ 2012 年全球跨国并购金额超 30 亿美元项目
数的前 10 位东道国排序情况。比较表 4 - 7 与表 4 - 8 的数据发现，表 4 - 7
所反映的中国企业海外并购的区域偏好与表 4 - 8 所反映的全球跨国并购区
位偏好基本一致，这表明发达国家的经济环境、市场环境、金融环境以及企
业治理环境更适合以海外并购的方式进入。

表 4 - 8　　　2010 ~ 2012 年跨国并购金额超 30 亿美元项目数的前 10 位东道国

排序	国家或地区	2010 年（件）	2011 年（件）	2012 年（件）	合计（件）
—	全部	43	62	47	152
1	美国	12	15	15	42
2	英国	7	3	4	14
3	巴西	3	4	3	10
4	澳大利亚	2	6	1	9
5	德国	3	2	2	7
6	加拿大	1	1	4	6
7	俄罗斯	0	4	2	6
8	荷兰	1	1	3	5
9	瑞士	1	1	2	4
10	瑞典	0	2	1	3

资料来源：作者根据联合国贸易和发展组织《世界投资报告 2011》《世界投资报告 2012》《世
界投资报告 2013》相关数据统计整理。

（3）区域分布上呈现行业集聚的特征。将表 4 - 6 及表 4 - 3 的数据结
合起来分析发现，中国企业海外并购在不同国家和地区呈现出行业集聚的特
性。在澳大利亚、巴西和加拿大发生的并购交易主要是以能源为主的采矿
业，发生在德国、美国的交易主要集中在制造业，而发生在法国的交易则以
酒庄为主的食品饮料业居多。这种并购行业集聚的态势在 2013 年进一步显
现。以中国企业在德国的并购活动为例，据安永公司（Ernst & Young,

---

① 据商务部等三部委《中国对外直接投资统计公报 2013》统计，截至 2012 年末，中国对外
直接投资共分布在全球 177 个国家和地区。

2013）的分析报告显示①，2013 年总共有 25 家德国公司被中国企业收购，中国排在美国、英国、瑞士、法国和奥地利之后，已是德国的第六大投资国。2013 年中国企业在德国发生的潍柴动力收购叉车制造商凯傲集团（Kion）、正泰集团兼并德国太阳能板开发商康能（Conergy）以及上工申贝收购德国老牌缝纫机制造商百福（Pfaff）等收购项目，目标企业都是生产高质量机器产品的企业，包括电动工具、工业风扇或汽车内部设计等。另外基于中国的汽车工业正迈向世界市场，急需欧洲特别是德国汽车工业的经验技术、销售网络以及高素质员工，因此中国在德国收购的相当一部分目标企业集中在汽车行业。

4.2
中国企业海外并购中控制权配置状况分析

4.2.1　中国企业海外并购中控制权配置的一般选择

中国企业海外并购的快速发展主要得益于中国整体经济实力提升的推动和全球经济环境变化创造的投资机会的拉动，从公司治理角度看中国企业并不具有优势。因此，海外并购中在控制权配置方面趋同性强，个性化选择较少。基于企业控制权配置层次与配置内容的分析框架，中国企业海外并购中对被并企业的股权安排、董事会设计、监管体系以及管理层权力与激励方面的常规选择可通过表 4 - 9 和表 4 - 10 的数据予以观察。表 4 - 9 是 2005 ~ 2012 年中国企业海外并购交易股权结构方面的具体表现，表 4 - 10 则是以四宗典型海外并购案例显示的在董事会设计、监管体系以及管理层权力与激励方面的一些安排。

1. 股权安排方面

股权安排主要反映在所有权结构和股权集中度两个角度。首先，从所有权结构方面看，股东身份的特殊性直接体现在并购后被并企业的终极控制人身份上。基于中国企业海外并购的主体以国有企业及国有控股企业为主，在并购后，按照夏俊（1999）关于所有权结构的划分标准，被并企业身份会

---

① 资料来源于凤凰财经 2014 年 2 月 7 日。网址：http://finance.ifeng.com/a/20140207/11604179_0.shtml。

因终极控制人身份影响而体现出两层性质：一是政府所有；二是外国政府所有。也正是由于这一特殊身份的影响，中国企业的海外并购常常受到东道国政府及各利益关系群体的质疑。为改变这种不利局面，国有及国有控股企业在实施海外并购过程中有时也会选择境内外的投行、机构或者 PE 基金共同参与实施并购，以改变"国有"身份特征，当然，在选择投行、机构或者 PE 基金时，并购中的重要购买方仍然是国有及国有控股公司。其次，从股权集中度方面看，绝大多数中国企业的海外并购项目都选择高比例并购。

表 4 - 9　　　　2005～2012 年中国企业海外并购交易股权集中度表现

经济体/地区	国家	交易数量（件）①	股权集中度（件）		
			100%	>50%	<20%
发达经济体/北美洲	美国	36	17	22	4
发达经济体/澳洲	澳大利亚	31	5	11	9
发达经济体/北美洲	加拿大	21	6	11	2
发达经济体/欧洲	德国	15	6	13	0
发达经济体/亚洲	日本	15	6	9	2
发达经济体/欧洲	英国	12	2	4	2
发展中经济体/亚洲	新加坡	11	6	7	0
发展中经济体/南美洲	巴西	10	3	4	3
发达经济体/欧洲	法国	10	6	7	1
发达经济体/欧洲	荷兰	6	3	4	0
合计	—	167	60	92	21

资料来源：作者根据 Wind 资讯并购数据库资料统计整理。

表 4 - 9 的数据显示，2005～2012 年中国企业海外并购交易比较活跃的 10 个国家和地区的 167 件交易案中，并购股权比例大于 50% 的有 92 件，占比为 55%，其中股权收购比例为 100% 的占比达到 36%，而股权收购比例在 20% 以下的为 21 件，占比不到 13%。如果按照 LLSV（1999）关于股权集中度情况的划分方法，第一股东股权占比达到 20% 以上即视为集中，占比达到 50% 以上即视为绝对集中，那么大多数中国企业海外并购中的股权集中度都选择了高度集中模式，只有一成多一些的海外并购在股权安排上选择了分散模式。而从股权集中度的区域分布情况看，表 4 - 9 的数据显示，

---

① 此处样本数为 167 件而非前面的 197 件是因为此处数据是海外并购分布中 10 个主要东道国的数据。

针对美国、德国和日本企业的并购，股权集中度更高，而针对澳大利亚、加拿大和巴西等国的并购，股权集中度相对分散一些。

2. 董事会设计方面

表4-10的数据显示，尽管四家案例企业的并购比例基本为全额收购，但在董事会设计方面却都选择了精简模式。海外并购后，从董事会规模上看，普茨迈斯特只设立了一个管理委员会和一个监理会，并未设置完整意义的董事会，相关管理人员全部由被并企业原管理层人员组成，另三家设置的董事会整体规模也较小，尤其是被并购后的优尼科公司的董事会由原来庞大的20人队伍缩减到了6人。从董事会的成员结构上看，四家企业中有三家企业的主并企业向被并企业委派了董事，但在被并企业的董事会构成中，中方只占少数董事名额，东道国方的董事名额占绝对优势。从董事会的议事规则方面看，四家企业都遵从东道国法律的常规性规定，并没有个性化的董事会议事规则设计。

表4-10　　　　　　　四家典型并购案例中被并企业的控制权配置情况

并购案例	收购比例	被并企业总部设置	战略定位	董事会及监管	管理层与员工团队
三一重工并购普茨迈斯特	90%①	维持德国艾布塔尔（Aichtal）作为普茨迈斯特总部	拓展全球分销网络，实行"普茨迈斯特"与"三一"双品牌战略	提名普茨迈斯特CEO为三一重工董事，普茨迈斯特设立管理委员会和监理会。CEO只需对两个人负责：董事长梁稳根和业务执行总裁易小刚	留任原CEO②，普茨迈斯特将保持高度独立的日常管理及运营。不裁减任何员工。三一除派一名翻译外未派任何管理人员
万达并购美国AMC	100%	维持总部设在美国堪萨斯州	打造海内外中国最大文化企业，提升万达集团文化产业规模和国际形象	基本维持原董事会构成，互派1~2名董事进入双方董事会。管理依靠信息化，通过网络实施有效的监管	完全保留原有的管理层团队与员工队伍。万达在AMC只派了一名联络员，并规定10%利润直接分给管理层

---

① 2013年7月1日晚，三一重工宣布其从中信产业投资基金管理有限公司处收购了普茨迈斯特10%股权，由此获得了普茨迈斯特100%股权。

② 2013年9月10日，原CEO辞去公司高级副总裁兼普茨迈斯特控股有限公司首席执行官，辞职后不在公司担任任何职务。普茨迈斯特控股有限公司首席执行官由公司高级副总裁担任。

续表

并购案例	收购比例	被并企业总部设置	战略定位	董事会及监管	管理层与员工团队
吉利并购沃尔沃	VOLVO轿车业务的100%	维持瑞典作为沃尔沃的总部	实施"吉利"与"沃尔沃"双品牌战略；获取汽车产业高端技术，实现成本优势向技术优势转移	董事会由8人组成，除李书福担任董事长外，还有1位中方董事，其余董事由国际车企行业资深经理人及沃尔沃工会指定的其他3名代表组成	除新加盟沃尔沃担任总裁兼CEO的雅各比外，以原沃尔沃轿车业务的管理团队和人员为基础，保持沃尔沃单独营运，不与吉利交叉
中海油并购尼克森	100%	总部设在加拿大卡尔加里	增加能源战略储备以及在能源定价方面的话语权	原有的20人董事会缩减到6人，其中董事长一职由中海油的首席执行官李凡荣担任，中加双方人员比例为2:4	原CEO续任并购后被并企业的CEO职务。无条件留用尼克森所有3 000名管理层和普通员工，承诺不减薪

资料来源：作者根据调研、并购双方的官网和 Wind 资讯并购数据库数据等资料分析整理。

3. 监管体系方面

表4－10的数据显示，尽管四家案例企业大幅度放权给管理层，但在监管体系方面并没有特别设计。其中，普茨迈斯特遵从德国的法律规范设立了监理会，负责公司日常运营的监管，在对管理层控制方面，实行向董事长和执行总裁汇报制，普茨迈斯特CEO只向三一董事长和分管业务的执行总裁汇报。在沃尔沃和尼克森公司，由收购方出任目标公司董事长，体现了股东的监管身份，具体的监管工作仍然依托于中介部门的外部审计以及董事会的日常监管。在 AMC 公司，依靠网络的信息化远程监控是掌握公司运营轨迹的重要工具，而在 AMC 上市后①，上市公司的社会化监管体系成为对公司实施日常监管的基本手段。

4. 管理层权力与激励方面

在管理层权力方面，表4－10中的数据所列示的四宗并购案中无疑都大幅度放权给管理层，实施管理层对被并企业的实际控制。主并企业在并购过程中都承诺并购后目标公司保持高度自治、独立运营；四家被并企业有三家

---

①　大连万达集团股份有限公司 2013 年 12 月 18 日宣布，集团旗下拥有的美国 AMC 院线公司以 18 美元的价格首次公开发行 18 421 053 股 A 类普通股；并于美国当地时间 2013 年 12 月 18 日正式登陆纽约证券交易所上市交易。

的 CEO 源自连任，有一家从东道国选聘；四家目标公司都保留了原管理团队，主并企业都承诺不裁减被并企业并购前的任何员工。在管理层激励方面，四宗并购案中都没有明确的股权激励计划，只是在薪酬标准及利润奖励方面有所强调。其中，中海油强调不减薪；万达则强调把 AMC 年利润的10% 奖励给管理层。

4.2.2 中国企业海外并购中控制权配置的特点

进一步对表 4 - 9 的描述性统计和表 4 - 10 的典型案例分析结合起来进行综合分析，可发现中国企业海外并购中在被并企业控制权配置上的五方面特点：

（1）股权结构安排上呈现高度集中化，因行业和地域差别而显示出一定的差异。

表 4 - 9 中的数据反映了大多数企业在海外并购中追求高股权比例的收购特征。进一步分析发现，基于资源获得为目标的并购比基于技术吸收为目标的并购在股权比例方面相对要分散一些。这种特征反映在地域上则表现为以澳大利亚、加拿大和巴西等国为东道国的海外并购的股权集中度低一些，而这些东道国的目标企业多以资源型为主；以德国、美国和日本为东道国的海外并购的股权集中度要高一些，而这些东道国的目标企业主要以技术型为主。出现上述股权配置安排的最可能原因是基于资源目标的海外并购常常受到东道国政府及多方面利益群体的抵制，加之中国企业"国企"的股东身份特性，过高的股权比例容易在审批中受限。例如澳大利亚政府就规定：外商投资必须"符合澳大利亚利益"，要求"投资透明，无政治背景"，这一模糊的政策为并购准入审批提供了极大的裁量自由度。同时，2009 年 2 月17 日，澳大利亚政府宣布外国政府及其代理人（包括国企）对澳投资，必须通过澳大利亚"外商投资审核委员会"（FIRB）的审核，并明确规定外资持股不得超过 15%。股东身份的敏感性以及资源的保护性要求，使得以资源获得为目标的海外并购为通过东道国政府审查而不得不缩小股权配置比例。

（2）董事会和监管体系设计上简单化，基本遵从东道国规制和企业文化传统设计。

表 4 - 10 中选择的四家典型并购事件发生在不同的区域和不同的行业，

但案例企业董事会和监管体系设计未因行业差异而出现差异，而是因被并企业的地域不同而呈现一定的区别。美国和加拿大对公司治理的法律规制和文化与德国存在差别，由此发生在德国的两宗并购与发生在美国和加拿大的两宗并购在被并企业董事会和监管体系设计上出现了一定的差异。以沃尔沃和尼克森两公司为例，并购后两公司都对董事会进行了重新设计，两公司都由主并企业出任董事长，但董事成员结构却有很大不同，沃尔沃的董事会结构更为复杂。8 名董事中除了董事长李书福，其他 7 名董事中有 3 名来自于员工代表。这种安排主要基于德国的法律规制和企业文化。在德国，由于工会的作用被强化，强调员工对决策的参与和监督，因此董事会成员中必须有 1/3 以上是员工代表。另外，吉利收购的是沃尔沃集团的轿车业务，而沃尔沃集团董事会则是由包括 5 名员工代表在内的 14 名董事组成的常规型董事会结构。基于这些因素影响，吉利收购沃尔沃轿车业务后重组的董事会也延续了沃尔沃集团的治理传统。相比之下，尼克森公司的董事会重组则要简单得多，只是大幅度缩减了董事会规模，基本构成上没太多变化。在监管体系设计方面，德国法律规定了监事会的设置，并且监事会的职能权力要高于董事会，而美国的法律则不要求公司设立监事会。因此，在普茨迈斯特和 AMC 两个公司的监管体系设计中，普茨迈斯特成立了监理会，而 AMC 则只有董事会，不设监事会。四宗并购事件在董事会和监管体系设计上更多的是遵从东道国规制和企业文化传统，并未针对自身的特点进行个性化的设计。

（3）保留原管理团队，实施管理层控制是高度趋同的配置。

表 4 - 10 中的数据显示，4 家典型并购事件中无一例外地通过管理层控制实行"本土化"管理，续聘或从当地选聘 CEO，并购后被并企业完全独立运营。同时，被并企业完全依托原有管理团队运营。在四个被并企业中都保留了原管理团队和员工，除个别主并企业在董事会层面派 1 ~ 2 名董事外，主并企业对四家被并企业在并购后的管理中未委派任何管理人员。上述控制权配置反映了中国企业在海外并购中依托管理层控制的突出特点。

（4）管理层激励机制建设与收购不同步，管理层激励手段较为单一。

由于中国企业的海外并购多选择非上市公司作为目标公司，抑或通过要约收购把上市公司私有化，因此在并购后的激励计划设计上手段较为单一。四宗并购事件中，对被并企业管理层的激励主要强调不辞退、不减薪，只有万达对 AMC 提出了利润 10% 的奖励计划，而管理层持股、管理层股票期权计划等具有高激励效能的激励手段未能纳入并购后对被并企业控制权的初始配置体系之中。

（5）对东道国的"承诺"制约着对被并企业控制权的初始配置。

同许多跨境并购交易一样，中国企业的海外并购在控制权的初始配置上也在很多方面受制于东道国的保护政策而做出"承诺"约定。这些承诺包括股权比例的安排、总部地点的选择、董事会和管理层结构安排以及员工雇用保障等。表4-10列示的四宗并购事件中，被并企业的总部全部选定在东道国，董事会中东道国方的成员比例、对管理层及员工的留用安排等在并购承诺中也有约定。相关的"承诺"换取了尽快完成并购的机会，但也束缚了并购后对被并企业控制权的初始配置。

4.2.3　中国企业海外并购中控制权配置存在的问题：基于典型案例事件的分析[①]

基于管理经验和管理能力不足等原因，中国企业在海外并购中的习惯做法是保留被并企业的原管理团队，保持目标企业的高度独立性。这种看似简单有效的"本土化"管理模式有利于赢得东道国监管部门及目标企业少数股东和管理层的认可，从而获得并购交易机会（Knoerich，2010），但这种简单的选择也成为许多被并企业后期整合和发展中的控制障碍，甚至导致并购失败。根据上述对中国企业海外并购中控制权配置的一般选择和配置特点的分析，本书发现中国企业海外并购中控制权配置方面主要存在六方面问题。

1. "国有"股东身份下的政治性歧视

海外并购中的政治性歧视是跨国投资政治风险的一种。一国企业的跨国投资自然会与东道国以及东道国之外的一些利益相关者产生利益冲突，于是某些利益集团就会以政治利益为借口通过不公平、不合理、排他性的政策或制度安排，排挤竞争对手以维护自身利益，致使主并企业的商业行为被政治化，在投资领域方面受到有别于其他国家企业的不公正待遇。他国把中国国有企业与"中国"等同起来是中国国有企业在海外并购中遇到的普遍问题，中国企业海外并购中的"国有"身份不仅会成为东道国政府严格审查的理

---

① 本部分采用典型案例事件以专栏形式进行分析。相关内容中的典型事件资料来源于作者调研、并购双方的官网和百度数据搜索等资料，经作者分析整理。

由，也成为相关利益集团、管理层和工会等组织争夺控制权利益的借口。

中海油在并购优尼科和尼克森过程中即遭遇了来自不同层面的政治性歧视（见专栏4.1），这类政治性歧视加大了中国国有企业海外并购的控制权转移风险。

专栏4.1

政治性歧视：中海油并购优尼科、尼克森公司过程中的非经济困扰

中海油在对优尼科、尼克森的两宗并购事件中都因中海油"国有"的身份而遭遇了不同程度的政治性歧视。首先，国家安全和能源安全成为政治性歧视的宣称性借口。在优尼科并购事件中，有议员明确要求美国在处理牵涉中国的能源事务时，应从国家安全、能源安全等方面进行综合考量。而在尼克森案中，加拿大反对党新民主党主观地认为中海油并购尼克森是中国政府在海外增加自己的资源储备，提升中国在油气资源领域的话语权的行为，加拿大联邦安全情报局在并购发生之际也站出来对外宣称并购案很可能对加拿大"国家安全"构成威胁。其次，政党团体把阻止中国企业的并购行为当成谋求自身利益的工具。在优尼科并购事件中，真正的利益集团是中海油的竞争对手美国雪佛龙石油公司，而雪佛龙公司有自己长期培养和积累的政治力量和公共关系，美国的一些政要、议员能够成功当选跟雪佛龙等大型公司背后的资本支持是分不开的，因此这些政要议员维护这些资本家的利益也是在维护自身的利益。而在尼克森案中，反对声最强烈的则是加拿大的在野党。对于在野党来说，一旦成功阻止中海油对尼克森的并购，会使加拿大的投资环境和市场信誉遭到质疑，也将使执政的哈帕政府陷入被动，遭受各方的不信任，反对党就可以借此大肆攻击执政党以增加在以后的竞选中获胜的筹码。再次，以中国国有企业"非市场化主体"的理由进行打压。国有企业往往被曲解为是政府"有形的手"的延伸，从而成为竞争对手打压的又一借口。在优尼科案中，中海油竞争对手雪佛龙从并购一开始就大打政治牌，游说美国政府将中海油的并购划为国家行为范畴，不断指责中海油在并购案中

利用国家支持进行不公平竞争。而在尼克森案中，由于尼克森资产横跨多国，要经过多国审批，特别是尼克森有10%的资产在美国，能否获得美国国会批准是决定中海油能否整体收购尼克森的关键因素之一，对于此次收购，美国民主党参议员舒默向财政部部长盖特纳表示希望政府阻止中海油收购尼克森，除非中国给在其国内的美国企业更多公平机会。面对来自不同层面的政治性歧视，最终中海油并购优尼科以失败告终，而在并购尼克森的过程中，虽然经过多方努力最终成功实施并购，但也是以答应诸多的承诺为附加条件来换取此次并购机会，大大增加了并购成本。

资料来源：马金城，江宇博，马梦骁. 国有企业海外并购中的政治性歧视与反歧视——以中海油并购优尼科、尼克森公司为例 [J]. 国有资产管理，2013 (9)：41-47.

2. "承诺"换"交易机会"后的控制障碍

中国企业海外并购中经常出现为获得"交易机会"而忽视自身的所有权能力、内部化能力和消化吸收能力，予以东道国、出售方以及被并企业管理层和员工团队诸多的承诺，在并购后的整合中再慢慢"消化"这些承诺。这些承诺虽然加快了并购交易程序的完成，甚至也能降低并购的交易成本，但这些承诺往往成为日后有效控制的障碍，甚至导致并购失败。

上汽集团并购韩国双龙汽车的失败即与过多承诺后的决策失控有直接关系（见专栏4.2），过多的承诺虽然使上汽集团获得了双龙汽车的控股权，但让权过度却让上汽集团始终无法获得实际控制权。

专栏4.2

上汽集团并购韩国双龙汽车：控股
但无控制下的挫败

2005年1月，上海汽车集团股份有限公司（简称"上汽"）与韩国双龙汽车公司（简称"双龙"）控股股东完成股权交割手续，获得双龙汽车48.92%的股份，正式成为其第一大股东，这标志着上汽并购双龙的交易完成。但是这宗并购从开始的并购协议到后来的补充协议都附加了若干的承诺,主要包括:①继续聘用韩国双龙原CEO为执行董事兼CEO,留用原管理团队和品牌,不裁员;②继续注资及不转移技术;③工会参与董事会决策。正是这些承诺成为上汽后期控制权转移的桎梏,致使上汽始终无法真正控制双龙,最终导致并购失败。在这一并购失败案中,有控股权但无控制权是失败的关键原因。首先,给予工会参与董事会决策的权力相当于给了工会在决策程序上的一票否决权,成为上汽始终弥补不了的决策权缺陷。上汽在后期整合过程虽然采取了撤换CEO、重整董事会、调整管理层等激活核心控制权的策略,以及通过重新调整规划谋求对关键资源——技术和研发中心的控制,但在工会的反对和一次次罢工中,始终不能改变工会组织对双龙的实际控制。其次,控制权让渡的代理成本过高。双龙所留用的CEO和管理团队有较高的控制权私利空间。因为按照韩国的法律规定,在上汽集团接管双龙的三年中,双龙汽车若出现连续亏损,之前的收购将宣告无效。如果上汽对双龙的收购因此宣布无效,以原CEO为核心的管理层就有机会通过管理层持股而获得双龙公司的股权,其收益难以估算,由此导致原管理层控制权私利空间过大,在双龙经营策略上常常与上汽展开逆向选择,成为上汽让渡控制权的高额代理成本。最后,继续注资及不转移技术成为上汽话语权的软肋。上汽并购双龙后,原CEO及其部分同僚常以上汽转移技术及不履行注资承诺煽动工会组织与上汽对抗,上汽不得不多次与工会代表"谈判",并与工会签订"补充协议",增加工会的话语权并给自身增添"五年注资10亿美元"的沉重财务负担,而当上汽不能如约注资时,双龙工会又以此为借口更为坚决地控制双龙的关键资源,使上汽根本无法实现并购目标。

资料来源:马金城,王磊. 所有者弱控制环境下跨国并购整合效率的缺失——以上汽并购双龙为例 [J]. 财经问题研究,2008 (11):105 – 110.

3. 主并企业能力与目标企业控制权错配

主并企业能否在目标企业控制权初始配置及并购后的动态调整中得心应手,关键还在于主并企业是否具备左右目标企业发展的能力,这些能力包括所有权能力和内部化能力（Dunning，1996）、战略协同能力（Kumar & Seth，1998）和消化吸收能力（Madhok，1997）。一般财务性并购以经济实力为根本，而战略性并购更强调战略协同能力和消化吸收能力。中国企业在海外并购中通常忽略财务性并购与战略性并购的差异，并购中过于重视财力而忽略战略协同能力和消化吸收能力，致使中国企业海外并购中"蛇吞象"的并购并不鲜见。事实上通过"蛇吞象"式的并购进行跨国投资存在较大治理缺陷。由于缺乏国际管理经验，在如何管理比自身规模大得多的国际企业方面无任何积累，尤其对国际公司庞大而复杂的销售及物流系统的管理更是知之甚少，在无法实现协同的情形下，一旦经营管理不到位很容易导致并购失败。

TCL 兵败于法国阿尔卡特公司手机业务即与自身的所有权能力和内部化能力缺失下的协同无力有直接关系（见专栏4.3），自身能力的不足很快导致失控并演化为失败。

专栏4.3

无力"统治"：TCL 兵败于法国阿尔卡特公司
手机业务的整合

TCL 于 2004 年 4 月以注资成立合资公司的模式收购了阿尔卡特的手机业务，并购目标是通过与阿尔卡特集团合资，公司手机业务将以较低的成本迅速扩大规模，利用阿尔卡特集团在全球建立的品牌、手机营销渠道和网络，将本公司的手机产品推向世界，获得国际化的形象，进入国际市场；利用阿尔卡特集团成熟的研发团队，来提升本公司手机业务的声誉和研发能力；通过共同的研发安排，利用研发协同效应，降低研发费用和加快产品更新。在 TCL 控股的阿尔卡特手机公司，TCL 占合资公司55%的股权比例，7 名董事中 TCL 占了 4 席，新公司的管理层也由 TCL 委派人员为主的 9 人团队组成，首席财务官、首席技术官和首席协调官均由 TCL 方面人士出任。从控制权设计来看，TCL 可谓实现了强控制。但是，在阿尔卡特手机公司后期整合和发展中，TCL 自身的能力欠缺却让阿尔卡特手机公司走向了崩溃。首先，TCL 缺乏国际化的管理者，欠缺国际化企业的治理能力。TCL 管理者将国内的管理模式搬到了阿尔卡特手机公司，结果引发较大的冲突。阿尔卡特希望新企业的领导人受过良好教育，拥有理论学识和各种头衔，而 TCL 的标准则是具有企业家精神的人，敢于冒险和获得成功。基于对 TCL 管理团队的不信任，阿尔卡特员工把 TCL 管理层的到来看作更像是异物的入侵，当管理者们按 TCL 的方式发号施令时，一些员工已开始暗地里做出离职的决定。从具体管理模式看，阿尔卡特公司注重的是市场开发，看重的是建设销售渠道，销售人员不直接做销售渠道；TCL 采用国内手机商的销售方式，雇用销售人员去终端直接销售，对销售人员要求不高，待遇低，导致阿尔卡特公司销售人员大量辞职。其次，TCL 缺少所有权能力。尽管 2002 年 TCL 手机的市场份额上升到中国市场第三，位列国产手机之首，但以营销为主的战略和技术实力的薄弱显示了 TCL 手机业务缺少核心竞争力。与阿尔卡特合资后，TCL 更谈不上用技术去"统治"企业。最后，TCL 对阿尔卡特的内部化能力趋向于零。在 TCL 与阿尔卡特的交易完成后，TCL 和阿尔卡特仍然延续并购前的两套体系各自为政，TCL 的产品难以进入阿尔卡特的销售渠道，阿尔卡特的研发团队也没有利用其技术能力推出有竞争力的新产品。交易 7 个月后，阿尔卡特大部分产品还是外包生产，而 TCL 自己的工厂却有过剩产能，阿尔卡特也没能借助 TCL 的销售渠道增加销售，其原有的手机业务进一步恶化。最终在并购一年后的 2005 年 5 月，基于"统治"能力欠缺，TCL 与阿尔卡特不得不对双方合资的手机公司进行重组。

资料来源：作者根据 TCL 集团股份有限公司 2005~2006 年年报资料分析。

4. 管理层控制下的战略冲突

中国企业海外并购的战略目标主要集中在资源获得、技术获得和市场获得三个方面。战略目标的实现既是主并企业与东道国和被并企业管理层的利益双赢问题，也是一个利益博弈问题。主并企业要获得相应的资源、技术或市场，需要有利益互换的筹码，这个筹码可以是资金、市场，也可以是技术、品牌或管理能力。由于中国企业的核心优势是富足的现金流和庞大的中国市场，因此，中国企业的海外并购通常是以资金或市场换资源、技术。但这种互惠并非简单易行或一劳永逸，其中的利益博弈是一个持续的过程。当主并企业与东道国、被并企业管理层利益出现冲突时，管理层控制下并购双方的战略冲突问题就会成为双方协同的障碍。

三一重工并购普茨迈斯特和吉利并购沃尔沃轿车业务后的母子公司战略协调中都不同程度地遇到了管理层控制下的战略冲突问题（见专栏4.4），这种战略冲突如果不能及时进行调整则会制约并购目标的实现。

专栏4.4

管理层控制下的战略冲突：三一重工与吉利的纠结

三一重工并购的战略目标主要在于普茨迈斯特的技术，而普茨迈斯特看重的是中国市场。基于双方互惠的目标，并购得以顺利实现。但是在技术整合、研发团队利用、新产品共同开发方面，德国人则比较保守，他们认为向中国输出技术将引发生产向中国转移，导致本地企业减产甚至关闭工厂。此外，为了降低普茨迈斯特产品成本，三一曾表示会在零部件采购等方面花气力。因此，在零部件替代的问题上，三一重工向普茨迈斯特提出的零部件替代方案，普茨迈斯特管理层因维护自身利益、当地供应链关系以及研发和质量要求的原因不愿意接受。总之，利益冲突问题逐步从控制权领域反映出来。2013年9月签约五年但实际任职不到两年的前CEO突然辞职与这种冲突就不无关系。

吉利收购沃尔沃轿车业务后一直期望将其定位于中国的高端市场，借助沃尔沃重塑吉利形象。为此，中国的管理层希望摆脱沃尔沃轿车以往只注重性能的朴素形象，欲将沃尔沃打造成如宝马、奔驰和奥迪一样的豪华品牌。为实现这一战略，李书福希望沃尔沃能够生产出一款大的豪华私家车以迎合中国"新富"们的口味，如同奥迪A8或宝马7系一样来彰显"新富"们的社会地位。但这一战略并不能得到沃尔沃经理们的支持。沃尔沃CEO认为，放弃沃尔沃几十年来耕耘出来的安全可靠的斯堪的纳维亚形象，而转型为类似德国豪车制造商的形象是极大的冒险。沃尔沃的管理层认为如果要刻意去与宝马7系或奔驰S级竞争，无疑是很高成本的投资，沃尔沃也缺乏规模获得理想的投资回报，这一举措可以说是毫无经济意义的。沃尔沃的一位高管表示，"我们认为我们应该在我们能够有所作为且能够脱颖而出的领域进行投资。"虽然李书福表示，他支持沃尔沃保持传统，但他似乎还是试图说服沃尔沃管理层去开发一款大型豪车与奥迪A8竞争，李书福也许觉得参与到超豪华车单元的竞争能够体现出中国的经济增长。但沃尔沃CEO和他的首席产品战略主管坚持沃尔沃不能改变其固有的风格，因为中国的客户是很多变的，很有可能在不久之后他们不再寻求豪车去显示自己的身份地位。在是否发展豪华私家车的事情上，李书福尽管一再劝说似乎还是没能成功。沃尔沃管理层认为，中国那些喜欢炫富的群体并没有好的品位，往往是那些土豪或煤老板才会选择奔驰，沃尔沃的受众群体与奔驰、奥迪和宝马并不同。正是这种战略上的冲突，吉利的管理层难以给沃尔沃的未来发展规划"蓝图"。

资料来源：腾讯财经，"普茨迈斯特CEO辞职，三一重工整合能力遭质疑"，2013年9月10日，网址：http://finance.qq.com；凤凰网，"路透社：沃尔沃与吉利未来发展的分歧"，2013年9月23日，网址：http://auto.ifeng.com。

5. 控制权配置成本过高

控制权配置成本主要包含财务成本、代理成本、政治成本和整合成本。与西方发达国家和地区相比，中国企业海外并购过程中的控制权配置成本较高。首先，基于社会政治制度的差异和股东身份的特殊性导致的政治成本问题在前文中已经讨论。其次，从代理成本来看，中国的劳动力成本优势在海外并购中却常常成为并购的障碍。李晓华（2011）在分析中国企业海外并购劣势时就指出，劳动力成本优势的无法跨国转移特性使中国企业一走出国门就丧失竞争优势。较高的薪酬福利水平和强大的工会压力使母子公司间在代理成本开支上常常出现争议。最后，从东西方文化距离大和制度落差高的现实状况来看，中国企业海外扩张的整合成本要更高（林润辉等，2011）。最后，从财务成本来看，中国资本市场的开放程度以及金融工具的国际化程度制约着中国企业海外并购的融资和支付，从而导致控制权配置中的财务成本开支较高（刘淑莲，2011）。

中海油并购尼克森后管理层高昂的薪酬成本（见专栏4.5），吉利并购沃尔沃后沉重的财务负担（见专栏4.6），即从代理成本和财务成本角度显示了中国企业海外并购中控制权配置成本较高的现实。

专栏 4.5

昂贵的代理：中海油并购尼克森后母子公司薪酬的巨大落差

中海油在并购尼克森的过程中，虽然经过近100天的努力最终签约，但在其后所面对的代理成本问题及业务整合问题也给管理层带来较多困扰。从代理成本方面看，虽然尼克森的整体规模比中海油小，但其高管的薪酬水平则远高于后者。中海油的高管薪酬水平不及尼克森管理层薪酬水平的1/3[①]。在收购尼克森时，中海油曾承诺将保留尼克森现有总数约3 000人的管理团队和员工，并承诺收购后薪酬水平不降低，由此导致收购之后子公司高管薪酬远高于总公司的高管薪酬，凸显出中海油并购尼克森的高昂代理成本问题，也成为中海油能否稳固尼克森原有管理团队的关键因素。从整合成本上看，中海油内部的管理架构为事业部制度，总部下设各大事业部，工程、炼化等部门又分管下属子公司，职能分工明确，且管理运营系统也相对完整。但完成对尼克森的收购后，尼克森作为其独立运营的海外子公司，其分散在各国的油气资产如何在现有管理框架内完成整合使中海油对尼克森业务整合也会涉及较多的整合费用支出。除对尼克森的资产进行有序"安放"外，来自不同企业之间的内部行政管理也同样是中海油不得不予以考量的代理成本问题。

资料来源：马金城，江宇博，马梦骁. 国有企业海外并购中的政治性歧视与反歧视——以中海油并购优尼科、尼克森公司为例［J］. 国有资产管理，2013（9）：41－47.

[①] 2011年尼克森首席执行官总薪酬近500万美元，而此前两年则超过1 000万美元，高级副总裁兼CFO总薪酬约200万美元，相比之下，中海油首席执行官的薪酬则约85万美元外加接近77万美元的股权收益，董事长则为70万美元加134万美元股权收益。

专栏 4. 6

吉利并购沃尔沃的隐忧："注资依赖"考验控股股东的财务承受力

　　海外并购中控制权配置的财务成本较高突出反映在中国企业海外并购的融资支付方式选择上，突出问题是高比例的现金对价、较大的负债承接以及对并购后较高的注资承诺。以吉利并购沃尔沃轿车业务为例。吉利为此项交易总共支付了 13 亿美元现金和 2 亿美元票据，共计 15 亿美元，同时为养老金义务和营运资本等因素承诺了 3 亿美元的"调整开支"，并购总额约 18 亿美元；除现金对价外，根据并购协议还需承担沃尔沃的部分债务；在并购后沃尔沃整合和营运之中，还需考虑 5 亿~10 亿美元的营运资本开支。面对如此庞大的资本开支，吉利在并购过程中全部选择现金对价支付，为此吉利需要至少为并购融资 180 亿元人民币。过高的现金流开支需求及债务负担给吉利带来了较大的财务费用，而较高的注资承诺不仅会增加对目标企业后期整合和营运的难度，也容易使目标企业形成"注资依赖"，成为母公司巨大的财务负担。

　　资料来源：马金城. 中国企业海外并购中的对价支付策略研究［J］. 宏观经济研究，2012（10）：63 – 69.

6. 监督与激励体系建设滞后

　　由于中国企业海外并购中比较重视交易机会的获得，因此并购的重心工作在于交易价格的确定和交易协议的签署，在监管和激励体系建设方面只是遵从东道国法律规制的约定程序化设计，监管与激励体系流于形式，结果不仅导致对授权后的管理层约束和激励效用不强，也容易使内部人控制下的控制权私利行为难以及时抑制，从而使控股股东利益难以得到保障。

　　中国平安收购比利时富通银行失利即是只关注股权而忽略监控的典型案例（见专栏 4.7），其结果导致平安 200 多亿元的巨额投资损失。

专栏 4.7

中国平安收购比利时富通银行：
失控下的盲目投资

2007 年 11 月，中国平安旗下子公司平安人寿保险斥资 238 亿元人民币购买比利时富通银行 4.99% 股权，成为富通银行单一最大股东。但是，平安入主富通银行后，股权上的地位并没有在控制权上体现出来，控制权仍然掌握在富通银行管理层手中，而平安也没再对富通银行监管和激励机制建设方面有任何动作。首先，在董事会议事程序上失掉话语权。中国公司法规定董事会会议要提前 10 日通知，而根据荷兰和比利时公司法运作的富通银行并没有明确的董事会会议提前通知天数规定，而是"可以以适当的通知在任何时间"召开董事会。结果 2009 年 1 月 31 日，北京时间凌晨 3 点通知一小时后召开董事会会议，平安方面的董事根本来不及拿出意见，更来不及参加董事会现场会议，从而无法对富通银行的日常决策进行参与和监控。其次，在美国次级债危机爆发之际，富通银行管理层有意隐瞒了所持有的大量美国次级债券的事实，直至 2008 年 9 月这部分资产的潜在亏损已经达到 40 亿欧元，使中国平安掉进了亏损陷阱；最后，东道国政府"蚕食式征用"富通银行的资产，直至富通银行解体为仅含有国际保险业务、结构化信用资产组合部分股权及现金的保险公司，富通银行管理层并未及时向平安通报，在富通银行潜在盈利能力下降 90%的情形下，平安对此却毫不知情。控制权体系建设的失衡最终导致平安对富通银行失控，直至此次并购的彻底失败。

资料来源：姜军. 公司并购交易与管控［M］. 北京：知识产权出版社，2014.

综合以上对典型事件的分析可以发现，中国企业海外并购中控制权配置上的问题存在于控股权结构、决策机制以及监督激励机制的各个层面。在股权比例方面，中国企业海外并购中股权集中度情况与各国家和地区的跨境并购情况基本一致①，股权配置方面的主要问题在于股东身份的"国有"性质导致的政治歧视。在董事会设计方面，由于海外并购中的控制权配置更倾向于管理层控制，因此，董事会的结构以及董事会的议事规则更多遵从于东道国国家的法律规制和文化习惯，董事会的权力有限。在管理层权力方面，过度依靠管理层控制带来三方面问题：一是关键资源失控问题；二是管理层控制下的被并企业与主并企业战略冲突问题；三是管理层控制下的代理成本过高问题。在监管体系方面，控股股东放权给管理层实施"本土化"管理并不一定错误，但放权后的监管体系设计是保障股东利益的关键，目前在海外并购中母公司对东道国子公司的监管机制和监管能力都存在差距。在激励机制方面，海外并购中对管理层的激励计划存在滞后倾向，管理层利益与主并企业利益趋同性差，使管理层存在较多谋取控制权私利的利益驱动空间。

表 4 - 11 是对上述问题的概括。

表 4 - 11　　　　　　中国企业海外并购中的控制权配置问题

控制权体系	问题表现
股权结构	股权集中度高，股权结构设计缺乏科学性 股东身份"国有"色彩浓厚
决策权配置	董事会设计常规化，议事程序缺少个性化 过分依赖管理层控制，代理成本高 关键资源失控与战略冲突经常出现
监督机制	监管机制建设滞后 监督能力不足
激励机制	激励机制建设滞后 激励手段单一

4.3

中国企业海外并购中控制权配置能力评价

进入 21 世纪以来，随着中国经济的快速增长，中国成为全球第三大对

---

① 据联合国贸易和发展组织《世界投资报告 2013：全球价值链 - 促进发展的投资与贸易》统计的数据，2012 年全球完成的价值超过 30 亿美元的 47 件跨境并购交易，并购比例在 50% 以上的为 35 件，占比为 74%，其中并购比例为 100% 的为 32 件，占比为 68%；并购比例在 20% 以下的为 2 件，占比为 4%。由此可见，与国际大型跨境并购中的股权集中度比较，中国企业海外并购的股权集中度要趋向分散一些。

外投资主体，中国出现了一批具有较强经济实力的大型跨国企业。但与此相对应的另一种情形是，中国的跨国企业中很少有强大且有影响力的公司是真正的在各自行业中的全球领导者。首先，中国的跨国企业缺乏品牌和技术支撑，反映出中国企业可能会增长很大，但不一定很强。比如中国的公司中缺少全球知名品牌，在全球最著名的品牌咨询公司 Interbrand 公司①的"2012全球品牌价值排行 100 强"榜单中没有一家企业是中国企业。同时，中国企业的创新能力也较弱，福布斯"2012 全球最具创新力企业排行榜榜单"中，中国的企业只有腾讯、中国油田服务、三一重工和中联重科 4 家公司，而美国企业在这一榜单中的企业数量是 43 家，这种现象表明中国企业的技术能力十分有限。其次，中国的跨国企业多数为国有企业，国有企业具有政府的保护和一定的垄断优势，但这种优势在参与国际市场竞争时可能会大打折扣，甚至会束缚企业市场化的发展，难以形成核心竞争力。尽管民营企业已经开始积极参与全球的并购活动，但规模小，实力还不够强大。再次，中国企业的海外投资主要集中在少数行业领域，如自然资源、建设项目和特定行业（如汽车领域）。高技术领域、高端制造业和高端消费品并不是全球化发展的主要力量。最后，中国企业全球化治理经验和治理能力不足，跨文化交际以及法律法规、语言等都是中国企业全球化治理的障碍。许多中国跨国企业往往只专注于价值链的一个或几个低端环节，他们可以生产出非常熟练的和有效率的大众消费品或提供桥梁建设，但是他们缺乏把整个价值链的运作和把不同部位的业务组合在一起的内部化运作能力。

总体来看，基于第三章"跨国并购中子公司控制能力与控制权配置"模型，从资源能力、战略能力、治理能力和外部环境影响力四方面对中国企业海外并购中控制权配置能力进行考察发现，在有些层面中国企业表现出自身的绝对优势和相对优势，但在另一些层面则存在发展中的软肋。主要表现在财务资本实力和外部环境影响力较强，所有权能力、治理能力和战略协同能力较弱，内部化能力则在不同的行业领域出现非均衡的表现。

---

① Interband 是全球领先的品牌咨询公司，每年都会发布全球百个最有价值的品牌排名。其应用的方法是品牌分析方法中的首个 ISO 标准，通过从企业业务结果到客户期望传递全面地分析品牌与企业的关联以及品牌给企业带来利益的途径。在进行这项排名的时候，Interband 考虑的三个关键方面为：品牌产品或服务的财务表现；品牌在影响消费者选择时扮演的角色；该品牌为产品带来溢价的程度或促使该公司稳定盈利的程度。

4.3.1　资源能力与海外并购中的控制权配置

资源能力主要体现为财务实力、所有权能力和内部化能力。财务实力主要反映在企业的基础能力指标之上，通常由总资产、净资产、总收入和总利润指标予以反映。所有权能力主要体现在企业的品牌、专利等高端技术能力之上，可由反映企业盈利能力指标的总资产利润率、净资产利润率、收入利润率予以反映。内部化能力体现在企业的整合和发展能力之上，可由反映企业发展能力的企业总资产增长率、净资产增长率、总收入增长率和资本支出与总资产比率等指标予以反映。

1. 财务实力与海外并购中的控制权配置

2001 年中国加入世贸组织后，中国经济的国际化进程大大加快，中国经济也步入快速发展的上升轨道。随着中国经济总量的增加，一些规模较大的企业也不断涌现出来，这些企业的突出特点是基础能力较强，现金流充裕，财务实力突出。以中国企业在全球《财富》500 强的公司数量为例，1996 年中国只有 2 家企业进入《财富》世界 500 强，而到了 2013 年这一数字是 85 家，数量仅次于美国[1]。2013 年《财富》世界 500 强排行榜新上榜的 31 家公司中，中国公司占据了 18 个席位，占新上榜公司总数的 60% 左右，中国新上榜公司的数量在所有国家和地区中排在第一位[2]。图 4 - 1 是 1996 ~ 2013 年中国企业《财富》世界 500 强的公司数量变化情况。

由图 4 - 1 数据可以看出，中国企业中基础能力较强的公司群体数量庞大，且上升势头较猛，这一方面反映了中国企业具备了通过海外并购实现国际化发展的整体实力[3]；另一方面也反映了依赖基础能力在海外并购中配置控制权的现实性。

---

　　① 《财富》世界 500 强排行榜一直是衡量全球大型公司的最著名、最权威的榜单，被誉为"终极榜单"，由《财富》杂志每年发布一次，主要评价指标就是企业的销售收入，利润、资产、股东权益、雇佣人数等只作为参考指标。2013 年中国企业（不包括台湾、香港）《财富》世界 500 强数量为 85 家。美国为 132 家，日本为 62 家。

　　② 资料来源于 2013 年世界《财富》500 强报告，网址：http://www.fortunechina.com/fortune500/c/2013 - 07/08/2013G500.htm。

　　③ 《财富》500 强评选的主要标准有三个，一是销售收入。《财富》除将利润、资产、股东权益、雇佣人数等作为参考指标外，最通用、最主要的标准就是企业的销售收入。二是要求所有参选企业的数据必须公开；三是有独立而健全的公司治理，这种独立包括既独立于控股的国家，也独立于控股的家族。

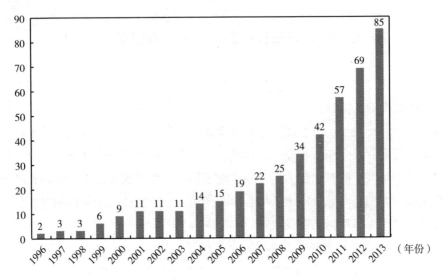

图 4-1 1996~2013 年中国企业《财富》500 强公司数量

资料来源：作者根据《财富》杂志 1996~2013 年发布数据整理。

2. 所有权能力与海外并购中的控制权配置

孙等（Sun et al.，2012）通过对中印两国跨国并购交易行为的比较发现，中国企业海外并购行为在石油天然气、金属制品、采矿行业等初级产业领域具有一定所有权优势，但在技术密集领域则不具有这种优势。中国企业进入《财富》世界 500 强的企业情况也反映了这一事实。中国企业虽然进入 500 强的数量越来越多，但普遍存在大而不强的问题。进入世界 500 强的中国企业多以资源、化工为主，主要集中在初级产品和产业链低端的制造业领域，缺少品牌、技术等所有权基础。从 2013 年上榜的中国企业来看，上榜企业主要分布在资源、化工、金融、钢铁和汽车等领域；上榜的 9 家商业银行占据了上榜的 89 家公司利润总额的 55.2%；上榜企业的主体是国有控股企业，其中多数处于受管制的行业，而完全市场化经营的民营企业只有 7 家。如果用盈利能力来揭示企业的所有权基础会发现，中国企业的盈利能力并不强。博鳌亚洲论坛"亚洲竞争力 2013 年度报告"依据盈利能力对亚洲上市企业进行排名，2012 年中国进入盈利能力亚洲 50 强榜单的企业只有中国城市轨道交通科技控股公司、南大光电材料公司、江门市科恒实业公司、三诺生物公司和盛达矿业公司 5 家，只占亚洲 50 强榜单的 1/10[①]。

---

① 资料来源：博鳌亚洲论坛. 亚洲竞争力 2013 年度报告 [R]. 对外经济贸易大学出版社，2013.

盈利能力不佳但财务实力却较强主要源于中国企业的融资能力较强，中国股票市场的融资功能导向以及国家对国有企业的融资支持为一些企业快速扩张提供了资金支持，但这些企业的品牌和技术的延伸能力则较差，国际化发展的所有权能力仍较低。《财富》世界 500 强的数据也显示，2013 年《财富》世界 500 强企业以总资产除以总股东权益体现的总杠杆率为 8.35 倍，美国企业总杠杆率为 6.65 倍，中国企业总体为 8.67 倍。如果剔除掉金融企业，中国的非金融上榜企业的杠杆率为 4.42 倍，远高于美国同行企业的 2.79 倍①。这些数据也反映了中国企业多借助融资支持实现扩张，并非是依靠所有权能力延伸去并购重组其他企业。

3. 内部化能力与海外并购中的控制权配置

内部化能力是把被并企业纳入主并企业产业链协同发展的能力。与所有权能力比较，作为世界工厂，中国企业在初级产品加工和低端制造业承接上拥有自己的优势，因此，对于以初级产品为主的目标企业并购以及与低端制造业高度协同的制造业企业为目标企业的并购中，中国企业具备了一定的内部化能力基础。但从多数的技术寻求型和市场寻求型并购来看，由于中国企业缺乏所有权优势，使得被并企业与主并企业的产业嵌入缺少协同的基础，内部化过程会遇到诸多阻力。如果用发展能力来反映企业的扩张能力，博鳌亚洲论坛《亚洲竞争力 2013 年度报告》显示，亚洲上市企业发展能力 50 强中，只有中国东方集团控股公司、中国金石矿业控股公司和黑金国际控股公司 3 家中国公司上榜，这一数据也反映出基于发展能力的中国企业内部化协同能力不足。

4.3.2　治理能力与海外并购中的控制权配置

中国企业在海外并购扩张中较重视交易机会的获得，交易完成后则把被并企业交给目标企业原管理层实施"本土化"管理，因此常常欠缺企业治理方面的考虑，加之多数中国的跨国企业自身缺乏国际化发展的经验和能力，导致中国企业对并购后的海外子公司的治理能力较差，进而影响到被并企业的并购绩效。

---

① 资料来源于 2013 年世界《财富》500 强报告，网址：http://www.fortunechina.com/fortune500/c/2013-07/08/2013G500.htm。

1. 股权控制能力与海外并购中的控制权配置

中国企业控股股东对公司的控制通常表现为一股独大型直接控制和控股股东通过所控制的投资公司或间接持股形成的金字塔形控制结构对公司间接控制两种类型（如图4-2所示），其中绝大部分是金字塔式控制方式（刘芍佳等，2003）。金字塔形的股权结构模式不论是在发达国家还是在欠发达国家都是较为常见的股权结构模式（高辉，2010），但是在跨国并购的情形下，并购的战略目标追求以及受制于操作上的复杂性，金字塔式股权结构模式并不常见于国际间公司并购，而直接控股型并购是主要的模式。从股权集中度角度看，表4-9的数据也显示出绝大多数中国企业的海外并购项目都选择高股权比例并购。

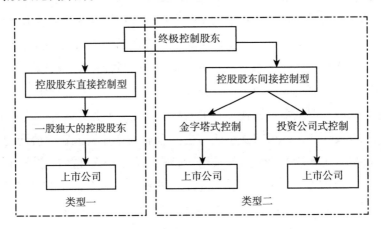

图4-2 中国上市公司控股股东控制模式

财务实力和较高的控股比例体现了中国企业海外并购中的控制权配置能力。但与境内的企业并购相比，海外并购中基于高股权比例而形成的控制力却有弱化倾向①。首先，海外并购中的卖方常为一些风险投资基金，这些风险投资基金并不深度参与被并企业的治理，而是对被并企业实施高负债下的"管理层控制"，风险投资基金转让股权后，虽然主并企业获得了控制性股权，但新的控股股东完成被并企业控制权的转移要面对更多的阻力；其次，中国企业习惯性的现金支付方式对被并企业并未形成直接支持，并购对被并企业及东道国政府的"贡献"不大，降低了控股股东对被并企业的控制力；

---

① 作者前期曾对上汽集团并购韩国双龙汽车进行案例研究，发现上汽虽然绝对控股双龙，但始终无法掌握双龙汽车的真实控制权，控股股东弱控制现象非常明显。

再次，海外并购交易中，主并企业常常对东道国和被并企业管理层等利益关系体做出若干承诺，甚至会主动放弃一些控制权力以换取有利于自己的交易机会，这些承诺也是降低股权影响力的重要因素；最后，东道国政府的政策影响力对控股股东的股权影响力也会形成稀释，例如东道国政府出于保护本国利益的考虑，可能会对一些并购行为在公司治理、劳动保障和劳动用工等方面做出一些限制性规定，这些限制往往也会影响并购后控股股东控制能力。

2. 董事会控制能力与海外并购中的控制权配置

中国上市公司的董事会通常被控股股东控制，且许多上市公司的董事会与管理层高度重合，董事长或总经理来自控股股东，控股股东通过控制董事会，并通过董事会与管理层的重合实现对公司的强控制。胡天存和杨鸥（2003）曾对中国 78 家上市公司作实证分析，发现第一大股东在董事会投票权过半数的达 64%，84% 的样本企业董事长和 68% 的样本企业的总经理均来自第一大股东。基于中国企业中董事会的控股股东控制特征，大部分公司的董事会决策实质上是控股股东意志的反映，董事会的独立决策能力较低，董事会往往是控股股东的"橡皮图章"。但在海外并购中，东道国对被并企业治理上的一些规定限定了董事会的结构设计，主并企业并不能完全依赖控股比例左右自己在被并企业中的董事席位，因此，中国企业在海外并购中并不能像国内并购一样依托控股地位而牢牢控制董事会。同时基于各国法律规制及文化习俗的差异，董事会在公司决策中的地位会有较大的差异，这些因素也会导致中国企业海外并购中对董事会决策的影响能力降低。

3. 监督能力与海外并购中的控制权配置

与美、德、日等国公司治理中清晰的监督机制不同，中国企业的监督机制存在两方面明显缺陷：一是监督机制作用机理模糊；二是监督机构虚置。中国企业的监督机制设计通常反映在三个层面：一是监事会机构；二是董事会中的独立董事监督；三是党群（工会）监督。表面上看似很完备，但实际职能不清晰，作用发挥不大。在美、英等国，因不强调设置公司监事会，取而代之的是董事会结构规范，既强调独立董事建制，又实行内外董事配比，下设若干委员会，其目的是让决策与监督机制配套；在德国、日本等国，不强调独立董事制度设计，也不对内外董事配比进行要求，但突出监事会的功能，尤其是德国，监事会的地位要高于董事会，通过完善监事会极大地强化了监督力量。而在中国企业中，公司治理的思想更多地是"泊来"

而不是实用，因此尽管把美、德、日等国的设计方式全部引入公司治理制度完善之中，但实际运用中只是依控股股东的意志行事，监督机构往往是"花瓶"。海外并购中，中国企业也依不同东道国的法律规制设置了监督机构，但缺乏对监督机构功能的重视，还未能充分借助监督机构的力量来弥补自身监督能力不足的短板。另外，由于海外并购中地理距离、语言文化差异以及信息透明度不高等原因，控股股东对被并企业的监督能力也远远低于对境内被并企业的监督。

4. 审计能力与海外并购中的控制权配置

跨国企业财务控制一般包括财务决策、财务监督、会计凭证的保留与处理等，其中最核心的内容是财务监督——以查账为主的事后监督。对海外子公司的财务监督通常要通过财务审计来进行，而对海外子公司的审计需要聘请国际知名的会计师事务所来完成。比较而言，中国目前还缺少被国际会计准则认可的会计师事务所，国内审计能力缺乏与国际知名会计师事务所高昂的审计费用开支也制约着中国企业海外并购中的财务监督能力。

4.3.3　战略协同能力与海外并购中的控制权配置

主并企业的战略协同能力是影响被并企业战略依附性的重要因素，主并企业的战略协同能力越强，对目标企业的控制能力就越强（Kumar & Seth，1998）。波特（1980）认为，战略就是对所想达成的目标设定限制，构建价值链的特色，使他人的模仿变得非常困难，竞争者不仅要模仿一个特色，而且要模仿整个价值链的特色。价值链的建立就是要保证每个活动的一致性、互补性，调整活动间的同步与支援补给。波特（1980）又将企业的业务竞争战略划分为三种类型：成本领先战略（overall cost leadership）、差别化战略（differentiation）、聚焦战略（focus）。成本领先战略要求利用生产要素的低成本优势，建立规模化的生产环境，在经验的基础上全力以赴降低成本，强化成本与管理费用的控制，最大限度地减少研究开发、服务、推销、广告等方面的成本费用。差别化战略是公司提供的将产品或服务与竞争者区别开来，提供全产业范围中具有独特性的产品或服务。差别化战略通常通过品牌形象、独特技术或性能、独特的服务或商业网络等独特性的实施得以实现。聚焦战略是主攻某个特殊的顾客群、某产品线的一个细分区段或某一区域市场，通过满足特殊对象的需要而实现差别化，或者为这一对象服务时实现低成本，或者二者兼得，聚焦战略的实施可以使企业赢利的潜力超过产业的平均水平而处于优势地位。三种战略的选择在一个具体企业内必须明确，徘徊在两种战略之间的企业会处于极其糟糕的战略地位。比如，推行差别化战略经常会与争取占有更大的市场份额的活动相矛盾，在建立企业的差别化战略的活动中总是伴随着很高的成本代价，追求低成本的同时强调产品或服务的独特性很难如愿。

以波特（1980）的竞争战略思想为理论基础，分析中国企业的战略特点可以发现，多数中国企业的竞争优势是建立在低成本基础上的成本领先战略，低成本的资源基础是中国丰富的廉价劳动力。基于劳动力成本的优势，中国在 21 世纪初期的十几年间以"世界工厂"的身份为全球提供了大量的大众化消费品，中国经济的整体实力也因此快速提升。另外，基于中国人口众多，有着庞大的消费市场，实施以中国市场开发为核心内容的聚焦战略也为一些企业构建了竞争优势。但是，正是由于重视成本领先战略和聚焦战略，多数中国企业在差别化战略的运用上则表现出明显的劣势，具体表现为欠缺自主研发能力，缺少核心技术和品牌，产品或服务的大众化强，独特性差。中国企业以成本领先和聚焦战略为重点的战略特征在海外并购中对被并企业的战略协调能力以及由此形成的对被并企业的控制能力，可从中国企业的基本竞争优势的延伸能力、行业优势的演化能力和市场优势的包容能力三个角度加以分析。

1. 竞争优势与海外并购中的控制权配置

李晓华（2011）在分析中国跨国企业的国际化竞争优势时认为，企业的竞争力来源于企业自身核心能力和具有国家特征的资源禀赋条件的耦合，并且在宏观上表现为一国的产业或国家竞争优势，企业的核心能力形成竞争优势，国家资源禀赋则形成比较优势。李晓华（2011）进一步分析认为，来自于企业核心能力的优势属于企业的内生优势，来自于国家资源禀赋的比较优势属于外生优势。比较优势（外生优势）在企业跨境投资时并不能随主并企业进入东道国而成为主并企业竞争优势的延伸。基于这一认识及前文对中国企业战略特征的分析发现，中国企业的成本领先战略及聚焦战略是依托于中国国家的资源禀赋——人力成本优势和内需市场优势构建的，在国际化发展中属于企业的比较优势范畴，这种战略优势并不能在海外并购中转移到东道国。因此，除非被并企业是海外劳动力高度依附型或中国市场高度依附型企业，否则中国企业的战略特征与被并企业协同的空间不大，进而使被并企业对中国企业的战略依附性不强，大大削弱了中国企业对被并企业的控制能力。强外生优势与弱内生优势的事实也解释了中国企业较强的产业竞争力但海外并购时较弱的整合能力这一悖论。

2. 产业优势与海外并购中的控制权配置

前面分析中，表4－4和表4－5"2005～2012年按部门/行业划分的中国企业海外并购数据"显示，中国企业的海外并购主要集中在三大领域：一是与国内工业发展紧密关联的资源、能源为主的初级产品领域；二是以获得国外企业技术、品牌、知识为主的制造业领域；三是以拓展国内外市场为主的服务业领域。比较而言，初级产品领域因为涉及人事、文化等整合的冲突较小，加之能够嵌入到中国企业的产业链之中，并购后中国企业的控制权配置能力较强。服务业领域中，以中国消费市场为依托，把国外的资源与国内的需求市场联结起来，包括软件与网络服务、教育、医疗和保健以及休闲、娱乐等行业与主并企业战略能够很好地协同，在这些行业领域中国企业海外并购中的控制权配置方面也具有比较优势。但在服务业领域中，中国企业不具有海外并购的人力成本优势，且中国在海外并购的多发行业——金融、保险领域中也缺少有国际竞争力的企业，因此这类服务业在海外并购中的控制权配置能力较弱。与前两类比较，中国企业因缺乏内生竞争力，在中高端制造业领域海外并购中的控制权配置能力最弱。当然，随着中国企业国际化程度的加深，一些企业在同拥有先进技术、高级研发人员、知名品牌的跨国公司合作中，通过不断学习掌握了一定的小规模技术，并利用自身的本土优势，在国际分工中确立了其在某一产业链中的位置，而通过海外并购产业链中的关联环节或关联产业，逐步构建起自身的内生优势，这类企业在制造业的海外并购中的控制权配置能力会逐渐提升。这类行业主要表现在两方面：一是机械及工业制品、电子电气设备和汽车配件等与中国企业具有产业纵向关联效应的行业；二是在信息技术、生物技术、新材料、新能源技术、航天航空为核心的高新技术领域，由于国家政策性引导和扶持，一些企业已经拥有了小规模技术优势，这些企业在小规模专业化海外并购中已经拥有自身的内生竞争优势，其对目标企业的控制权配置能力也会较强。

3. 市场优势与海外并购中的控制权配置

改革开放以来，中国依托庞大的人口基数，国内消费市场的规模不断扩大。同时，随着中国经济的发展，中国的消费市场从商品与服务类别到消费者层次都呈现出不断升级的特征。进入中国市场拓展发展空间是一些跨国企业的重要战略。在中国市场需求潜力较大，但国内企业满足市场需求的能力（主要是提供高品质、高性能产品的能力）不足的领域，一些企业开始通过海外并购把获得的高端人才、技术和设备嵌入到自身的生产之中，通过产品升级换代来占领市场并巩固自身的竞争地位，例如在软件、网络及服务领域和汽车及零配件领域的某些海外并购行为即可归属于此类，"以市场换技术"是这类企业的战略特色；诺艾瑞克（Knoerich，2010）基于目标公司视角分析后认为，那些工业化国家的高端公司愿意接受新兴经济体的企业收购，主要在于通过这些收购，目标公司使自己的位置进入到以前无法进入的细分市场，从而扩大了自己的业务范围，不仅在地理上，也在纵向上。这种互动的结果是：工业化国家的企业能够进入低端的细分市场，新兴经济体的企业能寻找到一条出路，进入具有更大的技术复杂性的领域。在这种"以市场换技术"的海外并购中，由于并购双方存在较高的战略协同，中国企业对目标公司的控制权配置能力也会较强。另外，中国企业国际化过程中，到海外寻求市场空间的海外并购行为不断增加，但除处于产业链低端的大众化消费品外，在中高端产品领域，中国企业的国际竞争力不强，进而造成基于这类市场开发为目标的被并企业控制权配置能力较低。

4.3.4　外部环境影响力与海外并购中的控制权配置

外部环境影响力主要指来自于国家环境、社会环境和产业环境方面的影响作用。中国企业的国际化发展既受制于企业自身因素，同时与外部环境的影响作用密不可分。中国企业的海外并购在 2008 年后快速发展，这与 2008年的美国次贷危机和 2009 年的欧洲欧债危机给中国企业带来的海外"抄底"机会以及中国国家庞大的外汇储备和鼓励企业"走出去"的政策推动密切相关。但是，来自于外部环境的影响力既可能强化企业海外并购中的控制权配置能力，也可能因掩盖矛盾而影响控制权的真实配置能力和控制权相机转移能力。

1. 国家实力与海外并购中的控制权配置

美国哈佛大学教授约瑟夫（Joseph，1990）将综合国力分为硬实力与软实力两种形态。硬实力（hard power）是指支配性实力，是看得见、摸得着的物质力量，包括基本资源（如土地面积、人口、自然资源）、军事力量、经济力量和科技力量等；软实力（soft power）是一种同化式的实力，包括国家的凝聚力、文化被普遍认同的程度和参与国际机构的程度等。

从中国国家的硬实力指标方面看，中国的国土面积、国土资源总量、人口总量、经济总量、科技发展水平、国民生活水平和国防力量在国际比较中都居于前列，尤其是人口总量和经济总量更是中国企业发展的硬支撑。中国国家的硬实力是中国企业国际化的底气，也是企业海外并购中控制权配置能力的辅助力量。

与中国国家硬实力对企业海外并购中控制权配置能力的拉升作用不同，中国国家的软实力不足却在某些时候抑制了企业海外并购中的控制权配置能力。"软实力"作为国家综合国力的重要组成部分，是国家依靠政治制度的吸引力、文化价值的感召力和国民形象的亲和力等释放出来的无形影响力。从中国国家"软实力"的具体表现来看：（1）文化的吸引力和感染力没有被充分认可；（2）意识形态和政治价值观方面与西方发达国家存在较大分歧；（3）外交和处理国家间关系方面存在较多障碍；（4）发展道路和制度模式被认可，但社会制度障碍无法逾越；（5）对国际规范、国际标准和国际机制的导向、制定和控制能力不强；（6）国际舆论对"中国威胁论"的渲染扭曲了世界对中国企业的客观认知。基于上述中国国家在"软实力"方面的缺陷，降低了中国企业海外并购中的控制权配置能力。

2. 外部机会与海外并购中的控制权配置

始自 2008 年的金融危机给中国企业海外并购带来了两大机会：一是一些行业领先的企业因财务困境被迫出售；二是由金融危机造成的全球股市下跌而带来的低估值机会。由于中国经济受全球金融危机影响较小，良好的现金流状况使一些企业纷纷涌向海外"抄底"。对于缺乏海外并购经验又非战略规划驱使的中国企业而言，"资源"、"品牌"成为最直接也最受青睐的并购目标。比较而言，外部环境变化创造的机会更有利于财务性并购。由于财务性并购的目标在于现金流权收益而非控制权收益，因此，该类并购对主并企业的控制权配置能力要求不高，主并企业控制权配置能力的强弱也不影响这类并购的实施。基于资源获得目标的并购更倾向于具有财务性并购的特征，因此，外部机会推动的资源获得型海外并购的成功率会更高一些。但需要注意的是，由于财务性并购是建立在主并企业财务支撑基础上，主并企业的财务支付能力与股权获得能力密切相关。另外，如果目标企业的财务困境出现转机，也会出现卖方违约而导致并购失败的情形①。同时，具有财务性并购特征的资源获得型并购对提升主并企业的竞争力影响作用不大，波特（1990）曾指出，如果国家把竞争优势建立在初级与一般生产要素的基础上，它通常是不稳定的，仅仅依赖初级生产要素是无法获得全球竞争力的。就战略性并购而言，靠外部机会拉动很难形成主并企业持续的竞争优势，如果企业缺少自身的竞争优势，即使获得了交易机会，但因为缺乏消化吸收能力，并购行为最终也可能因为无法内部化而导致失败②。

3. 融资支持与海外并购中的控制权配置

中国企业海外并购的融资支持环境既存在有利的一面，也存在不利的一面。从有利的一面来看，国有企业在海外并购中会自然享受来自同一股东——国家层面的融资优势，国有银行信贷规模及利率方面的优惠成为助推国有企业海外并购的经济力量。而中国股票市场突出的"融资功能"也为上市公司筹集海外并购的低成本资金提供了保障。中国企业海外并购中这些融资优势对控制权配置能力的影响会产生双重作用：一方面，从短期来看，便利的融资渠道和较强的融资能力在并购交易中提升了主并企业的信誉，有利于并购初期控制权的配置；另一方面，基于财务实力实施的并购容易使被并企业产生对主并企业的"财务依赖症"，一旦主并企业在对被并企业的整合和营运中减少财务上的支持就会产生摩擦和冲突，影响到主并企业控制权的稳定甚至会失去对被并企业的控制权。因此，从长期角度看，依靠财务优势建立的控制权体系稳定性差。从不利方面来看，中国资本市场的有效性差，中国企业海外并购中融资支付方式过于单一。人民币的不可通兑性质以及中国上市公司股票的全球认可性差，使现金支付成为大多数企业海外并购支付的唯一选择。基于中国企业的强控股结构及中国资本市场的开放程度低，海外并购对主并企业的控制权结构威胁不大，主并企业很少关注对价方式对主并企业控制权配置能力的影响。而从被并企业角度看，现金对价是卖

① 中铝入股力拓遭遇的力拓集团违约即与这方面原因高度相关。2009 年 2 月中铝集团与力拓集团达成了 195 亿美元的入股力拓协议。力拓当时是迫于 387 亿美元的债务压力，而与中铝达成了注资协议。但随着世界经济的逐渐回暖，国际大宗交易商品的价格又开始上扬，力拓的股价从 60 多美元几个月内回升到 200 多美元，力拓的债务压力明显减小。这显然使得力拓认为最困难的时刻已经过去，中铝的注资变得不再紧迫，最终在 2009 年 6 月宣布撤销与中铝的入股协议。

② 2012 年上半年中国创业板上市公司大连三垒用 228 万欧元 IPO 超募资金收购了德国德罗斯巴赫公司，但由于缺乏海外并购经验，并购对价只考虑直接交易成本，对整合和运营的一些潜在负担估计不足，最后运营不到 4 个月即宣告破产，创造了中国企业海外并购快速成交又快速失败的纪录。

方股东的直接获益，被并企业并没有直接利益，而增资型并购、换股型并购、承债型并购等支付方式因可使被并企业直接受益会更有利于主并企业控制权配置能力的提升（马金城，2012）。由此可见，选择何种对价支付方式对强化主并企业在被并企业中的地位和控制权基础影响较大，支付方式选择不利同样会影响到并购后被并企业的整合和控制。

4. 政府推动与海外并购中的控制权配置

中国政府对企业海外并购的推动主要体现在三个方面：一是战略推动；二是政策推动；三是外交推动。从战略推动角度看，中共十七大报告中明确提出要实施企业"走出去"战略，鼓励企业适应经济全球化形势，参与国际竞争，并且在具体行业上把国家能源战略与企业海外并购结合起来，把保障能源安全作为国家战略，把积极开拓海外能源市场作为战略实施的重要手段，这对促进以初级资源为目标的企业海外并购起到了重要引导作用。从政策推动角度看，中央政府各管理部门在审批、融资、外汇使用等环节都制定了具体政策对企业海外并购予以大力支持，地方政府则把扶持企业参与海外并购写进具体工作规划，有些地方政府甚至给予实施海外并购的企业1∶1的配套融资支持或直接的资金奖励。从外交推动角度看，国家外交部门与东道国政府有关部门间的积极沟通和互动对推进相关并购创造了良好的商业环境，针对一些大型国有企业海外并购，政府层面往往积极进行外交公关，政府外交公关对交易的最终完成具有重要的影响作用。李秀娥和卢进勇（2013）通过1995~2011年中国企业跨境并购项目的实证研究发现，中国政府的双边投资制度安排影响着中国企业跨境并购的效率。宋泽楠（2013）通过对2002~2010年中国对外投资的区位分布研究发现，9年间中国对外直接投资更多地流向了中国企业拥有较多潜在关系网络资源的国家和地区。应该承认，政府的推动有助于提升海外并购交易中主并企业的控制权初始配置能力，但从长期来看，对被并企业的并购整合以及被并企业运营中控制权相机转移能力的培育还需要主并企业自身的竞争能力做保障。政府即使拥有最优秀的公务员也无从决定应该发展哪项产业，以及如何达到最适当的竞争优势，竞争优势的创造最终必然要反映到企业上（Porter，1990）。

4.3.5　海外并购中控制权配置能力的综合比较

基于中国企业在资源能力、治理能力、战略能力和外部环境影响力方面的分析，中国企业海外并购中的控制权配置能力在四个视角的综合比较可概括为表4 - 12。

表4 - 12　　　　中国企业海外并购中控制权配置能力的综合比较

总体视角	具体层次	主要评价
资源能力	财务能力	财务实力强，企业现金流状况良好
	所有权能力	初级产业拥有优势，中高端制造业和服务业领域缺乏优势
	内部化能力	初级产业能力强，中高端制造业和服务业领域能力弱
治理能力	股权配置能力	股权集中化治理模式在海外并购中的控制能力受限
	决策控制能力	海外董事会参与度低，控制董事会能力弱
	监督能力	海外子公司监督能力弱
	审计能力	海外审计能力弱
战略协同能力	竞争优势	具备外生竞争优势，缺少内生竞争优势
	产业优势	初级产业协同能力强，部分新兴产业具有小规模技术优势
	市场优势	聚焦国内市场拓展具备优势；海外市场拓展缺乏优势
外部环境影响力	国家实力	国家综合实力强，外汇储备雄厚
	外部机会	财务型并购机会多，技术型并购机会不明显
	融资支持	融资支持能力强；融资支付方式不利于被并企业控制
	政府推动	政府推动力强，有利于获得交易机会

从表4 - 12的概括中可以发现，中国企业海外并购中：（1）在初级产业领域拥有了较好的控制权配置能力和内部化能力；在低端制造业和一些新兴产业也具备了一定的比较优势，因此也具备了一定的控制权配置能力；（2）在初级产业协同能力强，部分新兴产业依托小规模技术优势也具备一定的战略协同能力；（3）在聚焦中国消费市场开发的领域具有明显的控制权配置能力；（4）中国的国家实力、政策推动，以及企业并购支付能力在企业海外并购中具有较强的助推作用；（5）在中高端制造业领域、服务业领域缺乏控制权配置的能力基础；（6）在海外市场拓展方面的控制权配置能力较弱；（7）在海外公司的治理方面能力弱，战略协同能力总体偏低。基于这些能力表现，中国企业海外并购中应结合自身能力状况，策略选择并购领域和并购目标。当然，本章对海外并购控制权配置能力的分析是从主并企业角度所作的静态考察，在具体并购过程中还需要结合东道国、目标企业的特征，从并购双方的对比中做动态评价。

4.4
本章小结

　　2005 年以来中国企业的海外并购呈现出快速发展的势头。国有企业作为并购行为的主要参与者，在以油气资源、采矿业为主的初级产业领域进行了较具规模的海外并购。近年来，非国有企业参与海外并购的积极性不断提升，并且逐步涉足技术密集程度较高的中高端制造业领域。在中国企业海外并购快速发展的同时也暴露出较多的问题。体现在控制权配置方面，重视交易机会获得而忽视并购后的公司控制现象比较普遍，具体表现为过多承诺放权、高估自身的控制能力、与管理层存在战略冲突、管理层控制成本过高以及监督激励机制不完善等方面。从中国企业的自身能力看，在某些领域中国企业已经具备相对优势甚至绝对优势，但在另一些领域则存在能力上的软肋。主要表现在财务资本实力和外部环境助推力较强，在初级产业和低端制造业领域也具备了明显的所有权能力和内部化能力，但在中高端制造业和服务业中所有权能力和内部化能力较弱，同时，中国企业整体战略协调能力不高，海外子公司的治理能力弱，这种弱势格局制约着中国企业海外并购中的控制权有效配置。本章的主要贡献在于：一是通过描述性统计和典型案例分析，揭示了中国企业海外并购中控制权配置方面存在的具体问题；二是通过基础能力分析，明确了中国企业海外并购中控制权配置的资源基础。本章属于应用基础部分的研究，相关分析结论为后续研究提供了更具针对性的问题和关注角度。

第 5 章

海外并购中的区位差异与
控制权相机配置

本章从两个大的层面对基于区位差异情形下海外并购中控制权的相机配置展开分析。首先从大类别区域层面进行分析。该部分通过构建 DIM 比较分析框架，采用比较分析方法从企业治理环境角度对具有相似 DIM 特征的区域进行分类，之后指出在不同治理特征的区域环境影响下，企业控制权配置模式的相机选择。其次从国别层面进行分析。该部分以中国企业海外并购中的五个主要目标国为典型东道国，采用案例分析和比较分析相结合的方法，从制度环境角度对不同国家制度规制对外资并购中控制权配置的限制展开分析，指出国别制度差异影响控制权配置的主要方面。本章结合两个层面的分析结论，也讨论了中国企业海外并购中适应区位差异的控制权相机配置策略。

5.1
控制权配置模式选择的 DIM 方法分析框架

DIM 方法是现代比较经济学中常用的方法，是由美国经济学家芒夏斯在 1976 年发表的《经济体制的结构》一书中提出的。同年，纽伯格和达菲（Neuberger & Duffy）系统阐明了 DIM 分析方法，并运用 DIM 方法对各种典型的经济活动进行了分析研究。DIM 方法认为经济体制是由决策（decision-making）、信息（information）、动力（motivation）组成，它们的首字母即构成了该方法的名称——DIM 方法。在具体分析过程中，DIM 方法把经济体制看作是一种经济决策机制，包括决策权的配置（决策结构）、决策信息的获得（信息结构）、决策实现的激励（动力结构），各种经济体制之间的差异由这三种结构的不同所形成（Neuberger & Duffy，1976）。DIM 方法中的决策结构是指决策权的性质、来源和它在社会成员中的分配状况。决策权的基本来源包括传统习惯、强制、所有权、信息以及选举和委任等，决策权的分配可分为集权决策和分权决策。信息结构是指为收集、传送、加工、储存、纠正和分析经济资料而确立的机制与渠道，信息结构的关键作用在于给当事人提供信息，以减少不确定性。动力结构是当事人能够借以贯彻自己决策的机制。动力结构的主要内容是刺激方式，可分为正面刺激和反面刺激。前者包括物质利益和非物质利益，后者包括撤销物质利益和非物质利益所引起的刺激。DIM 方法主要用来分析国民经济体制，但由于公司治理机制中决策结构、监督结构、激励结构与 DIM 方法中的三种结构高度相似，因此，本书尝试将 DIM 方法的分析框架移植到对不同区域公司治理结构特征与控制权配置模式选择的比较分析中来，以更清晰地探讨基于区域差别的控制权配置策略。

本书第 3 章总结了控制权配置模式，其中莫兰德（Moerland，1995）的两类划分法比较清晰明确——市场导向模式和关系导向模式。市场导向型配置模式主要依靠资本市场、控制权市场和经理人市场进行控制权配置；关系型配置主要依据所有权结构进行控制权配置。在控制权的具体配置过程中，是采取市场导向模式还是关系导向模式，要依据具体目标公司的治理机制特征相机抉择。

DIM 方法所强调的决策结构、信息结构、动力结构三者间是相互影响、相辅相成的关系。通畅的信息渠道及充分的信息不仅为科学决策的制定奠定了基础，也便于决策者监督决策的执行，而动力结构则是执行决策结构所做出决策的保障。现实中，信息结构与动力结构受法规、制度、习俗等外部环境因素影响较大，因此可以认为，决策结构的构建应该以既定的信息结构、动力结构条件为基础，并充分考虑制约组织决策的政治权力、政府干预等因素的影响作用；同时，决策结构构建后应该对信息结构、动力结构进行微调，以确保决策结构运转的效率。由于控制权的核心就是决策权，因此，控制权的配置模式同样可以依据 DIM 模型，通过对组织的决策结构、信息结构、动力结构的基础状态进行分析，构建决策结构、信息结构、动力结构交互影响又相互制衡的权力体系。只是在控制权配置中，本书认为信息结构的价值不仅体现在为决策提供依据，它也是决策者有效监督决策执行的保障要素。因此，把 DIM 方法的分析框架与控制权配置的二分法模式（Moerland，1995）结合，即形成了本书的基于 DIM 方法对控制权配置模式选择的分析框架，如图 5 – 1 所示。

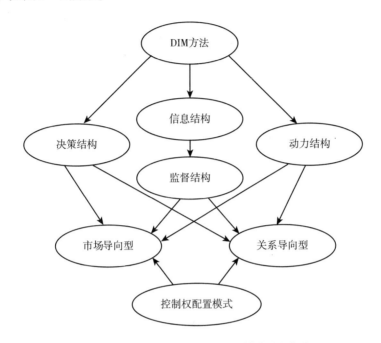

图 5 – 1　DIM 方法的控制权配置模式分析框架

日本经济学家星岳雄（1999）在针对日本公司治理制度与国外的比较研究中，对控制权配置的市场型控制模式与关系型控制模式选择的收益与成本进行了分析。他认为，在市场型控制模式中广泛使用信息，而在关系型控制模式中只少量使用信息；市场型控制模式要支付大量的市场开发成本，关系型控制模式需要支付较多的监督成本。星岳雄（1999）开发的市场型控制模式与关系型控制模式定性比较量表如表 5 – 1 所示。

表 5 – 1　　　　　　　　　不同控制权配置模式的成本与收益

	市场型控制模式	关系型控制模式
政治权力	政治权力分散：收益	政治权力集中：成本
政府干预	政府干预少 成本：如果政府决策代表公共利益 收益：如果政府利益与公共福利不一致	政府干预积极 成本：如果政府利益与公共福利不一致 收益：如果政府决策代表公共利益

续表

	市场型控制模式	关系型控制模式
信息利用	广泛利用市场信息 成本：市场信息所含杂质多 收益：如果有关信息十分分散	使用有限的信息 成本：如果有关信息十分分散 收益：市场信息所含杂质多
监督	依赖市场价格杠杆 收益：无监督成本	依赖监督 成本：监督成本
市场	需要市场 成本：市场开发成本	无需市场 收益：无需支付市场开发成本
激励	激励通用技能 成本：不利于需专用性技能的生产系统 收益：有利于无需专用性技能的生产系统	激励专用性技能 成本：不利于无需专用性技能的生产系统 收益：有利于需要专用性技能的生产系统

资料来源：TAKEO HOSHI. Japanese corporate governance as a system, in K. J. hopt etc, comparative corporate governance. Oxford University press, 1999：871.

自高辉：中国上市公司控制权及其流动性研究［M］. 成都：西南财经大学出版社，2010.

朱羿锟（2001）也对公司控制权配置中市场型配置模式和关系型配置模式进行了研究，在其对两种模式的比较研究中使用了所有权、董事会、信息透明度、资本流动性、控制权市场、经营者报酬和银行体系七个定性变量。

根据图5-1的分析框架并整合星岳雄（1999）、朱羿锟（2001）对控制权模式选择中的定性研究量表，本书发现，企业在海外并购中基于不同区域的经济体制差异对目标公司控制权配置模式选择的影响可进一步从决策结构、信息结构和动力结构三个维度归纳测量指标。结合本书前述分析，从决策结构来看，股权集中度、战略依存程度、政府干预和政治权力可归属于企业决策权配置的关键影响要素；信息透明度、信息获得成本、市场开发成本和股东监督的重要性可归为信息结构的表现；而资本流动性和控制权市场活跃度是影响经理人的外在动力，经营者的物质与非物质报酬是影响经理人的内在动力，两方面动力构成了动力结构的具体影响因素。结合本书第2章、第3章相关理论模型，并参考星岳雄（1999）和朱羿锟（2001）的研究思路，在DIM分析框架下，本书进一步设计的海外并购中DIM要素特征与控制权配置模式选择的定性量如表5-2所示。

表 5 – 2 　　　　　　海外并购中 DIM 要素特征与控制权配置模式选择

DIM 要素		DIM 要素特征与控制权配置模式选择	
基本要素	要素细分	市场型控制模式	关系型控制模式
决策结构	政府干预 政治权力 股权集中度 战略依存程度	较少 分散 低 较低	较多 集中 高 较高
信息结构	信息透明度 信息获得成本 市场开发成本 股东监督的重要性	高 低 高 低	低 高 低 高
动力结构	资本流动性 控制权市场活跃度 经营者物质报酬 经营者非物质报酬	高 高 较高 较高	低 低 较低 较低

5.2

区域治理环境与控制权配置模式选择：基于 DIM 方法的比较

第 4 章根据 Wind 并购数据库数据对中国企业海外并购的主要区域分布情况的分析结果显示，中国企业的海外并购发生区域比较集中，2005 ~ 2014 年 10 年间中国企业 90% 的海外并购发生在美国、英国、德国、日本等 10 个国家，这些国家主要分布在北美、欧洲、东亚、澳洲区域，基于这种分布特点，本书着重对这些区域的公司治理结构特征进行 DIM 框架的分类比较，为中国企业海外并购中基于区域差别实施控制权相机配置提供参考。

5.2.1　美英区域的公司治理结构特征与控制权配置

地处北美的美国、加拿大，以及地处欧洲的英国作为普通法系国家的典型，在公司治理特征上具有显著相似的特点，因此，本书的美英区域主要指美国、英国和加拿大以及受这些国家公司治理特征影响较大的一些国家和地区①。美英区域的公司治理是在传统的自由市场经济基础上发展起来的，由于特殊的司法环境、社会文化特点以及发达的资本市场和经理人市场，形成了决策权下放管理层，并主要依靠外部市场监督和动力结构激励的公司治理特点，市场型控制权配置模式是常规化的选择。

1. 从决策结构看

在政府干预和政治权力方面，美英区域国家崇尚竞争和自由市场经济的思想观念，这一区域国家的市场经济体制和金融体制都较为开放，市场化特征明显，另外由于在这里从未出现过强大的社会主义运动和强烈的社会冲突，不像其他国家和地区的人们那样渴求政府来解决私人问题，因此，政府对企业运行的干预度极低。同时，美英区域国家强调个人主义文化和个人权利的合理性以及对个人权利的尊重和维护，从一定程度上可以说，对少数股东的法律保护本身就是基于这一区域国家个人主义价值观的立法和司法的文化产物。美英区域的法律对财产权利和缔约自由的态度也反映出这一区域文化的个人主义偏好。在公司法中，这一区域的法律把个体股东看作公司的所有者，因此可以合法享受公司的全部利益。例如，美国的"任意雇佣"和"缔约自由"反映出强烈的个人主义价值观；在对待竞争的态度上，美国管理者相信强化竞争而不是增强团体合作对社会更有利；美国人相信组织取得的成就更多是依靠领导人的行为，而不主要是团体的努力。由此可以看出，美英区域国家在政治权力方面更多地强调分散而不是集中。

在股权集中度方面，美英区域的公司股权分散化特征十分显著。以美国为例，美国公司的股权相当分散，家庭个人持股和机构投资者持股比重较大，公司法人之间的持股比重较小。机构投资者主要是养老基金、共同基金和保险公司等非银行金融机构占有较大比重，他们持有了美国全部大公司的50%以上的股权，但银行持股由于受到法律限制而相对较小。表5-3是1994年美国公司的股权结构情况。

① 例如在中国香港，尽管香港公司的治理结构特征有明显的亚洲家族控制痕迹，但由于中国香港在较长时间里受英国法律影响，许多公司在治理特征上又凸显出美英区域的特色。

表 5 – 3　　　　　　　　　　美国公司股权结构情况（1994 年）

股权集中度		股东身份构成	
单一大股东持股数（X）	占上市公司总数的比例（%）	股东类别	占上市公司股权的比例（%）
0% < X < 10%	66	个人股东	48
10% ≤ X < 25%	17	机构投资者	34
25% ≤ X < 50%	13	政府	9
50% ≤ X < 75%	2	银行	3
75% ≤ X < 100%	2	外国持股	6

资料来源：作者根据黄中生. 公司治理的财务控制权配置研究 ［M］. 南京：东南大学出版社
2008：166 的数据整理。

　　从表 5 – 3 中的数据可以发现，美国公司中持有公司 50% 以上股权的单
一大股东仅为公司总数的 4%。而从股东身份来看，分散的个人股东是主要
的持股者。机构投资者也是重要的投资群体，但由于机构投资者也是众多机
构投资个体组成的群体，单一机构投资者在某一具体公司中的持股比例也
较低[1]。

2. 从信息结构看

　　与美英区域国家股东决策权力弱化对应，美英区域国家公司运行的信息
结构非常发达，股东借助资本市场"用脚投票"能力较强，借助外部力量
监控公司的效率较高。首先，这一区域国家资本市场的运行环境良好，资本
市场的高流动性和有序的运行规则使得这一区域的信息透明度高，信息可获
得成本低。美英国家的资本市场发达，对公司信息披露有着严格的要求，由
于上市公司必须按照法律规定定期披露公司信息，公司经营管理好坏能够通
过证券市场的股票价格波动反映出来，证券市场可以及时准确地反映公司的
经营管理情况和财务状况，股东也就可以依据这些信息决定自己的去留，从
而保护自身利益。其次，外部市场信息渠道通畅，股东直接监督的必要性大
大降低，而借助外部力量，即依赖于市场体系对各相关利益主体进行监控的
效率大大提升。在美英区域的国家，公司受到企业外部市场的监督约束较
多，股票市场、借贷市场、经理人市场、劳动力市场和产品市场一起构成了

---

　　[1]　由于美国法律的规定（即保险公司在任何一家公司中的持股比例都不得超过 5%，养老基
金和互助基金不得超过 10%，否则将面临非常不利的纳税待遇）以及出于分散投资风险的考虑，在
实践中，单一机构投资者在某一公司中的持股比例一般在 1% ~ 2%，并不能成为持股比例较高的单
一大股东。

对企业和 CEO 等高管人员的市场监控体系。最后，借助于法律监控也是切实可行的通道。在美英等普通法系国家尤其强调对于中小股东利益的保护，许多对弱势群体有利的司法制度得到了广泛的应用，如集体诉讼制度和举证倒置制度的运用能防止公司中小股东利益被控股股东侵害，使得大股东的控制权私利机会少，控制成本较大。在美国法律中允许股东对因公司行为直接或间接遭受的损害而起诉董事和高管人员的不当行为，有效的股东私人诉讼制度使得法律救济也对公司行为发挥了重要约束作用。总体来看，较为透明的市场信息，完善的司法体系和严格的会计准则，能有效防范内幕交易、虚假信息披露和财务造假的发生，这使得美英区域公司治理设计变得简单许多。

3. 从动力结构看。

美英区域公司管理层积极作为的动力主要来源于两方面：一是外部压力；二是内部物质与非物质动力。由于美英区域国家的资本市场和经理人市场比较发达，使得通过资本市场和经理人市场来解决无效管理者问题切实可行。资本市场的作用主要通过两个途径来发挥：一是公司控制权的争夺；二是证券市场的信息披露机制。由于股东的行为动机是寻求股票的红利和资本利得，一旦发现公司经营出现困难，股东就会理性地抛出自己的股票。在这种行为机制下，股价的波动在一定程度上反映了管理层的经营绩效。在企业经营不力时，由于市场往往会低估其市场价值，从而很容易成为被兼并或接管的目标。公司一旦被接管，高管人员就会面临被解聘的命运。而且，借贷市场也会根据企业的情况决定是否发放借款，这在很大程度上会制约公司的投资扩张行为。同时，建立在个人信用基础上的经理人市场和劳动力市场则为替换公司高管人员提供了潜在的来源。有效的资本市场和竞争性经理人市场使得美英区域公司经理人的外部压力较大。另外，美英区域的公司在下放权力给经理人的同时，特别重视物质与非物质激励机制的构建。在物质激励机制方面，公司主要通过设计股票期权对经理人进行激励和约束。实行股票期权制度在很大程度上弥补了外部市场控制的滞后性和短期性，将经营者利益与股东利益结合起来。以美国为例，股票期权制度在美国公司经理人员的报酬安排中占有重要地位。美国最大的 1 000 家公司中，经理人员总报酬的 1/3 左右是以期权为基础的，典型的美国公司每年都会拿出 1.4% 普通股分配给他们的高管和其他雇员（赵学刚、何秀华，2011）。期权制度使经营者拥有本公司股份，成为公司所有者，以激励他们用所有者的心态积极关心公司利益，从而减少经理人的短期行为、投机行为和利己行为，使经理人员的利益与公司利益高度正相关，以此保障公司治理的有效性。

综合以上 DIM 方法的分析可以发现，美英区域国家的公司处于弱股东决策结构（D）+强外部信息结构（I）+强动力结构（M）的运行环境之中，这种 DIM 格局中，控制权的配置选择了市场型控制模式：所有者弱控制，董事会作为决策机构拥有充分的决策权力，管理层通过掌控董事会成为公司的实际控制人，以外部董事、独立董事、机构投资者以及债权人等利益相关者的监控为保障，用积极的动力机制把管理层利益与股东利益紧密关联在一起，用消极的动力机制约束管理层行为，从而实现公司治理的有效性。美英区域公司的治理与控制模式如图 5 - 2 所示。

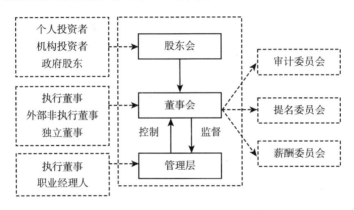

图 5 - 2　美英区域公司一元制公司治理与控制模式

以美国为例，基于图 5 - 2 的治理模式及控制权配置思想，股份公司都采用一元制结构，不设立监事会，公司治理结构分为股东大会、董事会和以 CEO 为代表的高管团队三个层次。由于单个股东持股比例较低，难以对公司实施有效的控制，对高管人员实施直接监控的力度也大为降低。因此，美国公司内部治理机制的主要核心是董事会制度，股东大会将权力委托给董事会，董事会拥有很高的权力，既作为决策机构行使决策职能，又作为监督机构监督业务执行。但由于股权分散，董事会常常受 CEO 把控，为遏制内部人控制现象、完善董事会的职能和结构，美国的上市公司在董事会中引入非执行董事——外部董事和独立董事。独立董事制度和委员会制度是美国公司治理结构中的重要组成部分。在美国，独立董事具有良好的独立性，主要是由企业家、银行家、律师和会计师构成，有很强的专业背景和业务联系，能够充分保证其监督机制的客观独立性和有效性，董事会运作也更加公正、透明。同时为了让独立董事的监督作用能充分发挥，一般美国上市公司都会在董事会下设立审计委员会、薪酬委员会、提名委员会和执行委员会等专门委员会。在专门委员会中只能由独立董事或外部董事担任成员，且以独立董事为主，这样就为独立董事搭建了一个能够充分发挥作用的平台。美国公司治理中另一个特点是公司中机构投资者的持股比例不断增加。机构投资者往往具有雄厚的资金实力，能利用专业的金融管理人才对董事会的人选、公司投资决策、经营方针等施加影响，因此机构投资者以外部股东身份参与到公司的治理活动中，在平衡公司权力结构、加强监督管理方面都发挥了重要作用。

5.2.2 德日区域的公司治理结构特征与控制权配置

与美英区域公司治理结构特征具有明显区别的另一类公司治理模式是以德国、日本为代表的德日模式。尽管德国、日本分处于欧洲和亚洲，但以两国为代表的公司治理特征在决策结构、信息结构和动力结构方面具有较大的相似性。因此，基于公司治理结构特征而进行的控制权配置模式选择也具有明显的趋同性。

1. 从决策结构看

在政府干预和政治权力方面，以德国为代表的欧洲大陆国家属于大陆法系，这些国家的公司治理理念基本相同，这与其相同的地区文化环境、法律制度有很大关系。欧洲除英国外绝大多数国家都通过法律和政策明确公司有增进股东以外的其他人和群体利益的义务，这些利益相关者包括股东、雇员、供应商、消费者、债权人、社区等，这种公司治理模式称为"利益相关者模式"①。作为一种社会性的存在，公司与社会具有利益上的共生关系，公司的发展既得益于社会的发展也影响着社会的发展（王燕莉，2011）。为此，在企业管理中赋予了利益相关者话语权，并努力满足他们的利益。为体

---

① 从文化环境上看，欧洲大陆由于特殊的历史形成了注重团体主义的特点。在强调社会团结，对不受限制竞争的怀疑以及劳工参与公司治理的结构，都体现出注重团体的社会文化。利益相关者模式体现了团体主义的治理理念，但在利益相关者参与公司治理的程度上也存在差异，比如在澳大利亚、丹麦、德国、卢森堡及瑞典，法律赋予雇员选举监事会一些成员的权利，但在芬兰，雇员可以通过公司章程获得选举监事会成员的权利，而在法国，当雇员持股达到3%时，就可以推荐一名或更多的董事，但也有例外。而在其他的欧盟成员国，在特定条件下只有股东可以选举董事会成员。

现利益相关者共同治理，这一区域国家对企业的政府干预与政治权力的强度较之美英区域要大得多，基于利益相关者的共同决策制度使单一股东控制公司的能力被削弱。以德国为例，在政治、文化和历史因素方面，德国文化价值观中强调共同主义，具有强烈的全体意识和凝聚力量，重视追求长期利益，在政治经济上，德国习惯于统治权的集中。因此，德国被称为"合作的经理资本主义"或"机构资本主义"（何自力，2001），在企业中可以把个人利益与公司利益紧密结合在一起，寻求共同利益最大化。政府干预和政治权力主要通过法律体现出来，从法律环境看，欧洲司法体系较为完善，比较注重对股东和劳工的法律保护，对公司并购通常持谨慎态度。除英国外，其他欧共体国家极少发生蓄意操纵的收购事件，这主要归因于这些国家广泛立法鼓励公司制定反收购措施，但是对公司的过度保护也会妨碍资本市场自由竞争环境。就德国而言，在证券市场发展方面采取了较为严格的监管，企业发行商业银行股票和长期债券必须事先得到联邦经济部的批准，且批准条件是发行企业的负债水平保持在一定限度之下，发行申请必须得到某一银行的支持。银行作为融资主体深受政府政策、国家法律的保护，银行持有公司股权也使得其在公司决策中发挥着重要作用。

日本人的集体意识是在封闭性地域共同体的基础上发展起来的，是基于生活需要的强烈共同走向，以共同归宿为感情基础而形成的集体意识，在政府干预和政治权力的强度方面与以德国为代表的欧洲大陆有较大的相似性。日本人的集体主义是非亲族协作的集体主义，是基于地缘的结合而非血缘的结合，这在公司治理中也体现为"利益相关者"共同治理的理念，与德国的团队治理高度相似。日本企业的股东和债权人有时候均被银行所"垄断"，也就是所谓的主银行治理。企业资金的最大提供者银行通过对企业实行事前、事中和事后的监督，不但可以迅速地掌握信息，而且在企业经营陷入困境时，能够及时采取措施帮助企业渡过难关。因此，主银行成为公司治理的最重要力量，当公司经营发生危机时，主银行将会介入，提供一系列的解救措施。从日本公司的实际治理过程可以发现，主银行解决了对经营者的监督问题，发挥了类似外部治理机制中的公司控制市场的作用，平衡了多方的利益。日本这种主银行治理情形，也是政治权力相对集中的一种体现。

在股权结构方面，与美英区域股权高度分散化不同，受政治权力集中和团队治理思想的影响，德日区域表现出股权高度集中的特点。弗兰克斯和梅耶（Franks & Mayer，1990）通过对德国 200 家大公司的调查发现，有近

90%的公司每家至少有一个拥有25%以上股权的大股东，大多数公司都是其他大型工业企业的子公司。1994年，德国上市公司中有73%的公司都有一个大股东，其投票权至少在50%以上（潘爱玲，2006）。表5-4是德国公司的股权结构情况。与表5-3美国公司的股权结构情况比较，德国公司的机构持股比例较高，个人持股比例则较低。在日本，股权集中程度同样较高，股票流动性小，公司机构股东占比超过一半。20世纪90年代初，日本公司中机构持股比例约占70%以上，机构交叉持股盛行，股权相对集中稳定（郝臣、李礼，2006）。在德日区域公司的股权结构中，除股权集中度高、机构持股比率大的特征外，法人相互持股、银行高比例持股则是另一特征。由于德日国家在法律上没对相互持股进行限制，德日公司的法人间相互持股非常普遍，法人间相互持股也与"利益相关者共同治理"的理念相一致。在德日公司的持股人身份构成中，银行、保险公司和其他金融机构所占比重也很大，而个人持股比例则比较低。德日区域公司的银行持股比例要明显高于美英区域的公司，尤其是在上市公司中，银行持有大量的股份，银行直接参与股份公司的治理是德日区域公司治理上的显著特征。

表5-4   德国公司股权结构情况

股权集中度（1994年）		股东身份构成（1993年）	
单一大股东持股数（X）	占上市公司总数的比例（%）	股东类别	占上市公司股权的比例（%）
0% < X < 10%	3.2	个人股东	16.6
10% ≤ X < 25%	6.9	机构投资者	67.8
25% ≤ X < 50%	16.7	政府	3.4
50% ≤ X < 75%	31.9	银行	14.3
75% ≤ X < 100%	41.3	外国持股	12.2

资料来源：作者根据黄中生.公司治理的财务控制权配置研究［M］.南京：东南大学出版社，2008；潘爱玲.企业跨国并购后的整合管理［M］.北京：商务印书馆，2006的相关数据整理。

2. 从信息结构看

与美英区域公司比，德日区域公司对信息结构方面的重视显示出明显偏弱的特点。在信息披露方面，尽管欧盟主要国家的公司法对上市公司信息公开制度进行规范的原则是公示主义而非买主自慎，几乎所有国家的公正交易委员会都对上市公司的信息公开提出要求，明确强调公司的董事会应该对公司的经营业绩做出公正的评估，所提供的财务报告要符合传统的公开性和准确性的要求，但在实践中，德国、比利时等欧洲大陆国家中上市公司信息披露很少。德国在会计信息披露方面监管也较为宽松，外部审计要求也不严格。由于企业会计方法的选择有很大的灵活性以及出于税收的考虑，投资者要从公布的会计资料中寻找有关投资信息需要较高的会计技能和较多时间。由此可见，以德国为代表的欧洲主要国家公司信息的透明度较之美英区域国家相差较大，信息的可获得成本也较高。在日本，市场信息结构方面的特征与欧洲大陆国家基本相似，尽管 2008 年以来强化了包括季报披露的上市公司信息披露制度，但公司信息的充分性及可获得性都较美英区域差，信息的可获得成本也较高。

　　由于外部市场信息不完全，可获得成本较高，德日区域的公司控制更多依赖内部信息。由于银行对企业持股集中度较高，提升了银行对企业监督的动力。而银行往往能依靠其特殊地位，通过企业经营往来账户、短期信贷、公司主要合作伙伴的经营合作情况等角度及时发现企业动态发展中的问题，如果发现企业持续经营出现问题，即可以通过"用手投票"，借助股东会更换公司的管理层，行使对公司的控制权。例如，在日本，即使董事会中没有银行的代表，但董事中往往也有一名以上是公司主银行的前任主管，这类董事的主要工作是为主银行收集信息，对公司主管进行监控。

　　从监督机制来看，由于在欧盟国家中机构投资者（主要是保险公司、养老基金、投资基金等）持股数量及比例都较大，机构投资者持有大量股份，出售股票不容易，即使能够出售也往往招致股价下跌，因此，机构投资者通常采取主动措施监督经营者以保证资产的安全与增值，逐步参与到了公司治理活动中，并加强了对经理人员的控制以保护股东的利益。德国企业集团是国家经济的重要支柱，而银行集团与企业集团相互关联，使其公司治理形成了独特的共同治理模式。银行与企业的存贷关系使其成为公司重要的利益相关者，银行除了自身持股外，还可以保管其他股东所持股票，并可以代表这些股东进行投票，因此在公司的监管中占有主动地位，拥有足够的权利去监控经理层。在日本，机构参与公司监督的特征更为明显。日本企业集团中，银行和其他金融机构作为大股东都向企业派遣董事，而且几乎所有的大企业也都有与其关系密切的"主银行"，主银行成为监督企业运行的重要外部股东。

3. 从动力结构看

　　首先，在资本流动性方面，尽管德日区域的国家资本市场也较发达，但较美英国家发展还相对落后。而由于德日区域公司的机构持股比较集中，且这些机构又以中长期利益为主，因此，机构持股比较稳定，股权的流动性较差。并且机构多参与到公司治理之中，更多依赖"用手投票"而不是"用脚投票"来给管理层施加压力。

其次，在控制权市场和经理人市场方面，与美英区域公司依靠外部压力来调动管理层的积极性不同，德日区域的控制权市场与经理人市场的发达程度不如美英区域，德日区域的控制权市场多是为大宗股票交易目的设立的，在德日区域很少出现通过控制权市场接管公司而致经理人"下岗"的情形，另外，内部晋升制度也在很大程度上取代了经理人市场的功能。

最后，从物质激励和非物质激励方面看，德日区域公司更注重精神激励而非物质激励。通常依靠大股东的治理可能会损害到债权人利益（Jensen & Meckling，1976），也可能会损害雇员利益的激励（Shleifer & Summers，1988），而德日区域的公司基于股东、债权人和雇员组成的共同治理结构，通过利益相关者间的博弈会达到一种利益平衡，有助于公司绩效的改善。以德国为例，德国的"利益相关者治理"结构激励了债权人、雇员和大股东对企业的专有投资，配置给三者相应的控制权，考虑到内部集团和管理层利益的平衡，形成了利益相关者的长期合作（Schmidt，2004）。在物质报酬激励方面，德日区域公司的物质报酬可分为长期报酬和短期报酬两部分。长期报酬包括退休补偿和股票所有权，短期报酬包括固定薪酬和奖金。与美英区域公司的物质报酬激励比较，德日区域公司的固定报酬比例偏高，与业绩联动的报酬比例偏低。经理人员的报酬也不像美国那样与公司的盈利、股价挂钩，股票期权安排较少。在非物质报酬激励方面，德日区域公司都强调共同参与，提升各利益相关主体的"主人翁"认同感。德国公司治理中特别重视职工参与决策制度，即职工通过选派代表进入监事会参与公司重大经营决策。在日本，员工参与治理也受到高度重视，日本强调一致性和集体性的文化氛围，使得企业在管理上注重集体决策和广泛的职工参与。

综合以上 DIM 方法的分析可以发现，德日区域国家的公司处于强利益相关者决策结构（D）+弱外部信息结构（I）+均衡的动力结构（M）的运行环境之中，这种 DIM 格局中，控制权的配置选择了关系型控制模式：利益相关者共同控制，董事会作为决策机构拥有充分的决策权力，监事会拥有掌控董事会和管理层的独立监督权力，管理层通过掌控董事会成为公司的名义控制人，机构投资者、债权人和雇员代表组成的利益相关者群体通过参与董事会、监事会实际控制公司，用长期激励和非物质激励把管理层利益与股东利益紧密关联在一起，通过各利益相关主体共同参与的内部治理实现对公司的控制。德日区域公司的治理与控制模式如图 5 - 3 所示。

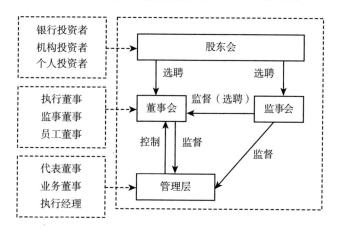

图 5 - 3　德日区域公司二元制公司治理与控制模式

以德国为例，基于 5 - 3 所描述的公司治理与控制模式，公司控制权主要配置给董事会，董事会则是由执行董事会和监督董事会组成的双层制董事会构成①：执行董事会由执行董事组成，行使执行职能；监督董事会由非执行董事组成，行使监督职能，监督董事会决定执行董事会的人选和政策目标。双层制结构将管理和监督职能分开，设立董事会和由股东与员工等非执行者组成的监事会，通常监事会选举董事会成员，以保证其对公司目标和治理规则负责任。在欧洲公司的董事会成员中非雇员日益增加已发展成为一种趋势，很多欧洲公司都通过公司准则强调董事会应独立于管理层。双层制的董事会结构则充分体现了"共同决定"的原则，股东和雇工都能参与对经营者的监督。德国公司监事会的成员一般要求有比较突出的专业特长和丰富的管理经验，如果公司经理和高层管理人员管理不善，监事会的代表就会同其他代表一起行使股东有效权力要求改组执行董事会，更换主要经理人员。由此可见，德国的监事会在治理机制中起主导作用，监事会成员的选举和监事会职能的确定都为股东行使控制与监督权提供了可能。在日本，公司控制权配置与德国非常相似，共同治理的理念也比较清晰，关系型配置是典型的控制权配置模式选择。公司控制权配置给董事会，但董事会成员中股东代表

① 欧洲公司治理体系中也不完全是双层董事会制，除英国、爱尔兰之外，南欧国家，包括意大利、西班牙、葡萄牙、希腊等采用的是单层董事会制；德国、瑞士、奥地利、荷兰以及斯堪的纳维亚国家普遍采用双层治理结构；法国和比利时则采用一种混合结构，即单层与双层并存以供公司选择。

很少,在上市公司中,具有股东身份的董事仅占 3.9%（车汉澍,2005）。日本公司的监事会尽管不像德国那样拥有高于董事会的权力,但监事会与董事会并列于股东会下,互不隶属,监事会则由主银行以及雇员代表组成,这种相互制衡的格局使机构投资者、经理层、雇员都能在公司治理中体现清晰的价值,从而使各利益主体的利益趋向一致。

上述分析可以发现,德日区域公司的控制权主要由董事会掌控,董事会的独立性较强,由利益相关者组成。尽管如此,董事会的控制权配置也存在一定倾向性。在德国,银行虽然也是公司股权的主要拥有者,但公司的董事会由大股东控制的倾向性要强一些,德国的公司更多依赖内部资金融通,银行股东对公司的控制能力要小于日本公司,但大股东对公司的控制力要高于日本公司。在日本,银行不直接参与董事会,只是凭借较多的公司持股通过股东大会对企业董事会施加影响,主银行也通过控制企业的外部融资渠道提升对企业的控制能力,但由于股东放弃了直接控制权,对董事会的控制权倾向于管理层配置多一些。

5.2.3 东亚区域的公司治理结构特征与控制权配置

与发达资本主义国家相比,东亚（日本除外）各国大多没有经历西方多数国家的资本原始积累过程,企业发展更多依靠家族创业,进而形成了以家族控股为特征的公司控制模式。在家族控制模式中,股权与控制权分离度低,公司决策、经营与监督权主要由家族成员把持,体现出与美英区域、德日区域不同的公司治理特征与控制权配置倾向。处于东亚区域的韩国以及东南亚国家和地区的大多数企业显现出家族控制的控制权配置倾向。

1. 从决策结构看

在政府干预和政治权力方面,东亚区域的经济发展通常采取政府主导型的市场经济模式,政府对企业的发展有很大的引导和支持作用:符合国家经济发展和产业政策要求的,国家都会在金融、财政、税收等方面给予众多的优惠和扶持;相反,有违于国家经济发展和产业政策要求的,国家就会在金融、财政、税收等方面给予限制。例如,在韩国,银行是政府控制的,作为政府干预经济活动的重要手段,企业的生产经营活动只有符合政府的宏观经济政策和产业政策才能获得银行足额的优惠贷款。正是由于政府干预在东亚许多国家和地区都体现出强势的特征,使得东亚企业在发展过程中都努力与政府保持非常密切的关系。在东亚地区共同的汉文化背景下，儒家文化占据主导地位，具体表现为重家族、重群体和轻个人的伦理观念，以及忠于国家、尊敬长者、勤劳敬业的道德规范，政治权力集中度以及重要性都比较高。这种权力观的取向在企业层面也表现出很明显的"家长制"倾向。以韩国为例，韩国企业家的价值取向主要是以人（创业者家族）为中心的管理思想，这种以家族为中心的企业文化在企业成长期发挥了巨大的作用，最突出的表现就是家长决策制。家族企业的家长往往集企业的创业者、所有者、经营者和管理者于一身，正因为如此，家族企业往往实行"家长万能式"的集权管理。企业内部主要根据血缘关系来组织管理体系，使家族企业犹如一个大家庭，内部纵向秩序井然，横向融合有序。

在股权结构方面，东亚区域的股权结构与德日区域具有较大的相似性。首先，股权集中度较高，存在控股大股东。表 5-5 是世界银行（1999）对东南亚主要国家和地区家族式上市公司的股权结构的统计情况。从表 5-5 的数据可以看出，这些国家和地区的家族式上市公司中，家族持股比例都在40%以上，达到了相当高的集中程度，而公众持股则较低。在韩国，韩国财阀通过直接持股、交叉持股等形式将股权集中于创业者家族，从而形成控制权。因此即使从表面上看韩国公司的公众持股可能较高，但财阀们通过"金字塔"式的股权操作，最终使他们可以用较少的持股比例仍然控制企业，形成企业的所有权和控制权统一的情况。在持股人身份方面，表 5-5 的数据也反映了家族与政府是主要的持股者，而政府持股往往作为干预经济活动而存在，对企业决策的实际参与度较低，对企业的监督力度也较小，这也进一步巩固了家族对企业的实际控制权。

表 5-5　　　东南亚地区家族式上市公司的股权结构（1999 年）

国家或地区	观测值（家）	公众持股（%）	家族持股（%）	政府持股（%）	分散型机构持股（%）	分散型企业持股（%）
中国香港	330	7.0	71.5	4.8	5.9	10.8
印度尼西亚	178	6.6	67.3	15.2	2.5	8.4
马来西亚	238	16.2	42.6	34.8	1.1	5.3
菲律宾	120	28.5	46.4	3.2	8.4	13.7
新加坡	221	7.6	44.8	40.1	2.7	4.8
中国台湾	141	28.0	45.5	3.3	5.4	17.8
泰国	167	8.2	51.9	24.1	6.3	9.5

资料来源：Claessene, Djankov and lang: "who Controls East Asian Corporations?" World Bank, 1999. 转引自车汉澍. 东亚公司治理模式研究 [D]. 吉林大学博士研究生论文，2005。

2. 从信息结构看

在东亚的家族企业治理中，强内部信息，弱外部信息是典型的信息结构特征，这为实际控制人提供了经营优势的同时，也为实际控制人获取控制权私利提供了更多的机会。由于控股股东实际上又是企业的经营者，控股股东在掌握企业内部信息方面既全面又及时，为提高企业经营效率提供了保障。但另一方面，家族控制的企业在企业信息透明度方面则较美英区域和德日区域的企业要差，这使非控制性股东，尤其是公众投资者获取企业信息的成本较高，获得全面性和及时性企业信息的效率较低。在这种信息结构中，控股股东可以利用信息优势，制造更多的获取控制权私利的机会。

在东亚区域，家族的控股权与控制权统一，也使外部监督主体的监督效率大大降低。在东南亚，许多家族企业本身都涉足银行业，使得家族企业中的银行也是家族利益的保障工具之一，因此，银行对家族企业的外部监督的必要性和现实性都大大降低。在韩国，虽然银行不属于家族企业，但韩国政府的各种金融和财税的优惠政策也促使企业敢于进行高负债经营，高负债率并没有促使债权人积极参与对公司的监督，政府对商业银行的控制使银行只是扮演着企业"提款机"的角色，即使在商业银行私有化以后，银行的高级管理人员仍由政府任命，在这种金融制度下，银行作为企业最大的债权人去参与公司监督的积极性却较低。

3. 从动力结构看

在东亚区域中，公司控制权市场和经理人市场发展较为落后，公司控制权市场的外部接管压力与经理人市场的替代压力在这一区域的作用微不足道。

在东亚区域的企业治理中，由于控股股东与经营者统一，所有权与控制权分离度低，企业的物质激励已与企业的总绩效高度统一，因此，单纯的物质激励手段并不多，潜在的非物质激励效用却较强。在家族式企业所有权与控制权合一的机制中，家族成员视企业资产为家族财产，在家族关系纽带联结下，家族企业股东和管理者把家族内的伦理和情感融入企业，在企业内部容易形成较强的凝聚力。正是由于伦理道德规范这一非物质因素的影响，家族式企业在管理和控制上有较好的稳定性。在东亚区域的家族企业中，集所有权与控制权于一身的企业经营者常常受到家族利益和亲情的双重激励和约束。在家族利益角度，经营者承载着家族利益传承的重任；在亲情角度，维持家族成员亲情的道德约束使经营者的私利空间受到限制。

综合以上 DIM 方法的分析可以发现，东亚区域国家的公司处于强股东决策结构（D）+ 弱外部信息结构（I）+ 强非物质利益动力结构（M）的运行环境之中，这种 DIM 格局中，控制权的配置选择了强关系型控制模式：控股权与控制权统一，董事会作为决策机构扮演着控股股东替身的角色，控股股东通过掌控董事会的多数席位成为公司的实际控制人，控股股东通过实际参与经营实现内部人控制；较强的非物质激励使控制人利益与公司利益紧密关联。东亚区域的家族控股制公司治理与控制模式如图 5－4 所示。

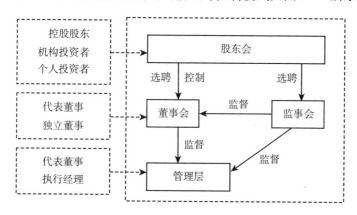

图 5－4　东亚区域公司家族控股制公司治理与控制模式

图 5－4 所显示的东亚区域的家族治理模式中，企业在创业期所有权和经营权合二为一，治理结构只是一种比较原始的、非正式的家庭会议形式。而在发展到一定阶段后，在所有权结构上会向多元化发展，直至成为上市公司。随着企业发展到高级阶段，其控制权配置模式尽管没有改变控股股东的强控制，但也会引入外部利益相关者参与决策和监督。因为企业发展到一定时期，单纯依靠内部的关系融资、通过亲情网络来融资无法满足需要时，就会引入外部资本，如果外部资本以股份的形式加入，公司的股权结构就会呈现多元化特征。而在股权多元化情形下，家族企业控制人为保证控制权不发生转移，会采取发行类别投票权股票、交叉持股、采用金字塔式控股等方式维持控股地位，但在公司治理上则必须考虑其他利益相关者的利益。由此，虽然企业的控制权配置不发生实质变化，董事长、总经理等重要职务大都由具有血缘关系或姻缘关系的家族成员担任，但与企业控制权相关联的监督机制和激励机制则会发生较多改变。在董事会构成方面，以前的家族委员会转变为董事会。在董事会成员构成中，虽然控股股东占据较多席位，但也会引

入独立董事制度，甚至可能有一定数量的员工代表和其他利益相关者的代表。东亚区域公司中也会引入委托代理关系，但这种委托代理关系中血缘关系仍然是重要的考虑因素。

5.2.4 澳洲区域的公司治理结构特征与控制权配置

澳洲区域是以澳大利亚为代表的大洋洲区域的公司。这一区域公司的治理结构特征主要受美英和欧洲区域公司的影响，特别是受美英区域模式影响大，同时融入了澳大利亚的本土特色，体现出兼容性的特点。

1. 从决策结构看

在政府干预和政治权力方面，澳大利亚受英国和北美政治体制的影响，强调"自由民主"的政治理念，强调宗教宽容、言论自由和交往自由。第二次世界大战后，脱胎于英国经济的澳大利亚经济以西方市场经济体制为模式，重视市场调节作用，尽量减少政府对经济的干预。从总体来看，低政府干预和政治权力分散仍然是决策结构上的显著特点。不过，在推动本土经济发展方面，政府也通过保护关税政策和对外国收购适度干预进行一定程度的调控。而在对企业的干预方面，政府的干预更多体现在监管领域，澳大利亚设置了证券投资委员会负责制定统一的公司法令；监管证券、投资、金融市场业务和公司上市规则；监督公司法的实施以及调查可疑的公司行为；保护市场参与者免受金融欺诈和其他不公平行为的影响，从而增强投资者对金融市场的信心，维护金融市场的稳定。

在股权结构方面，澳大利亚上市公司的股权相对比较集中，在澳大利亚，大部分上市公司受单一的大股东控制。从这一点来看，澳洲区域的公司股权集中度与美英区域公司有明显不同。在澳大利亚有超过半数的成年个人投资者购买股票，但是所占比重并不是很大，国外投资者占有一定的比重，机构投资者是公司股份的主要持有者。机构投资者不同于个人投资者，大型机构投资者一般都进入所投资公司的董事会，它们在公司治理中发挥的作用较大。

2. 从信息结构看

尽管澳大利亚强调经济自由化，但其金融市场的发达程度还是要落后于美英等西方发达国家。因此，企业信息的透明度和可获得成本较美英区域的公司要差。为提高公司信息透明度，澳大利亚政府利用相关法律来严格规范企业信息披露制度，以保障信息的可获得性。在澳大利亚，证券交易所公司治理委员会要求上市公司必须建有信息传播渠道，以便投资者可以从公开渠道获得这些信息，尤其是可以从公司的网页上获得。对于没有建立网页的公司，澳大利亚证券交易所要求必须有其他的信息获取渠道。为确保上市公司及时准确披露信息，公司 CEO 和 CFO 应该向董事会做出承诺与保证。

尽管法律对信息披露有严格的要求，由于股权集中和机构投资者参与治理的决策结构特点，澳洲区域的公司监督仍然以股东内部监督为主，同时，也融入了独立董事、监事会的外部监督。而基金作为机构投资的另一方面代表，在一定程度上发挥了外部股东监督上市公司运营和参与上市公司治理的作用。

3. 从动力结构看

尽管澳大利亚比较完善的证券市场和初具规模的机构投资者群体对公司治理提供了一个较好的外部环境，但控制权市场和经理人市场并不发达，澳大利亚的控制权市场的敌意收购水平比较低，基本上不能对大股东或经理人的控制构成威胁。

在物质激励与非物质激励方面，政府监管部门通过法律制度来强调对管理层和员工的激励。例如澳大利亚证券交易所要求上市公司在它的年度报告中的公司治理部分，要公开披露报告期内公司是否对董事会及其成员、其他关键执行官进行了业绩评估，以及该评估是如何进行的；同时要披露公平合理的报酬，包括薪酬计划、薪酬委员会、执行董事与非执行董事的报酬结构和管理人员报酬等内容。

综合以上 DIM 方法的分析可以发现，澳洲区域的公司处于强股东决策结构（D）+ 均衡信息结构（I）+ 均衡动力结构（M）的运行环境之中，这种 DIM 格局中，控制权的配置仍然选择了关系型控制模式：控股权与控制权形式上分离，董事会是决策的核心机构，但控股股东仍然通过控制董事会实现对公司的实际控制，通过法律和社会监督保障中小股东及其他利益相关者利益，通过均衡的物质与非物质激励使管理层利益与公司利益紧密关联。

应该说，澳洲区域的公司治理结构呈现了美英区域与德日区域融合的特征：从制度环境方面看，政府试图按美英的模式规范公司治理；而在公司的股权结构方面，公司股权构成又与德日的情形相似，因此，公司治理又呈现出德日模式的特点。于是，现实中澳洲区域的公司在控制权配置上体现出遵守政府规范与适合自身特征的动态治理特点。澳大利亚的《公司法》也要求公司治理中进行权力制衡机制设计,强调公司治理结构必须能够使董事会能提供公司的重大决策并有效监督管理层;明确董事和重要管理人员的权利和义务以便于保证问责制的顺利执行;确保权利的均衡以防止个人有至高无上的权力。澳洲区域公司混合制公司治理与控制模式如图5-5所示。

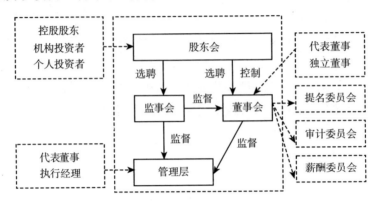

图5-5 澳洲区域公司混合制公司治理与控制模式

如图5-5所示,基于美英区域与德日区域两种模式融合的考虑,在澳大利亚,公司的控制权在董事会,在赋予董事会充分的决策权力的同时,又格外强调董事会的监督作用,规定董事会必须建立审计委员会,对审计委员会的构成也有严格要求:只能是非执行董事;绝大多数是独立董事;审计委员会主席也必须是独立董事,并且和董事会主席不能为同一人;人数至少3人以上;审计委员会要有正式章程。同时,要求董事会中绝大多数董事必须是独立董事;在重视董事会决策和监督作用的同时,还要求公司必须设立监事会,并要求监事会主席应是独立董事,监事会主席和CEO不应由同一人担任。由此可见,澳洲区域的公司治理与控制权配置具有明显地将美英与德日区域两种模式叠加在一起的混合设计特征。但在控制权掌控上还是倾向于股东控制下的董事会控制,偏向于关系型控制模式。

5.2.5 海外并购主要区域控制权配置模式的综合比较

基于DIM方法对美英区域、德日区域、东亚区域和澳洲区域的公司治理特征及控制权配置模式分析后发现:当股权结构分散,公司信息通过外部市场获得性强且获得成本较低时,企业控制权可依靠市场进行配置,公司内部通过强化中短期激励把管理层利益与公司利益捆绑,把控制权配置给管理层，控股股东比较重视关键资源点的控制和借助"用脚投票"维护自身利益；当股权结构集中，股东参与公司控制与监督的成本相对较低时，重要股东会依托公司内部信息通过积极参与内部治理实现自身利益，尽可能通过整体控制和构建内部稳定的晋升通道、长期的绩效考核机制把管理层利益与股东利益协调起来。美英、德日、东亚及澳洲区域的企业在控制权配置模式选择中分别选择了市场型配置、关系型配置、强关系型配置和关系型配置，这与四个区域公司的决策结构、信息结构和激励结构特征有着重要的关联。表 5-6 是基于 DIM 特征对四个区域公司控制权配置模式选择的一个综合比较。

表 5-6　　　　　典型区域公司 DIM 特征与控制权配置模式选择

典型区域	DIM 特征			控制权配置模式
	决策结构（D）	信息结构（I）	激励结构（M）	
美英区域	政府干预少 政治权力分散 股权分散	市场信息透明度高 信息可获得成本低 股东监督重要性低	资本市场发达 控制权市场活跃 经营者中短期报酬高	市场型配置
德日区域	政府干预较少 政治权力相对集中 股权较集中	市场信息透明度低 信息可获得成本高 股东监督重要性高	资本市场发达 控制权市场不活跃 经营者长期报酬高	关系型配置
东亚区域	政府干预较多 政治权力相对集中 股权高度集中	市场信息透明度低 信息可获得成本高 股东监督重要性高	资本市场较不发达 控制权市场不活跃 经营者非物质报酬高	强关系型配置
澳洲区域	政府干预较多 政治权力相对分散 股权较集中	市场信息透明度低 信息可获得成本高 股东监督重要性高	资本市场较发达 控制权市场不活跃 经营者物质报酬高	关系型配置

在表 5-6 中，DIM 特征与控制权配置模式选择呈现出互动的关系：选择市场型配置会更为依赖市场信息和社会的监督；选择关系型配置则对控股股东的决策和监督拥有更多的依赖。另外，市场信息状况和社会监督能力又左右着控制权配置模式的选择。

5.2.6　DIM 方法比较结论的实践意义

表 5-6 中的结论反映了不同区域中公司治理环境上的 DIM 特征与控制

权配置模式选择的耦合，这一比较结论对于中国企业参与海外并购实践具有三方面的指导意义：一是在不同区域开展并购活动应当适应性选择恰当的控制权配置模式——关系型配置或者市场型配置；二是在选定的控制权配置模式中，对具体目标企业的 DIM 特征进行评价，明确可能影响控制权配置效率的薄弱环节，有针对性地完善公司治理机制；三是对其他区域的目标企业也可以借助 DIM 特征模型进行具体分析，为科学设计控制权配置模式提供参考。

基于 DIM 方法的比较分析结论只是考虑了公司控制权配置在不同区域的常规做法，事实上，公司控制权配置模式的选择既受公司治理的外部环境影响，也与公司内部治理环境紧密相关。上述选择中在决策结构方面的战略依赖程度和信息结构中的市场开发成本等具体维度并未充分考虑，基于此，对具有不同行业特征和不同企业特征的目标企业来讲，各区域中公司控制权的常规配置模式未必就是最有效率的选择。考虑企业的具体运行环境，近年来美英区域的公司也开始借鉴德日区域公司的长期绩效激励与股东监督的作用；而德日区域的公司也引入董事会的专业委员会和独立董事制度，重视外部治理作用的发挥。但是，相互借鉴中的控制权配置并不代表最终选择混合型配置，只是重视内部治理或外部治理的辅助作用，实践中澳大利亚混合型配置模式中的监事会的作用常常被虚置，表明过于复杂的控制权配置模式可能会产生内耗，并不一定有利于公司控制权的稳定。因此，中国企业海外并购中在控制权配置模式选择上在重视东道国整体治理环境的同时，也要充分考虑与目标企业个性化治理特征结合，相机选择控制权配置模式。

5.3

东道国对外资并购的监管制度与控制权配置

不同区域公司运行的决策结构、信息结构和激励结构等治理环境因素影响企业的控制权配置模式选择，而跨国并购作为企业特殊的扩张方式又受到不同区域国家制度环境因素的制约，其中在并购后被并企业的控制权配置方面，不同国家的监管制度会影响到企业的决策结构，进而影响企业的控制权配置。因此，企业跨国并购时在考虑不同区域的 DIM 结构特征的同时，尤其要关注直接影响企业决策结构的东道国对外资并购的监管制度和措施。中国企业海外并购的主要东道国，诸如美国、德国、加拿大、澳大利亚和南非等国家，对外资并购的监管制度在不同程度上影响着主并企业的控制权配置模式，应引起中国企业海外并购的重视。

5.3.1　东道国对外资并购中控制权配置的主要监管政策

跨国并购作为国际直接投资方式，对东道国经济和社会发展既有促进作用，也可能有抑制作用，因此，外资并购行为作为一种受东道国政府有条件欢迎的国际直接投资行为，相当多的投资者会面对东道国投资壁垒、歧视性待遇以及政策法规的不确定性（胡峰，2003）。东道国政府从促进经济发展，又重视国家安全，增加就业的角度出发，往往依靠法律规制对外资并购后的被并企业控制权配置加以调控。这些规制主要包括四个方面：一是控制权转移与国家安全保障；二是控制权集中与市场公平竞争秩序维护；三是控制权转移与本国就业机会保障；四是控制权转移与控制权市场运行秩序维护。

1. "国家安全"与控制权配置

东道国国家安全主要从三个层面考虑：战略安全、政治安全和经济安全。战略安全主要从国家主权保护角度出发，为防止通过"资本入侵"威胁国家安全，东道国对涉及国家主权完整的领域往往会明令禁止控制权转移。政治安全主要是意识形态领域的安全，不同意识形态的国家和地区会通过法律规制，阻碍有歧见的"异己群体"进入。经济安全主要是保护本国民族经济发展基础，防止外资的进入挤占本土民族经济发展空间。

2. "反垄断及公平交易"与控制权配置

对东道国来讲，为保护本国经济命脉，掌握经济自主权，需要对他国试图通过垄断资本控制别国经济的行为加以限制；同时，为维护本国市场公平竞争秩序，也需要对垄断行为加以抑制。为此，包括美国、欧盟、日本、澳大利亚等发达国家在内的 100 多个国家和地区，都制定了较为完备的反垄断法，相关的反垄断法中对外资并购行为都规定了严格的反垄断审查细则，防止单一领域控制权的过度集中扰乱市场公平竞争秩序，甚至威胁国家经济安全。

3. "就业安全"与控制权配置

基于跨国并购行为对直接增加就业的贡献不大，相反在并购后产能向母国的转移还可能会减少东道国被并企业的就业机会和影响社会秩序稳定，因此，外资并购中被并企业的"就业安全"往往成为影响控制权配置的附加要素，东道国政府通常通过劳动法律对控制权跨国转移时的就业保障进行规制，对裁员、本土职员雇用比例等明确限定，以保证被并企业控制权转移但吸收就业的能力不被转移。

4. "反强行并购"与控制权配置

绝大多数的并购行为是并购双方利益一致的友好合作行为，但也有少数并购行为是主并企业借助资本市场实施的单方强行并购行为。强行并购行为尽管符合资本市场的游戏规则，但强行并购往往会造成两败俱伤，损害被并企业的利益，也间接损害到东道国的国家利益和控制权市场秩序。因此，美国、欧盟、澳大利亚、巴西等国家和地区都有专门的立法，规定目标公司管理层采取反强行并购的权利和措施，保障在控制权争夺中本国企业的优势地位。当然，相关国家和地区的反强行并购规制也对目标公司管理层出于私利动机而滥用权利阻碍控制权转移的行为加以限制，以维护控制权市场的正常秩序。

5.3.2 东道国对外资并购中控制权配置的监管规制：以美、德、澳、巴西、南非五国为例

针对外资对本国企业的并购，各国政府都采取了较为审慎的监管制度设计，即使美英区域国家政府对经济的干预较少，强调市场的自由调节，但对于外资并购这一特殊进入行为也都采取了适度的干预。政府对外资并购的干预主要通过法律规制体现，包括外资法规范、公平竞争规定、证券法规范、环境保护法规范等法律规范。由于中国企业海外并购主要集中在美国、德国、澳大利亚、巴西和南非等国家，本书即以这些国家为典型样本，围绕控制权配置方面的规制进行比较分析。

1. 美国对外资并购中控制权配置的监管规制

美国是全球领域对外资并购限制较少的国家，但对外资控制美国企业仍然会适度监管。在美国，公司的控制权配置要遵守联邦法律及各个州的法律制度，对于外资并购的监管主要由外国投资委员会（CFIUS）负责，尤其是对影响国家安全的交易，相关调查是上报总统决定是否阻止外资进入的重要依据。总体来看，对向外国投资人转移企业的控制权规制方面，在"国家安全"和"反垄断"层面限制的较多些，在"反强行并购"方面与国内并

购的规制基本一致，而在"就业安全"方面考虑较少。

在国家安全方面，主要通过行业准入政策限制外资的进入。在行业限制方面，行业准入控制分为三大类：第一类是全面放开的行业，一般竞争性行业都对外资开放。第二类是限制外资进入比例的行业，主要包括通信和交通业、不动产和自然资源开发业、能源和动力业、银行和保险业、传媒业等，例如美国禁止外国人或外国公司拥有 20% 以上股份的公司、外国人或外国公司拥有 25% 以上控制权的公司在美国从事原子能产品及其设施的生产经营；外国人或外国公司拥有 20% 以上股份的公司、外国人或外国公司拥有 25% 以上控制权的公司不能在美国开设电台或电视台，外国人不能成为拥有联邦电信委员会发放的广播许可证的公司董事；外国人对船运部门的股权不能超过 25%。第三类是绝对禁止的行业，主要是军事和国防工业。美国 1989 年通过的《美国贸易与竞争综合法》明确规定，美国总统有权中止或禁止那些确实威胁美国国家安全的外资公司对美国企业的收购、合并或接管。在美国，除了对控制人的股权持有比例有限制外，对控制人的身份也会进行审查，对于外国投资人属于外国政府或有政府背景的，要获得美国外国投资委员会的批准才能并购美国公司。

在反垄断及公平交易方面，在美国无论是内资并购还是外资并购，都要接受美国反托拉斯法的监管，而且关系到美国关键产业，外资并购还要接受特殊的监管，以保持美国对外资并购的有效干预和控制。美国《克莱顿法》、HSR 法（并购前审查监管法）及其实施细则规定：要约收购、兼并和合并，凡达到申报门槛的并购①，须向反垄断主管机关进行申报接受审查。《克莱顿法》规定的"任何人不得直接或间接并购其他人的全部或部分资产——如果该并购造成实质性减少竞争的效果"，即是反垄断的基本标准。产业主管机关也会根据产业特殊的监管法律制度对并购进行审查，其中包括与反托拉斯主管机关同时进行竞争效果的评估。例如，在外资并购美国航空企业时，交通运输部对航空服务的申请人行使"适格审查"，以确保申请人符合美国"公民"要求。

---

① 美国目前的门槛是当并购交易的金额达到或超过 2.39 亿美元，或交易额达到或超过 2 980 万美元，同时主并企业资产或年销售额达到或超过 1 亿美元，制造业目标企业资产或年销售额达到或超过 1 000 万美元，非制造业目标企业资产达到或超过 1 000 万美元，抑或目标企业资产达到或超过 1 亿美元而主并企业资产或年销售额达到 1 000 万美元。

在反强行并购方面，除个别州外，包括特拉华州①在内的美国大部分的州都对反强行并购进行了规定。美国商业判断规则明确了目标公司管理层反强行并购的权利，并允许管理层采用"毒丸计划""金色降落伞计划""类别股东表决制度""累积投票权制"以及"公平价格条款"等反并购措施，抵制外资的强行并购行为。

2. 德国对外资并购中控制权配置的监管规制

德国对外资并购中控制权配置的监管规制主要在两个层面：一是欧盟层面；二是德国国家相关法律法规层面。从欧盟层面来看，《欧盟合并规则》《横向并购评估准则》《欧共体并购控制条例》和《关于实施第 139/2004 号合并控制规则的委员会条例》是规制外资并购行为的主要法律法规；从德国层面来看，德国《对外经济法》《反限制竞争法》《德国合并规则》等法律法规是约束外资并购行为的主要法律规制。在两层规制的共同约束中，通常欧盟的规制具有优先适用效力。例如，当《德国合并规则》与《欧盟合并规则》在管辖权上发生冲突时，《欧盟合并规则》即具有优先适用效力。比较两个层面的规制，欧盟层面更强调并购交易中的反垄断和公平竞争，德国国家层面的规制除了强调反垄断和公平竞争，同时强调国家利益和就业安全保护问题。在反强行并购方面，本身发生在这个区域的敌意收购行为比较少见，因此，欧盟与德国在这方面都没有特别的规制。

在国家安全方面，德国对维护国家安全方面的控制权转移规制并不多，2009 年 4 月实施的德国《对外经济法》修正案中强调，欧盟或欧洲自由贸易联盟以外的投资者直接或间接地收购德国公司 25% 及以上的投票权，而德国经济部认定该项交易可能威胁到国家安全和公众秩序，那么其有权审查并否决该项交易。原则上该规定涉及所有产业、所有规模的控制权转让行为，但实际上审查的范围主要集中在基础建设、金融、网络和信息技术以及军事工业领域。对于需要审查的外资并购交易，德国经济部通常在收到主并企业交易申报材料的两个月内，决定是否禁止该项收购交易或限制收购方在收购后行使表决权。

在反垄断及公平交易方面，《欧盟合并规则》和《欧共体并购控制条

---

① 在美国，超过 60% 的世界 500 强公司注册在特拉华州，特拉华州对州内的公司股东和特定的高管人员及根据特拉华州法律所组建的商业实体的治理具有法定管辖权，因此，特拉华州的法律规制在美国格外受到重视。

例》规定，收购 25% 股份或 50% 具有表决权的股份，且获得控制权和支配地位的并购行为，任何具有共同体性质的企业①，合并交易方必须在签订合并协议或取得控制权之日起一周内提请欧盟委员会审查。一旦欧盟委员会认定交易严重妨碍整个欧盟共同市场的竞争，则有权禁止该交易或要求交易双方根据其要求对交易内容进行修改。德国的《反限制竞争法》和《德国合并规则》对于反垄断方面规制比《欧盟合并规则》更为严格一些。根据德国相关法律规定，取得目标公司 25% 股份或 50% 具有表决权的股份，不论是否获得控制权，都视为在竞争方面造成显著影响的行为，都要接受联邦卡特尔局的并购监管审查。德国的《反限制竞争法》还规定，在合并之前的一个完整营业年度内，如果参与合并的交易方在全球范围内的营业收入总额超过 5 亿欧元，并且至少有一个交易方在德国范围内的年营业收入超过 2 500 万欧元，另一交易方在德国范围内的年营业收入超过 500 万欧元，那么合并交易行为必须接受反垄断审查。

在就业安全方面，德国的劳动法律规定，企业员工的劳动关系会随同资产自动转移到收购方，并且雇佣条件不得发生改变。从转移之日起，收购方将承担因雇佣关系而产生的所有权利和责任。在转让之前，出售方或收购方必须严格按照法律的规定通知相关雇员，雇员有权拒绝，但收购方无权终止合同。为保护雇员利益，德国的相关法律还规定了公司监事会和董事会的构成中必须有一般员工代表参加。由此可见，德国在公司并购后的控制权配置方面对就业保障的规制比美国要严格得多。

3. 澳大利亚对外资并购中控制权配置的监管规制

在澳大利亚对外资并购监管主要依据《外资并购法》《公司法》《公平竞争法》等法律，对境外投资的审批由财政部和外商投资审核委员会负责，对外资并购的监管则由外商投资审核委员会、竞争与消费委员会、证券投资委员会和证券交易所负责。澳大利亚政府对外资进入的控制权规制方面，在"国家安全"、"反垄断和公平交易"和"就业安全"层面限制的较多些，在"反强行并购"方面规制较少。

在国家安全方面，澳大利亚政府会依据《外资并购法》阻止任何有悖

---

① 欧盟认为符合以下情况的企业即视为具有共同体性质：参与合并的所有企业在全球范围内的营业总额超过 50 亿欧元，且参与合并的企业中至少有两个企业在欧盟范围内的营业额分别超过 2.5 亿欧元。

于澳国家利益的外国人收购行为。澳大利亚财政部有权力审查外国人对澳的并购投资项目，如果认定某个外资并购行为不符合国家利益，财政部长有广泛的权力禁止该项交易，命令有关目标公司终止有关的控制权转移行为。对于超过一定规模或特殊行业的外资并购行为，需要经财政部审批。例如外国公司收购总资产规模超过1亿澳元的澳大利亚目标公司15%或以上的直接股权，或者收购用地及资产超过50%是澳大利亚市区用地的澳大利亚目标公司50%或以上的股权，或者外国投资者在澳大利亚媒体领域投资达到5%以上的，都需要经财政部审批。对于发生在敏感行业的外资进入，尤其是控制权转移给外国人都有诸多限制，包括银行、民用航空、国防、电信、海运、机场和媒体行业的外资收购行为，外商投资审核委员会要做进一步审查。另外，外国政府企业针对澳大利亚任何行业目标企业的收购，都需要经过外商投资审核委员会审查①。

在反垄断及公平交易方面，澳大利亚的《贸易惯例法》和《公平竞争法》规定，如果资产或股权的并购行为会对澳大利亚市场产生或很大可能产生"实质性减少竞争"的效果，则该项并购将被禁止，除非交易获得特别批准。反垄断和公司交易方面的审查由澳大利亚竞争和消费者委员会负责。另外，澳大利亚证券和投资委员会以及收购委员会则对外国投资者收购澳大利亚上市公司的行为进行监管。根据澳大利亚相关法律规制，为维护证券市场公平的交易秩序，获取上市公司控制权的最普遍方法是通过要约收购的方式进行。澳大利亚《公司法》禁止任何控制人或一致行动人直接收购上市公司或者一家拥有超过50名股东的澳大利亚公司的股权而致收购方拥有目标公司超过20%投票权的行为，除非该项收购适用于法定豁免情形②。

在就业安全方面，澳大利亚政府严格限制主并企业对目标企业或有的裁员行为，公司在被并购后，职员的劳动合同继续有效，即使是主并企业以购买资产的形式实施收购，原目标企业职员的劳动合同也要转移给新的控制人并在12个月内持续有效，直到其终止或被另一份劳动合同取代。如果主并

---

① 由于中国国有企业及其附属子公司被视为外国政府的相关机构，因此，无论投资数额大小，中国国有企业及其附属子公司在澳大利亚的并购行为都被视为外国政府企业所进行的收购，因此都必须向澳大利亚外资投资委员会申报，并获得澳大利亚政府的批准才能实施。

② 最基本的法定豁免情形是以要约方式向所有股东进行要约收购。其他法定豁免情形包括：目标公司过半数通过表决方式批准收购；通过法院批准的收购；以每6个月收购不超过3%的投票权的进度进行爬行收购。

企业在获得控制权后决定裁员，劳资双方应就该决定或雇佣关系的转让协议进行协商，这些规定在 12 个月内同样约束新的控制方，并且被解雇的职员有权根据服务期领取离职金。对于并购后职员的报酬水平也明确要求不得低于澳大利亚公平报酬与条件标准规定的最低要求。

4. 巴西对海外并购中控制权配置的监管规制

巴西作为新兴经济体的一员，因其丰富的矿产和油气资源以及中国与巴西之间较好的贸易互补关系，近年来成为中国企业海外并购的重要区域。巴西虽然经济自由度较高，但由于其经济基础以及资本市场发育程度都与发达国家存在明显区别，因此在对外资开放监管方面也比较谨慎。巴西对外资并购中控制权配置的监管规制主要包括《公司法》《外国资本法》《证券法》《反垄断法》和《劳工法》，监管的主要层面在于国家安全、反垄断及公平交易和就业安全。

在国家安全方面，为维护国家主权及整体经济利益，巴西对外资进入的限制较多，严格禁止外资进入的行业主要包括核能、医疗和邮政等领域；限制外资持股比例的行业分为两大类：一类是外资持股比例不得超过 20% 的领域，包括公路运输、国内航空、公共航空服务、金融机构等；另一类是外资持股比例不得超过 30% 的领域，包括报纸、传媒和广播电视业等。

在反垄断及公平交易方面，涉及外资并购的反垄断与公平交易问题由经济保护委员会、司法部经济处和财政部经济处负责。巴西的相关法律规定，当目标企业在巴西境内的年收入达到 400 万美元，或者目标企业在巴西境内的市场份额达到 20% 以上，抑或目标企业及其子公司涉及巴西反垄断机构提起的调查和诉讼，那么任何与这类目标企业相关的并购都应提交巴西竞争管理机关进行审查。达到需进行审查的并购需要在交易双方签订第一份有法律约束力的文件开始的 15 个工作日内，向竞争主管机关进行申请，审查通过方可进行交易。

在就业安全方面，巴西相关法律规定的保护条款比较严格，因此，外资对巴西企业的并购在劳动合同执行和裁员方面必须谨慎行事。根据巴西劳动法律规定，无论并购交易是采取股份收购还是资产收购的方式，收购方都有义务承担劳务责任的转移。在出售企业资产时，收购方必须确保雇员契约和工会协议所规定的现有期限和状态，因为劳工法规定，公司的所有权和法律结构发生变化并不影响其雇员的权利。劳工方面继承者的风险在于，当出售方与特定员工终止劳动合同，并在合同里约定了相关费用，如果收购方继续与原客户和供应商合作，继续从事原行业，那么不管工作地点是否变化，该员工都会成为收购方的员工。另外，属于某个集团成员的公司会对集团内每个公司的员工承担连带责任。巴西法律中涉及劳工责任的法定期限规定，在劳工合同执行中法律时效为 5 年，在劳工合同终止后法律时效为 2 年。

5. 南非对海外并购中控制权配置的监管规制

南非是非洲经济最发达的国家，也是中国企业在非洲并购投资的主要目的地。南非由于受英国法律的影响，关于并购监管方面的法律规制比较完备。就对外资并购中控制权配置的监管规制来看，主要在《公司法》《并购监管法典》《劳动关系法》和《竞争法》等法律法规中体现。

在国家安全方面，除了军火和银行业之外，南非对外资基本不存在准入方面的限制。但是与美国、德国和澳大利亚比较，南非的资本市场开放程度还较低，政府对外汇跨境流动要实施相应的管制，因此，外资对南非的并购投资需要考虑退出时的资金流动问题。另外，对于外资公司在南非的融资行为也有一定的限制，例如，对于 75% 以上的资本或资产属于非南非居民的公司，或者收入的 75% 须分配给非南非居民的公司，或者 75% 以上的表决权由非南非居民支配或代表的公司在南非当地进行融资时存在融资数额限制。

在反垄断及公平交易方面，在南非的中等并购和大型并购需要报告竞争委员会进行反垄断审查。中等并购是指主并企业与目标公司在南非境内营业总额达到 2 亿兰特①以上；或主并企业与目标公司在南非的资产总额达到 2 亿兰特以上；或主并企业在南非境内的营业额与目标公司的资产价值总额达到 2 亿兰特以上；或主并企业在南非的资产价值与目标公司的年营业总额达到 2 亿兰特以上。上述几种情形中如果价值总额达到 35 亿兰特，并且目标公司的年营业总额或资产总价值达到 1 亿兰特以上，则为大型并购。外资并购行为由竞争委员会、竞争法庭和竞争上诉法院进行监管。中等规模以上的并购交易在得到竞争委员会批准后方能进行交易。为维护公平交易，南非《公司法》规定，如果一个公司要出售它的业务或大部分资产给一个特殊目的公司或其他购买方，那么这个决策必须获得出席公司股东会中具有 75% 以上表决权的股东的许可。对所有会引起控制权转移的并购交易（获取目标公司 35% 以上的表决权）都适用于依照《并购监管法典》规定进行监管。

---

① 按 2016 年 7 月 15 日的汇率水平，1 南非兰特约合 0.47 元人民币。

如果并购交易对象是上市公司且受益股东人数超过 10 人、股份价值超过 500 万兰特的私营企业，主并企业最多只能接触目标公司持续持有公司 5% 以上股份的 5 个主要小股东，有关主并企业的任何预期信息必须被平等、及时地传递给一个"不太受欢迎"的主并企业和潜在的主并企业。

在劳动安全方面，南非对公司并购后雇员权益的保护较严格。《劳动关系法》规定，公司被并购后，雇员拥有继续享有退休金或公积金的权利，如果出售方停止了雇员的这方面权益，则雇员的这些权益会转移到向主并企业获取。公司主并企业作为公司所有转移雇员的雇主，必须承认原有的雇佣合同，根据规定和条件雇佣这些被转移的雇员。另外，并购双方应就雇员的薪酬、福利达成书面协议，如果未就这方面达成协议，则在控制权转移后的 12 个月内，买卖双方就雇员的费用支付款项要承担连带责任。同时，买卖双方还须同因控制权转让行为受到影响的雇员达成协议，否则也要就这些雇员的索赔进行赔偿。公司被并购后，新的雇主不得随意裁减雇员，否则法律会界定解雇雇员的行为属于"自动不公平的解雇"，受影响的雇员可以主张复职或向买方主张高达 24 个月工资的赔偿。

5.3.3　东道国对外资并购中控制权配置监管规制的综合评价

通过对美国、德国、澳大利亚、巴西和南非五个国家对外资并购中控制权配置方面规制的分析可以发现，东道国对外资并购中控制权配置的监管主要集中在股权结构安排、反垄断、就业保障三个方面，会影响到外资并购中控制权初始配置的控股权比例、决策结构安排以及激励机制构建。其中，作为发达国家的美国、德国和澳大利亚，国家法律对外资并购中控制权转移的规制主要集中在对敏感行业控制权转移的限制、对外资股东身份的审查、反垄断及维护公平交易方面。但是由于美国存在通过控制权市场实现公司被接管问题，美国的法律规制对反强行收购有更多的规定，而在德国和澳大利亚的敌意并购行为很少见，因此，法律在这方面未做详细的规定。由于德国和澳大利亚的公司采用的是关系型控制权配置模式，与美国比较，德国和澳大利亚更重视企业内部稳定与和谐的劳资关系，因此，两国法律更重视工会组织和雇员利益的保护。巴西与南非同属于新兴经济体国家（金砖五国成员），新兴经济体国家经济发达程度远不及发达国家，因此，巴西与南非更重视如何引入外资，对外资进入的规制较为宽松。在外资并购中的控制权配置方面，巴西与南非尽管也对敏感行业加以限制，但不像发达国家那样严格，更没有基于股东身份实施政治性歧视。巴西与南非在外资并购的规制中更多考虑反垄断与维护公平交易，另外，重视工会及雇员利益的保护也是规制中涉及比较多的内容。表 5-7 是五个典型国家对外资并购中控制权配置监管规制情况及对控制权配置影响的综合评价。

表 5-7   典型东道国对外资并购中控制权配置的规制及影响

国家	控制权配置模式	外资并购中控制权配置规制要点	对控制权配置的主要影响
美国	市场型配置	敏感行业外资禁入 政府股东身份限制 并购导致的行业集中度控制 反强行并购规制	控股权获得 决策结构安排 控制权转移
德国	关系型配置	敏感行业外资持股比例审查 政府股东身份审查 并购导致的行业集中度控制 雇员利益保护	控股权获得 决策结构安排 激励机制构建
澳大利亚	关系型配置	敏感行业及超规模并购审查 政府股东身份限制 外资行业持股超限审查 雇员利益保护	控股权获得 决策结构安排 激励机制构建
巴西	关系型配置	敏感行业外资持股比例限制 外汇流动管制 并购导致的行业集中度控制 严格规制雇员权益保护措施	决策结构安排 激励机制构建
南非	关系型配置	关键行业外资禁入 外汇流动及融资规模管制 并购导致的行业集中度控制 严格规制雇员权益保护措施	决策结构安排 激励机制构建

5.3.4   东道国对外资并购中控制权配置监管规制比较的实践意义

美国、德国、澳大利亚、巴西和南非等国家都是中国企业海外并购中重要的目标企业所在国，在不同的国家开展海外并购除了基于 DIM 特征对目标企业治理环境进行分析，还必须重视东道国法律规制等制度环境对外资并购中控制权配置方面的影响。法律和制度环境是主并方获得控股权的限制因素，但同时也是主并方股东收益的决定因素（Isabel & Susana，2011），东道国的制度环境不仅影响跨国并购的区位选择，同时也会影响并购绩效（Kose et al.，2010）。尽管在 DIM 方法分析中发现，美英区域国家政府对经济干预较少，但在制度环境分析中发现，美国与德国、澳大利亚等国对外资并购仍然存在较多的规制限制。中国企业在开展海外并购活动中必须重视东道国这些规制，并购过程中采取适应性策略相机配置控制权。具体策略包括：（1）对于涉及东道国国家安全审查的敏感领域审慎参与并及时申报；（2）针对不同区域、不同行业领域目标企业的并购，科学设计股权参与比例，适当控制股权集中度；（3）积极进行反垄断及公平交易审查申报；（4）谨慎应对工会及雇员利益诉求，把劳动雇佣与激励机制构建紧密结合起来；（5）对于中国国有企业股东身份上的敏感性问题，通过引入战略合作伙伴进行混合所有制处置，模糊收购方的身份，策略应对西方发达国家对中国国有企业股东身份限制及政治性歧视行为。

5.4
本章小结

中国企业海外并购主要集中在北美、欧洲、东亚、澳洲区域的 10 个主要国家。首先从区域层面看，不同区域的企业治理环境特征存在着较多的差别。用决策结构（D）、信息结构（I）、动力结构（M）为治理特征变量对四个区域进行比较发现，当股权结构分散，公司信息通过外部市场获得性强且获得成本较低时，企业控制权可选择市场型配置模式，公司内部通过强化中短期激励把管理层利益与公司利益捆绑，将控制权配置给管理层，控股股东只对关键资源点控制；当股权结构集中，股东参与公司控制与监督的成本相对较低时，企业控制权可选择关系型配置模式，重要股东依托公司内部信息通过积极参与内部治理进行整体控制，并通过与利益相关者合作，以及构建内部稳定的晋升通道、长期的绩效考核机制把各利益相关者利益与股东利益协调起来实现共赢。其次从国别层面看，东道国的制度环境对外资并购中的控制权配置有着不同程度的制约。选取中国企业海外并购集中的五个国家进行典型案例分析发现，东道国制度环境是外资并购中控制权配置的重要调节因素。东道国制度规制主要集中在股权结构安排、反垄断、就业保障三个方面，影响控制权初始配置的控股权比例、决策结构安排以及激励机制的构建。基于区位差别下企业治理环境和东道国制度环境的影响，本章建议中国企业在不同区域开展并购活动时应当尊重区域企业治理环境特征，适应性选择关系型配置模式或者市场型配置模式构建控制权体系，并对具体目标企业的 DIM 治理特征进行评价，围绕相应的控制权配置模式完善影响控制权配置的薄弱环节；同时重视东道国法律规制等制度环境对外资并购中控制权配置的影响，在行业准入、股权集中度及股东身份等方面策略应对，相机配置控制权。本章的主要贡献在两个方面：一是梳理了主要区域、主要国家影响控制权配置的治理环境和制度环境因素，讨论了海外并购中与这些环境相适应的控制权相机配置策略，为中国企业海外并购实践提供参考；二是开发了基于控制权配置的 DIM 特征分析模型，该模型不仅可作为中国企业海外并购中基于区位差别的控制权配置模式选择分析工具，也可借助该模型对海外并购中的具体目标企业进行个体 DIM 特征分析，为科学配置控制权提供参考。

第 *6* 章

海外并购中战略目标的差异与
控制权相机配置

本章采用跨案例比较研究方法对海外并购中基于战略目标差异的控制权相机配置问题进行研究。针对海外并购中自然资源寻求型和无形资源吸收型两类目标,通过资源属性对跨国转移影响的分析,本书以假说形式提出了 6 个命题。然后分别采用一般描述性案例分析与典型跨案例分析对相关假说进行验证。在一般描述性案例分析中,选择十大成功并购事件与十大失败并购事件进行对比;在典型跨案例分析中,选择极具影响的 3 大公司对比分析其海外并购中的控制权配置策略及配置效果。通过相关案例分析在验证 6 个假说的基础上,对基于战略目标差异的控制权相机配置策略进行讨论。

6.1
研究方法及分析路径

采用跨案例比较研究方法进行研究是因为:(1)本章研究的问题是回答"怎么样"和"为什么"的问题,因此适合采用案例研究方法进行分析(Yin,1994);(2)与单案例研究相比,采用多案例比较研究在方便数据收集的同时,研究几个案例间的共性和特性相互印证、互为补充,通过逻辑复制和拓展,可得到比单案例更具普适性的理论(Yin,1994);(3)本章采用描述性案例研究与探索性案例研究相结合的分析方式,是在现象和其背景界限不清晰的情况下,使用多种资料源,对现实背景下的现象进行调查的实证研究(Yin,2003)。

在第 4 章中基于 Wind 数据库数据对 2005 ~ 2012 年按部门/行业划分的中国企业海外并购分布情况进行的分析表明,中国企业海外并购分布在初级部门的采掘业；制造业中的机械与工业制品、电子电器设备、汽车及其零部件；服务业中的金融业、商业服务、仓储、运输及通信业。进一步研究发现，针对上述三类产业的海外并购有两类不同的战略目标：对一类产业并购主要为获得能源、矿产等自然资源；对二类、三类产业并购主要为获得品牌、技术、人才及市场销售网络等无形资源。因此，本章将海外并购的战略目标划分为两种类型：一类是自然资源寻求型并购；另一类是无形资源吸收型并购。

根据本书第 2 章中设计的"企业控制权相机配置的影响因素分析框架"、第 3 章中设计的"企业跨国并购中控制能力测量模型"对两类战略目标下的主并企业及目标企业特征综合分析发现，海外并购中，外部整体环境层面因素、局部个体环境层面因素以及内部资本配置层面因素会基于并购战略目标不同而发挥不同的约束作用，因此，本章将从三个影响层面在两类案例企业控制权配置的约束作用对比中讨论海外并购中的控制权相机配置策略。

6.2
自然资源寻求型海外并购与控制权配置

自 20 世纪 90 年代以来，中国企业即开始走出国门寻求油气和各种非油气矿产资源以解决中国经济持续增长中自然资源的短缺问题。特别是在 2008 年金融危机及后危机时期的 3 年时间里，中国企业海外并购呈现跳跃发展之势，其中又以矿产、油气等资源寻求为目标的海外并购表现最为活跃。但在这类并购快速增长的同时，在并购谈判及并购之后的整合过程中的控制权配置方面也出现了诸多问题，一些规模较大的以自然资源为目标的海外并购屡屡受到来自东道国政府、利益相关者、竞争对手等多方面的阻挠，或在控制权配置中设置较多限制性条款，很大程度上影响了这类并购的绩效。与一般获得控制权为目标的并购相比，更接近追求财务性目标的自然资源寻求型并购应该更为简单，更容易成功，但由于在海外并购中国家安全因素、政治因素、就业因素等非经济因素被东道国置于重要位置考虑，使得这类并购在控制权跨国转移方面增加了很多不确定性，企业在海外实施这类并购时，应该根据东道国的限制性规定，相机配置目标企业的控制权。

6.2.1　自然资源的特性对跨国转移的影响

自然资源是指地球提供给人类衣、食、住、行、医所需要的物质原料，主要包括淡水、森林、土地、生物种类、矿山、化石燃料（煤炭、石油和天然气）六大类。自然资源分为可再生资源和不可再生资源两大类。本书强调的自然资源指的是不可再生的石油、煤炭、天然气和其他所有矿产资源。这类自然资源具有可用性、稀缺性、空间分布不均衡性和区域性特点。

1. 自然资源的可用性与跨国转移。

不同的自然资源功能、品质不同，其利用价值也存在较大的差异。正是基于不同自然资源效用上的差异，国际市场上矿产资源形成了垄断格局，主要是关键资源产品的定价权被垄断组织或几家大公司所控制，中国企业通过收购国外矿业企业，增加对石油、天然气、铁矿石、铜、铝等关键自然资源的储备时，一是要考虑所并购资源的关键效用，巩固企业资源基础；二是要考虑所并购资源的品位，填补国内资源缺口；三是稳定供给渠道，减少对关键资源型商品供应商的依赖，动摇其垄断地位，提高对国际矿产资源市场价格波动的抵御能力，最终影响自然资源型商品跨国转移的国际定价权。

2. 自然资源的稀缺性与跨国转移。

石油、煤炭、天然气和其他所有矿产资源作为自然资源，具有不可再生性，而社会经济中三大产业的持续发展都需要资源作为基础，因此，与持续的需求相比，不可再生的自然资源会越来越少，也越来越体现出稀缺性。正是由于自然资源的稀缺性，西方发达国家的资源型企业对全球矿产资源的控制程度不断提高，使自然资源的供求市场呈现明显的"卖方市场"特征。这种形势下，自然资源的跨国转移不仅会受到东道国的限制，也会受到垄断性卖方的阻挠。另外，资源的稀缺性也直接引出国家资源安全问题。一国的资源安全取决于资源自给的程度，进口资源数量的充足性、供应的持续性和价格的合理性（Melvin et al. , 1978）。在中国国内资源储备日益短缺的情况下，获取境外矿产资源已经成为中国资源安全的重要问题，但这也同时成为东道国及政客们阻挠中国企业在海外实施资源型企业并购的借口。

3. 自然资源的区域性与跨国转移。

自然资源在空间分布上呈现出不均衡的特点，有些国家和地区自然资源丰富，有些国家和地区自然资源则比较匮乏。另外，自然资源丰富的国家和地区也体现在个别资源品种的丰富之上。正是不同国家和地区的自然资源禀赋状况差异较大，因此丰富的自然资源是一个东道国的重要区位优势，对出于资源寻求动机的海外直接投资具有较强的吸引力。2009 年中国自然资源寻求型海外并购总额的 44% 发生在澳大利亚、加拿大这样的传统资源大国，主要是由于这些国家拥有丰富的自然资源储量。由此可见，自然资源的区域性分布特性使得少数国家和地区对自然资源的跨国转移有较多的话语权。

4. 自然资源的物化资本属性与跨国转移。

自然资源呈现出典型的物化资源特性，便于计量和定价，这使物化资源与财务资本一样呈现出资本资源特征。自然资源这种物化资本属性对其跨国转移有着四方面的影响：一是资源价值的易于计量使跨国交易变得容易；二是物化资本的相对独立性使其在跨国转移中对其他要素的依赖性降低，有利于单独转移；三是投资者的货币收入与企业总收入高度相关；四是基于地理距离的影响，自然资源跨国转移的物流成本较高。

6.2.2　控制权配置各影响因素对自然资源跨国转移的制约

1. 外部环境因素的制约

外部环境层对控制权配置的制约主要体现在东道国经济环境、政治环境、法律环境和社会文化环境的影响方面。

首先，东道国经济大环境和政治环境状况的影响。基于自然资源的物化资本属性，经济大环境状况直接影响其跨国转移中的控制权配置。当经济处于低谷时，卖方的谈判能力降低，此时不论是在资源的可获得上还是在定价上以及在控制权配置方面都比较有利于买方；而经济状况转好时，卖方的谈判能力上升，此时则不利于控制权向买方转移。2008 年金融危机后中国企业自然资源寻求型海外并购大幅度增加就与卖方的经济环境状况不佳有高度的相关性，而 2009 年中国铝业 195 亿美元入股力拓遭卖方违约，也与出售方经济环境好转而致话语权增加直接相关。政治环境的相对稳定也是资源跨国转移的先决条件，政治环境不稳定会大大增加海外投资风险。东道国政府改组的频率、权力移交的平稳程度，一届政府与另一届政府政策的连续性，以及政府对经济的干预程度等，都会影响到自然资源跨国转移中的控制权配置。另外，由于国家安全动因的存在，自然资源跨国转移不仅会对资源国造成影响，还会触及其他消费国以及利益集团的战略和经济利益，于是这些国家或竞争对手、社会利益群体会假借国家安全名义阻挠并购、破坏并购，以此谋取私利的行为屡屡发生。因此，商业行为政治化也强化了政治环境对自然资源型跨国转移中控制权配置的制约作用。同时，为照顾各利益相关群体的利益，东道国政府也会把维持管理层雇佣、不裁员等作为控制权转移的附加条件由主并企业承诺。

其次，资源集中区域的东道国法律规制。基于某些关键自然资源的战略效应，即使是美国、欧盟、日本等西方发达国家，政府对这类资源的跨国转移也都有不同程度的限制，不论是在外资投资比例上还是在外资入股后的控制权配置上都会通过相应的法律规制进行约束。例如，2005 年 7 月，为阻止中海油对美国优尼科公司的并购，美国参众两院不惜用临时通过能源法案新增条款方式，要求政府在 120 天内对中国的能源状况进行研究，研究报告出台 21 天后才能确定是否批准中海油对优尼科的收购，这一法案的通过基本排除了中海油成功竞购优尼科公司的可能；在澳大利亚，澳大利亚政府从 2012 年 7 月开始，通过立法对资源开采类企业开征高达 40% 的资源税，以此来抑制资源型企业控制权向外资转移；在蒙古国，2010 年 4 月，该国颁布总统令，无限期停止颁发新的探矿证并停止转让探矿证、采矿证给外资企业，这使得若想在蒙古国自然资源领域投资，外资企业只能采取股权合作的方式与蒙古国企业共享目标企业的控制权。

最后，资源集中区域的社会文化约束。第 5 章中讨论了美英、德日、东亚以及澳洲区域公司治理特征及控制权配置特点。不同区域的公司控制权配置模式很大程度上是与社会文化环境高度融合的产物。在自然资源的海外并购活动中，尽管该类并购的财务性并购特征较明显，但这类并购在控制权配置中仍然要与社会文化环境融合，这样才能保障并购过程及整合目标的顺利实现。例如，在中海油并购美国优尼科公司中，当时社会层面反驳中海油并购的一个关键理由是中海油的企业性质和企业组织架构。他们认为中海油缺乏完善的公司治理结构，接受大量的政府补贴，没有强硬的市场财务及信贷约束，这与美国人天性反对大企业和大政府的文化习俗相一致。另外在意识形态领域，中国与美国的主流意识形态存在较大差异，本身就存在较多的文化冲突。面对社会各层次的质疑，中海油低估了美国社会文化对中国国有企业海外扩张的阻碍力量以及该事件在美国被政治化后的公众影响力，没能做好充分的沟通，最终致使该次并购失败。

根据上述分析，我们可以认为：

假说1：基于自然资源的稀缺性、关键效用、区域分布和物化资本的特性，自然资源获得型海外并购的控制权配置更容易受外部环境因素制约。

2. 局部个体因素的制约

局部个体因素指的是源于并购双方的交互影响因素，主要包括并购双方在战略上的依附性、对目标企业治理和监督机制的有效性以及目标企业运行环境的不确定性程度。

首先，并购双方战略依附性的影响。哈斯帕拉夫和杰米森（Haspeslagh & Jemison，1991）在实证研究中指出，并购后在权力分配中起决定性作用的因素是"战略依赖性的需要"。尽管自然资源是具有较高独立性的物化资本，但这种资本价值的实现也仍然需要产业链内企业的有效契合。并购双方能否在产业链上高度关联，双方在战略上是否具有较高的协同性直接关系到并购后目标企业的绩效，因此，主并企业对目标企业的战略协同能力很大程度上影响着目标企业控制权的配置。20世纪80年代末，日本企业曾挟日元升值之势大手笔抄底美国资产，但因当时参与抄底的日本企业大多是贪图美国企业资产便宜而非战略协同的驱动，结果并购10年后纷纷落得仓皇北顾。历史经验证明，战略协同性同样是以自然资源为目标的海外并购中影响控制权配置的重要因素。

其次，监督和激励机制有效性的制约。阿吉翁和伯尔顿（1992）在讨论投资者与经营者如何相机配置控制权时指出，如果经营者收益与总收益线性相关，那么企业最好由经营者控制；如果货币收益与总收益线性相关，那么企业最好由资本所有者控制。在以自然资源为基础的企业中，体现出明显的货币收益与总收益的线性相关性，因此基于阿吉翁和伯尔顿（1992）的观点，这类企业的并购由主并企业掌握控制权更有利于并购目标的实现。本书在讨论控制权配置系统时发现，控制权配置是公司治理系统中以控制权配置为核心的权利制衡体系的构建，它是企业决策机制、监督机制和激励机制的有效融合过程。按照这一认识，在所有者控制的基本前提下，以自然资源为目标的企业海外并购中，监督机制和激励机制的作用会相应弱化。

最后，目标企业经营环境不确定性程度的影响。尽管以自然资源为基础的企业受外部环境影响较大，但比较而言，这类企业的资源基础相对稳定，企业自身运行的不确定性要远低于以技术资源和市场资源为资源基础的企业。本书在关于谁该拥有企业控制权的讨论中发现，物质资源（包括资金、实物等有形资源）的提供者多为股东，且物质资源的可控性较强；非物质资源（包括技能、渠道、关系网络等）的提供者多为高管团队，这种资源的可控性相对较差。按照希克森等（1971）的战略相机状态理论的观点，在处理企业战略实施中所面对的不确定性时谁最具关键作用谁就应该拥有控制权。基于这一理论思想，本书认为，企业所处行业领域不同，影响其战略实施的外部环境因素及影响程度也就不同，从战略相机状态角度看，越是处于高不确定性中的企业，专业技能、信息等人力资本对战略实施的作用就越大，人力资本的提供者对控制权的承载能力就越强；而越是处于低不确定性中的企业，股权资本对企业战略实施的影响会越突出，股权资本的拥有者对控制权承载能力就越强。

根据上述分析，我们可以认为：

假说 2：相比于以技术资源和市场资源为目标的海外并购，自然资源获得型海外并购中，主并企业的战略协同能力对控制权配置的影响较大，目标企业经营环境不确定性程度相对较低，这类并购中目标企业的控制权更适合于配置给股权资本投资者。

3. 内部资本因素的制约

内部资本因素主要体现在所有权结构和资本结构两个方面。

首先，所有权结构的制约。对于资本密集型企业来讲，股权资本的重要性会更突出，正是基于这一原因，本书在前述分析中发现，在以自然资源为目标的海外并购中，东道国政府以及社会各利益相关群体都对目标企业股权跨国转移行为显示出高敏感性。一是对持股比例比较关注，规模较大和并购比例较高的事件受到抵制的程度会更高；二是对主并企业的股东身份比较敏感，国有身份更容易被曲解为国家控制，在股东控制比较适合的自然资源并购领域，东道国政府更难接受国家资源被另一国家控制。

其次，资本结构的制约。在以自然资源为目标的企业海外并购中，通常逻辑是以投资方的财务资本换取东道国目标企业的物化资源。要实现这一"双赢"，东道国政府及目标企业通常基于两个考虑：一是获得直接的资源开发资金支持，以资源换现金；二是维持或扩大目标企业的就业，解决社会问题。基于东道国及目标企业的这种追求，在以自然资源为目标的海外并购中，主并企业的资金实力及外源融资能力成为制约目标企业控制权配置的重要因素，以通过提升目标企业负债率为融资来源的杠杆收购会大大降低主并企业的并购成功率。

根据上述分析，我们可以认为：

假说3：在以现金换资源为主要特征的自然资源获得型海外并购中，中小规模、低比例的并购更容易实现；主并企业的财务实力和对目标公司潜在的资金支持能力是有效控制目标企业的基础条件。

6.2.3 自然资源寻求型海外并购中的控制权相机配置：案例分析

1. 一般描述性案例分析

2008～2010年是中国企业海外并购比较频繁的3年，尤其是2009年，以资源为目标的海外并购交易总额占到了全部境外并购交易额的90%以上。为此，本书首先将这期间十大成功并购事件与十大失败并购事件进行比较，讨论自然资源寻求型海外并购中的控制权相机配置策略问题。

（1）案例选择。

本书选择的十大成功并购事件与十大失败并购事件的标准主要有三个方面：第一，并购交易额。在同一时期或同一领域并购交易额相对较大。第二，社会关注度。并购事件本身的商业价值、对并购双方以及母国和东道国的影响以及社会媒体对并购的报道等所体现的市场关注度较高。第三，并购战略参考价值。并购事件对并购双方以及母国和东道国的借鉴意义大，对产业和行业发展的影响作用明显。

根据上述标准，本书选择的2008～2010年间自然资源寻求型海外并购十大成功并购事件和十大失败并购事件如表6-1和表6-2所示。

表6-1 2008～2010年自然资源寻求型海外并购十大成功并购事件

序号	并购时间	主并企业	目标公司	目标区位	并购模式	并购内容要点	并购比例（%）	交易金额（亿美元）	支付方式
1	2009.03	湖南华菱	FMG公司	澳大利亚	协议收购	湖南华菱购买FMG的股权	17.4	6.00	现金
2	2009.04	中石油、哈国家石油	曼格什套公司	哈萨克斯坦	协议收购	中石油、哈萨克斯坦国家石油公司联合收购曼格什套油气公司	100	50.00	股东贷款
3	2009.06	中国五矿	OZ矿业公司	澳大利亚	协议收购	收购OZ公司铜、铅锌和镍矿等资产	100	13.86	现金

续表

序号	并购时间	主并企业	目标公司	目标区位	并购模式	并购内容要点	并购比例（%）	交易金额（亿美元）	支付方式
4	2009.08	中国石化	Addax公司	瑞士	要约收购	高于市价47%要约收购Addax公司股权	100	72.40	现金
5	2009.10	兖州煤业公司	Felix公司	澳大利亚	要约收购	通过兖煤澳洲公司现金收购Felix全部股权	100	29.50	现金
6	2009.11	四川汉龙集团	Moly Mines	澳大利亚	协议收购	定向增发新股收购澳大利亚钼矿公司股权	51	2.00	现金
7	2009.12	铜陵有色与中铁建	考伦特资源公司	厄瓜多尔	协议收购	铜陵有色联手中国铁建收购加拿大考伦特资源公司股权	66.67	6.56	现金
8	2010.03	中石油、壳牌	阿罗能源公司	澳大利亚	要约收购	中石油与壳牌以各50%股份比例联合收购	100	17.50	现金
9	2010.04	中石化勘探	Syncrude公司	加拿大	协议收购	收购康菲持有的Syncrude公司股权	9.03	46.50	现金
10	2010.05	中投、畔西公司	加拿大重油资产	加拿大	协议收购	共同组建合资公司，中投占45%股权，同时持5%畔西股权	100	12.52	现金

注：成功的案例是指并购交易完成。交易货币为非美元时，交易金额按事件发生时汇率换算取得。

资料来源：作者根据 Wind 并购数据库数据及调研资料整理。

表 6 - 2　　　　　**2008 ~ 2010 年自然资源寻求型海外并购十大失败并购事件**

序号	并购时间	主并企业	目标公司	目标区位	并购模式	并购内容要点	并购比例（%）	交易金额（亿美元）	支付方式
1	2008.07	中金岭南公司	先驱资源公司	澳大利亚	要约收购	要约收购澳大利亚先驱资源公司全部股权	100	5.00	现金
2	2009.06	中国铝业公司	力拓集团	澳大利亚	投资入股	中铝公司增资力拓，持股比例将由9.3%增至约18%	8.7	195.00	现金
3	2009.07	中石油中海油	YPF公司	阿根廷	要约收购	要约收购雷普索尔阿根廷子公司YPF的股权	100	226.00	现金
4	2009.09	中海油中石化	马拉松安哥拉业务	安哥拉	协议收购	收购马拉松公司持有的安哥拉32石油区块权益	20	13.00	现金

续表

序号	并购时间	主并企业	目标公司	目标区位	并购模式	并购内容要点	并购比例（%）	交易金额（亿美元）	支付方式
5	2009.09	中色集团	Lynas Corp	澳大利亚	协议收购	收购 Lynas Corp 公司股权	51.66	2.50	现金
6	2009.09	中石油集团	Verenex公司	利比亚	要约收购	要约收购 Verenex 能源公司股权	100	4.60	现金
7	2010.07	紫金矿业	澳矿业公司	澳大利亚	要约收购	要约收购澳矿公司全部股权	100	5.00	现金
8	2010.07	首钢集团	吉布森山公司	澳大利亚	协议收购	收购吉布森山铁矿股份及股份选择权	19.72	2.30	现金＋贷款
9	2010.09	中化集团	加拿大钾肥	加拿大	要约收购	要约收购加拿大钾肥公司全部股权	100	436.00	现金
10	2010.10	中海油公司	Jubilee油田	加纳	协议收购	竞购加纳 Jubilee 油田股权	23.5	50.00	现金

注：失败案例的发生时间为受阻停止收购时间。交易货币为非美元时，交易金额按事件发生时汇率换算取得。

资料来源：作者根据 Wind 资讯并购数据库数据及调研资料整理。

（2）案例比较。

对比表6-1与表6-2中成功与失败的并购事件，可以发现在控制权初始配置上具有以下四个方面的特点。

第一，并购股权比例上未显示出部分并购与全额并购的差别，但并购的总规模是影响成功与否的重要因素。数据显示，十大成功并购事件的总交易金额为256.84亿美元，而十大失败并购事件的总交易金额为939.40亿美元，失败金额是成功金额的近4倍。可见总规模较小的并购行为成功率高，总规模较大的并购行为成功率低。

第二，股东身份是影响控制权转移的重要因素。十大失败并购事件的主并企业除了首钢集团和紫金矿业2家外，其余8家均为"中字号"中央直属企业。而十大成功的并购事件中尽管"中字号"国有企业仍是主力，但地方企业、民营企业等非中央直属的企业已经占到一半，并且，成功事件中的央企——中石油的两宗并购都属于联合境外公司进行的混合并购，性质上并不属于纯粹的国有企业海外并购。中投公司的海外投资是与境外的信托投资公司合资的，也不属于纯粹的国有企业海外并购。这一方面反映了国有企业是海外并购的主力；另一方面也反映出国有企业的身份，特别是标志为"中字号"的中央直属企业在自然资源寻求型海外并购中更难以获得控制权。

第三，协议收购是控制权获得的较好方式。十大成功的并购事件中有 7 件采用的是协议收购方式，有 3 件采用的是要约收购。在 3 件要约收购事件中，中石油成功收购阿罗能源公司和兖州煤业收购 Felix 公司都是在接受事前约束性"限制性条件"下完成的，属于协议与要约的混合性并购，如果扣除这 2 件并购事件，纯粹通过公开市场完成的要约收购只有中石化收购瑞士 Addax 公司 1 项。而在十大失败的并购事件中有 5 件选择的是要约收购。协议收购是在买方、卖方及目标公司充分沟通的基础上实施的友好并购，这种并购方式强调参与并购各方的多赢，尤其强调买方与目标公司战略的一致性，充分考虑主并企业对目标公司未来发展的支持作用，容易被并购各方接受。而要约收购是通过公开市场进行的竞价收购，不仅收购成本高，更容易招致竞争对手的竞购，增加控制权获得的难度。可见，通过公开市场进行要约收购并不是自然资源寻求型海外并购的理想方式。

第四，现金支付是控制权获得的基本支付工具。不论是十大成功的并购事件还是十大失败的并购事件，除两件并购中涉及股东贷款支付以外，其余都采用现金支付。这反映出在自然资源寻求型海外并购中，卖方极为偏好现金交易，这种偏好一方面体现了卖方的现金流需求状况是影响其出让股权愿望的重要因素；另一方面也隐含了购买方的财务实力和对目标公司潜在的资金支持能力是获得控制权的重要影响因素。

表 6 - 3 是 2008 ~ 2010 年中国自然资源寻求型海外并购十大失败并购事件在控制权配置方面原因的进一步归纳。

表 6 - 3　　　　　　2008 ~ 2010 年中国自然资源寻求型海外
十大失败并购事件失败原因

序号	并购案例	并购失败的具体事由	控制权配置影响因素
1	中金岭南并购澳大利亚先驱资源公司	竞购方 Calipso 投资不断提高对先驱资源的收购报价超出其承受限度	竞争对手争夺
2	中国铝业入股力拓集团公司	基于各方面压力，力拓集团董事会单方面撤销双方战略合作交易的推荐	企业运行环境改变
3	中石油、中海油并购 YPF 公司	南美洲蔓延的石油资产国家化潮流的潜在风险，最终放弃竞购	国家资源控制

续表

序号	并购案例	并购失败的具体事由	控制权配置影响因素
4	中海油、中石化收购安哥拉石油区块	安哥拉政府行使优先先购权,因此中方公司放弃联合收购	国家资源控制
5	中色集团并购 Lynas Corp 稀土	中色集团未接受澳大利亚外国投资审查委员会的限制条件,选择终止交易	国家资源控制
6	中石油集团收购 Ve-renex 能源	收购过程受到利比亚政府方面的阻挠	国家资源控制
7	紫金矿业收购澳大利亚铜金矿	要约收购若干先决条件未完成	企业财力限制
8	首钢集团收购吉布森山铁矿	澳大利亚收购委员会以违反《公司法》为由叫停本次交易	国家资源控制
9	中化集团收购加拿大钾肥	竞争对手必和必拓公司恶意竞购	竞争对手争夺
10	中海油收购加纳油田	目标股权所有者 Kosmos 公司改变主意不愿意出售股权	企业运行环境改变

(3)研究发现。

根据表6-3的资料进一步分析失败的海外并购在控制权配置方面的原因可以发现,2008~2010年中国自然资源寻求型海外十大失败并购有5件是由于东道国国家政策法规限制;有2件是竞争对手竞购;有2件是企业运行环境(主要是现金流状况)改变而终止出售;有1件是购买方现金流制约。这些数据反映了自然资源寻求型海外并购中,来自外部环境因素的东道国政府的规制约束是影响控制权转移的首要因素,竞争对手争夺及并购双方内部运行因素则居于次要地位。

综合以上对2008~2010年中国自然资源寻求型海外并购十大成功事件和十大失败事件的描述性案例分析可以发现,自然资源获得型海外并购的控制权初始配置中,东道国环境因素制约较大,验证了本书的假说1;在以现金为基本支付方式的自然资源获得型海外并购中,中小规模的并购更容易成功,主并企业的财务实力和对目标公司的潜在资金支持能力对控制权转移有重要影响,假说3的绝大部分得到了验证。由于相关数据尚不能验证战略依赖对控制权配置的影响,对相关假说还要进一步进行典型个案分析。

2. 中海油、兖州煤业、吉恩镍业海外并购中控制权配置策略的跨案例分析

之所以选择中海油、兖州煤业和吉恩镍业三个案例进行对比，主要基于：第一，控制权配置问题涉及的很多内容都是公司内幕信息，较为隐蔽，难以通过公开渠道获取（赵晶等，2014），本书选取的 3 家公司同属上市公司，公司相关并购资料公告及媒体披露较充分，且 3 家公司都有经典的并购事件，便于本书深入分析；第二，3 家公司并购事件发生的主要区域分别在澳大利亚、加拿大和美国，处在本书第 5 章所划分的不同区域之中，便于结合区域差别下控制权配置模式选择进行针对性分析；第三，3 家公司虽然同属于国有企业，但中海油是典型的央企，兖州煤业则为地方国企，而吉恩镍业虽然也是地方国企，但更类似混合所有制企业。股东身份的差别有助于分析在海外并购中控制权配置中的政治歧视问题。第四，从规模和实力上看，3 家企业分别处于大、中、小三个层次，有利于对主并企业能力与控制权相机配置问题展开分析。

（1）三家公司海外并购情况简介。

中海油、兖州煤业和吉恩镍业是中国企业中走向海外实施海外并购比较典型的企业。表 6 - 4 是 3 家企业 2005 ~ 2012 年海外并购简要情况归纳。

表 6 - 4　　　　中海油、兖州煤业和吉恩镍业海外并购事件概况

案例企业	时间	海外并购事件	典型事件
中海油	2005. 06 2010. 05 2010. 11 2011. 11 2012. 02 2012. 07	以要约价 185 亿美元收购美国优尼科石油公司 100% 股权 收购阿根廷布里达斯能源控股有限公司 50% 股权 购入美国切萨皮克公司鹰滩页岩油气项目 33.3% 的权益 以总价约 21 亿美元协议收购加拿大 OPTI 油砂公司 100% 股权 以 14.67 亿美元收购英国图洛石油公司乌干达项目 33.3% 的权益 以 151 亿美元收购加拿大尼克森能源公司 100% 股权	要约收购美国优尼克石油公司失败；协议收购加拿大尼克森能源公司成功
兖州煤业	2006. 10 2009. 12 2011. 08 2011. 09 2011. 11 2011. 12	以协议总价款约 0.23 亿美元收购澳大利亚南田煤矿的 100% 资产，并更名为澳思达煤矿 以约 28 亿美元要约收购菲利克斯公司 100% 股权 以约 2 亿美元收购澳大利亚新泰克控股公司与新泰克 II 控股公司 100% 股权 以 2.6 亿美元收购加拿大阿康公司在加拿大萨省 19 项钾矿资源探矿权 100% 权益 兖煤澳洲公司以"现金 + 股权置换"资本运作方式合并澳大利亚格罗斯特煤炭公司 以约 2.65 亿美元收购澳大利亚普力马煤矿和西农木炭 100% 股权	有限制条件要约收购澳大利亚菲利克斯 100% 股权，成为中国企业最大煤矿业的海外并购

案例企业	时间	海外并购事件	典型事件
吉恩镍业	2009.04	以2 470万美元收购加拿大自由矿业公司51%股权	复杂的股权与债券购买式支付，收购加拿大皇家矿业公司100%股权
	2009.08	以约1.362亿美元要约收购加拿大皇家矿业100%股权	
	2009.08	以270万美元收购价款和280万美元有息贷款收购加拿大胜利镍业19.9%股权，成为胜利镍业控股股东	
	2012.01	以约9 100万美元要约收购加拿大黄金溪谷（GBK）100%股权	

资料来源：作者根据Wind资讯并购数据库数据及调研资料整理。

（2）三家公司海外并购中控制权配置策略的比较。

三家案例企业海外并购的控制权配置不同程度地受到了来自外部环境因素、局部个体因素和内部资本因素三方面因素制约，面对各影响因素的困扰，三家企业也采取了不尽相同的控制权配置策略以获得控制权并控制目标企业。

中海油的应对策略主要体现出以下特点：

一是在外部环境层面上树立良好的商业形象，处理好与各利益关系者的利益平衡，在能源安全与就业安全领域对东道国政府适当承诺。在对尼克森公司的并购过程中，中海油总结了之前五次海外并购的经验教训，尤其是汲取了对美国优尼科公司并购失败的教训，一方面积极与东道国政府及社会媒体做好公关沟通，展示自身市场化主体而非国家代表的商业形象，让东道国的官员和媒体对并购行为客观了解，不再偏激地看待中国国有企业的海外并购；另一方面，积极应对并购中直接利益关系者——尼克森公司原股东的利益诉求，在收购价款、战略合作等方面适当让步，最终在尼克森召开的股东大会上获得了99%的普通股持有人和87%的优先股持有人对此项收购的赞成并批准收购协议；同时，中海油为获得加拿大政府的支持，决定将其北美地区的总部迁到加拿大卡尔加里，承诺将在多伦多证券交易所二次上市，并承诺收购成功后，对尼克森整合会无条件全部保留收购前尼克森的3 000名管理层和普通员工，并同意董事会和管理层至少有50%由加拿大人出任，定期向加拿大政府报告生产数据，承担企业的社会责任，以消除政府在能源安全和就业安全方面的顾虑。

二是在局部个体层面按东道国法律规制构建目标企业完全独立的决策机构建制，在明确所有者所有权身份的基础上实施本土化管理，重视管理层及雇员的薪资激励。中海油在并购尼克森后，把尼克森的总部设在加拿大卡尔加里，公司控制权由董事会掌握。改组原董事会，将原 20 人的董事会缩减到 6 人，其中董事长一职由中方担任①，明确中方所有者的地位，董事成员构成中中加双方人员比例为 2∶4，加方人员在数量上占优。同时，维持较高的管理层及员工薪资水平，以此强化对管理层及雇员的激励。

三是在资本层面，实施联合并购、小比例股权并购、直接小规模项目资产购入，以此淡化资源并购的"国家安全"敏感性，通过股东贷款承诺赢取目标企业的支持。中海油的海外并购项目，除了失败的优尼科和成功的尼克森两宗外，其他几宗都是规模相对较小的并购，且有 3 宗为小比例权益的联合并购，这种与其他国家企业联合开展的并购更有助于消除东道国对中国企业"国家"身份的担忧。而对并购后目标企业提供股东贷款形式的注资承诺，一方面显示了主并企业的财务实力和信心，也是并购后通过财务角度显现的所有权能力掌控被并企业控制权的主要策略。

兖州煤业的应对策略主要体现出以下特点：

一是在外部环境层面上展示企业较高的所有权和内部化能力，妥善处理各利益集团的利益诉求，对东道国政府做出适当的资源、公司治理及就业安全保障承诺。为通过海外并购增加煤炭资源储量，兖煤从 2002 年开始就进入澳大利亚，特别是 2005 年初收购、2006 年整合完成的澳思达煤矿强化了兖煤的"品牌技术实力"。由于该矿自燃问题是技术难题，兖煤并购之前已经几易其手，接手者都无法解决自燃困扰致使该矿始终处于停产状态，兖煤接手后通过自身多年的煤炭采掘经验及能力，运用独有技术彻底解决了这一难题，重建该矿并于 2006 年恢复生产。该次并购的成功展示了兖煤在澳大利亚煤炭采掘领域的"技术能手"的形象，从而强化了兖煤的所有权和内部化能力，获得了澳大利亚政府和社会利益关系者的承认，澳洲借此兖煤成为进驻澳洲煤炭资源领域的首选企业，时任澳大利亚总理陆克文会见兖煤董事长王信时曾高度评价兖煤的"综采放顶煤专利技术"是适用于澳洲煤最好的采煤技术。同时，为向东道国政府及社会各利益关系者表明收购诚意和信心，除积极同各方沟通外，兖煤最大限度地接受了并购附加限制条件，向东道国政府做出适当的资源、公司治理及就业安全保障承诺。在兖煤收购澳大利亚菲利克斯公司的交易中，兖煤即向澳大利亚联邦财政部长和外国投资

① 中海油的首席执行官李凡荣担任了并购后的尼克森公司首任董事长。

审查委员会做出三点附加承诺：兖州煤业在澳大利亚的煤矿所生产的全部煤炭产品将参照国际市场价格、按照公平合理的原则进行销售，遵循市场化原则运作；由公司现有的澳大利亚全资子公司（兖煤澳洲）负责运营在澳大利亚的所属煤矿，管理团队和销售团队主要来自澳大利亚；兖煤澳洲最迟于2012年底在澳大利亚证券交易所上市，届时兖州煤业在兖煤澳洲中的持股比例减少至70%以下，并将其对菲利克斯资源公司四个煤矿的持股减少至50%，以缓解各界对外国所有权的担忧。面对这些承诺，澳大利亚政府主管官员明确表示，兖煤收购菲利克斯的交易符合澳大利亚国家利益。

二是在局部个体层面上由在东道国成立的全资子公司负责被并企业的控制，按东道国法律规制要求构建被并企业治理结构，明确主并企业在目标公司治理中的所有者地位基础上，聘用东道国职员实施本土化管理。兖煤为在澳大利亚并购矿产项目并实施海外企业的有效控制，2004年即在澳大利亚设立了全资子公司——兖煤澳洲公司，兖煤澳洲公司完全受控于兖煤集团公司，但在运营管理方面则完全本土化。兖煤澳洲公司的管理团队和销售团队以澳方员工占多数，因此，兖煤并购菲利克斯公司以后，由兖煤澳洲公司委派管理人员进行整合和控制，公司治理实施董事会决策，既保证了兖煤集团对被并企业的绝对控制权，同时由于除代表所有者身份的董事长①外，其他董事及管理人员又大都来自于澳大利亚本土，有利于被并企业按当地法律及商业惯例平稳、健康运营，也大大降低了东道国政府对资源安全和就业安全的担心。

三是在内部资本层面实施100%股权比例全额现金收购，在东道国直接整合项目资产进行上市融资，股东贷款支持被并企业。兖煤在海外实施的收购项目在股权安排上全部实施100%权益收购，这种安排与兖煤海外并购中所依托的"品牌技术当家"很好地契合，基于较强的所有权和内部化能力，全额收购既能被东道国和目标企业接受，也易于防止技术外溢。在资本结构上，兖煤集团通过兖煤澳洲公司直接负责在澳大利亚并购项目的整合和资本运作。在并购菲利克斯公司之后，2011年11月，兖煤及其全资子公司兖煤澳洲与澳大利亚格罗斯特煤炭有限公司签署《合并提案协议》，将兖煤澳洲部分资产与格罗斯特合并，兖州煤业、格罗斯特原有股东分别持有兖煤澳洲的77%、23%股份，兖煤澳洲于2012年6月在澳大利亚证交所正式上市，

---

① 兖州煤业董事长李位民出任了合并后在澳大利亚上市的兖煤澳大利亚公司首任董事长。

成为澳洲最大的独立煤炭上市公司。兖煤澳洲公司的上市不仅为兖煤集团国际化发展提供了更好的资本平台和融资平台，也强化了兖煤并购菲利克斯公司后控制权相机配置的话语权，并相机调整了之前的控制权配置承诺①。

兖煤在海外并购中不论是从并购投资还是从并购后的被并企业运营方面都采取了高财务杠杆的资本结构，据兖州煤业 2013 年年报披露，截至 2013 年末，兖州煤业对澳总投资 440 亿元中，自有资金投资仅为 67 亿元，占总投资的 15%；以低成本跨境贷款投资 373.5 亿元，占总投资的 85%。澳洲资产账面贷款投资为 48.55 亿美元，而这其中包括兖州煤业提供的内部贷款 20.15 亿美元，兖州煤业提供担保获得外部低息银行贷款 28.4 亿美元。高财务杠杆投资加快了海外扩张步伐，通过股东贷款也提升了对被并企业的控制力，但高财务杠杆也给投资方和目标公司埋下了现金流危机隐患②。

吉恩镍业的应对策略主要体现出以下特点：

一是在外部环境层面培育和提升企业的内部化能力，重视专业机构的聘用，妥善处理各利益相关者的利益诉求。吉恩镍业的海外并购项目主要集中在 2009~2012 年，如果抛开带有内部整合性质的对加拿大黄金溪谷（GBK）公司的要约收购，其并购项目主要集中在 2009 年，并购区域也集中在加拿大，吉恩镍业的海外并购项目具有很强的机会主义色彩。对于资金实力和技术实力都不占优的吉恩镍业来讲，如何赢得东道国政府及被并企业股东、管理层的认可困难相对较多。首先，吉恩镍业在加拿大注册子公司——吉恩加拿大矿业公司，确立主并企业东道国本土化管理和运营的主体；其次，寻找专业并购咨询机构进行东道国公关沟通；再次，顺势而为提升内部化能力。在自由矿业和胜利镍业两个项目的并购中，吉恩镍业相机利用了之前与两个目标公司业务往来中形成的债权债务关系，顺势而为由债权人转换成控股股东角色；最后，选择相对规模较小的目标企业实施小股权比例并购，在相对优势中显示自身内部化能力，同时为东道国的各利益相关方留有足够利益空间，大大降低了各利益相关方的抵触情绪。

---

① 2013 年 12 月 11 日，澳大利亚时任财长霍基（Joe Hockey）宣布，应中方要求，关于在菲利克斯公司并购项目中，要求兖州煤业在 2013 年 12 月底前将其持有的前菲利克斯资源公司四个煤矿煤炭资产经济权益降低至 50% 以下以及 2014 年 12 月 31 日前将兖州煤业在兖煤澳洲中经济权益降至 70% 以下等条件予以解除。

② 2013 年，兖州煤业子公司兖煤澳洲亏损 49.784 亿元，成为兖州煤业实施"走出去"战略以来海外公司最大的一次亏损，高财务杠杆是兖煤澳洲亏损的重要原因之一。

二是在局部个体层面，通过在东道国成立的全资子公司负责被并企业的整合和监督，按东道国法律规制要求构建被并企业治理架构，突出主并企业在被并企业中的所有者地位的同时，尽可能保留原管理团队。吉恩镍业在完成对加拿大自由矿业公司51%股权的收购后，重组了自由矿业董事会，在新董事会的7名董事中，中加人员占比为4:3，为强化财务监督，被并企业CFO由中方指定。吉恩镍业在完成对加拿大皇家矿业公司的收购后，也及时改组了皇家矿业的董事会，吉恩镍业拥有皇家矿业董事会的多数席位。吉恩镍业在各并购项目中，在管理团队的改组上都保留了大部分原管理团队成员，但在遇到个别不合作和不友善的外籍职员时，如果属于重点高管人员则果断解聘。

三是在内部资本层面，实施联合并购、低比例股权收购，进行相对规模较小的并购，通过增发新股购买与债转股等复杂支付方式并购，并通过股东贷款支持被并企业的后续发展。受自身所有权能力和内部化能力限制，吉恩镍业的海外并购及控制权配置能力较弱，为此，吉恩镍业首先选择与自身能力相比规模相当的目标企业作为并购目标，从自由矿业到皇家矿业再到胜利镍业，都属于规模相对较小的矿业企业。在规模稍大的皇家矿业的并购中则联合加拿大黄金溪谷（GBK）矿业公司实施联合收购，以提升对目标企业的控制权配置能力。其次是采取小股权比例收购，与东道国其他股东共同控制被并企业。在对皇家矿业的联合收购中，吉恩镍业占比75%；在对自由矿业的收购中，吉恩镍业控股51%；在对胜利镍业的收购中，吉恩镍业只持股19.9%。三宗并购中吉恩镍业都采取了非全资收购方式。再次是选择复杂的支付方式提升对被并企业的控制能力。吉恩镍业对自由矿业、皇家矿业和胜利镍业的并购都采取了非一次性现金支付的复杂支付方式。在自由矿业项目中采取的是增发新股认购注资与承债、债转股相结合的支付方式[①]；在皇家矿业项目中采取的是现金收购加承债的支付方式[②]；在胜利镍业项目

[①] 根据收购协议，该项并购中吉恩镍业公司以0.11加元/股的价格认购自由矿业85 732 763股普通股和186 994 509股优先股，共向加拿大自由矿业投资3 000万加元，认购完成后吉恩公司将取得自由矿业普通股的51%股权；同时自由矿业所欠吉恩镍业的约2 000万加元负债，在两年内自由矿业以现金或镍精矿偿还，两年后剩余的负债则以0.11加元/股的价格转换成普通股作为对自由矿业的投资。

[②] 吉恩镍业最终是以每股0.8加元收购皇家矿业100%的股权，以每1 000元面值的债券出价800元收购皇家矿业所有2015年3月31日到期的7%息率可转移高级无担保债。

中采取的则是股权购买加配股权注资再加股东贷款的综合支付方式①。复杂的支付方式反映了吉恩镍业在并购中除向卖方（目标公司原股东）支付股权收购款外，尤其重视对目标公司的注资，而向目标公司的注资则提高了目标公司对主并企业的资源依赖，成为主并企业控制权的基础。

中海油、兖州煤业和吉恩镍业三家公司海外并购中控制权配置策略要点如表 6 - 5 所示。

表 6 - 5　　　中海油、兖州煤业和吉恩镍业海外并购中控制权配置策略要点

案例企业	外部环境层面	局部个体层面	内部资本层面
中海油	● 树立良好的商业形象 ● 重视东道国舆论导向和舆情监控 ● 妥善处理重要且关键的直接利益集团的利益诉求 ● 做好与重要且关键的间接利益集团的公关沟通 ● 对东道国政府做适当的公司治理及就业保障承诺	● 强化目标企业在东道国的独立决策机构建制 ● 按东道国法律规制规范构建被并企业治理层次 ● 明确主并企业在被并企业治理中的所有者地位 ● 续聘原管理层及不裁减员工 ● 维持较高的薪资水平	● 实施联合并购 ● 低比例股权收购 ● 直接收购、合并项目资产 ● 现金收购 ● 股东贷款支持目标企业
兖州煤业	● 展示企业较高的所有权和内部化能力 ● 妥善处理重要且关键的直接利益集团的利益诉求 ● 做好与重要且关键的间接利益集团的公关沟通 ● 对东道国政府做适当的资源及就业安全保障承诺	● 在东道国成立全资子公司负责被并企业的控制 ● 按东道国法律规制要求构建被并企业治理层次 ● 明确主并企业在被并企业治理中的所有者地位 ● 聘用东道国职员实施本土化管理	● 实施 100% 股权比例全额并购 ● 现金收购 ● 在东道国直接整合项目资产 ● 海外独立上市融资 ● 被并企业高财务杠杆运营
吉恩镍业	● 培育和提升企业的内部化能力 ● 重视专业机构的作用 ● 顺势而为由债权人转换角色为控股股东 ● 妥善处理各利益相关者的利益	● 在东道国成立全资子公司负责被并企业的控制 ● 按东道国法律规制要求构建被并企业治理层次 ● 突出主并企业在被并企业治理中的所有者控制地位 ● 尽可能保留原管理团队	● 实施联合并购 ● 低比例股权收购 ● 进行相对规模较小的并购 ● 增发新股购买与债转股等复杂支付方式并购 ● 股东贷款支持被并企业

① 根据收购协议，吉恩镍业以 270 万美元购买原股东 Nuinsco 持有的胜利镍业 3 850 万股普通股，占胜利镍业总股本的 14.7%，并获得 3 850 万份胜利镍业的配股权；同时吉恩镍业向 Nuinsco 公司提供 280 万美元期限 2 年，年利率 8% 的借款。

（3）研究发现。

进一步将中海油、兖州煤业和吉恩镍业 3 家公司海外并购中控制权配置策略进行综合对比可以发现：

第一，东道国外部环境因素的影响与应对策略受到并购企业高度重视。3 家企业在具体的并购过程中尽管采取的应对策略有所差异，但与东道国政府及利益关系方坦诚的沟通，妥善处理各利益相关方的利益诉求是并购成功的重要前提。而作为大型国有企业的中海油以资本实力体现所有权能力，通过联合并购、小股权比例并购以及向东道国承诺来减少股东身份方面的压力；作为中型地方国有企业的兖州煤业则利用品牌技术所形成的所有权和内部化优势和高约束条件的承诺，高股权比例私有化海外项目，实现绝对控制；作为混合所有制的小型企业吉恩镍业则通过境外联合、小规模、小股权比例的并购提升自身的影响力，实现海外并购的小步快跑。但比较而言，吉恩镍业的小规模、小股权比例的并购行为更多是基于自身能力的考虑，中海油和兖煤的实践表明，以自然资源为目标的并购行为中股权比例对收益权和控制权稳定都呈现正相关关系。这 3 家企业的并购实践也验证了本书的假说 1——自然资源获得型海外并购的控制权配置更容易受外部环境因素制约；兖州煤业的并购实践则验证了本书的假说 2——自然资源获得型海外并购中主并企业的战略协同能力对控制权配置的影响较大；吉恩镍业的并购实践则验证了本书假说 3——中小规模、低比例的并购更容易实现。

第二，所有者掌控下的董事会决策、本土化管理是基本的控制权配置方式。3 家企业在并购后目标企业的控制权配置上都体现了所有者控制的特征。尽管 3 家企业在并购后都重视保留原有管理团队，但在董事会组建上董事长人选都由中方出任。比较而言，在董事会构建和对目标企业的控制力度方面，3 家企业呈现出由弱到强的配置，越是大型企业越偏向淡化所有者对并购后被并企业的控制，越是小型企业越偏向重视所有者对被并企业的控制。这种现象可能的原因是越是大型企业战略协同能力越强，对被并企业的控制更倾向于战略依赖下的自然控制；越是小型企业战略协同能力越弱，对被并企业的控制更倾向于组织控制下的行政控制。另外，所有者控制的安排也验证了阿吉翁和伯尔顿（1992）认为的如果货币收益与总收益线性相关，那么企业最好由资本所有者控制的观点。

第三，目标企业的财务依赖是提升主并企业控制权配置能力的重要手段。3 家企业在并购后被并企业的股权结构与资本结构安排中，都掺入了主并企业资金支持的内容。中海油与兖州煤业通过提供股东贷款的方式构建被并企业对控股股东的资金依赖关系，吉恩镍业则通过增发新股、配股权及转债、股东贷款等多种方式构建被并企业对控股股东的财务依赖关系。3 家企业这种资本结构安排的主要目的是通过由此形成的资源依赖关系来提升对目标企业的控制力。这种设计也表明，在以资源寻求为目标的海外并购中，中国企业的所有权能力仍然体现在资金实力方面，尽管战略依赖是兖煤获得控制权的重要影响因素，但以资金换资源则是 3 家企业获得和强化控制权基础的首要因素。

第四，初始配置不利的情形下应动态调整控制权配置。3 家企业在并购实践中都存在控制权初始配置与动态调整问题。企业海外并购中为完成交易通常会在控制权初始配置中做出一些让步，但这些让步如果阻碍到并购双方未来的战略或运营管理，则需要进行动态调整。在中海油并购尼克森过程中，中海油承诺保留下来的尼克森高管团队的薪酬水平不会降低，但尼克森CEO 500 万美元、CFO200 万美元的高薪不可避免会在中海油与尼克森高管团队间形成治理障碍，如何在中海油与尼克森之间建立公平的薪酬激励机制则是并购尼克森之后无法回避的动态调整内容。兖州煤业为并购菲利克斯获批，接受了澳大利亚政府苛刻的限制条件，并购完成后的 2013 年，兖煤澳洲借公司巨亏、股价低迷之机，连续 3 次向澳洲政府申请解除对兖煤澳洲公司股权减持的法定条件，最终得到澳政府批准，解除了兖煤对兖煤澳洲控股比例的限制。吉恩镍业在与加拿大黄金溪谷公司联合并购加拿大皇家矿业之后，在皇家矿业发展的决策中始终受限于黄金溪谷公司的不利影响，于是在2012 年发起对黄金溪谷公司的全面收购，在收购黄金溪谷公司后，吉恩镍业实现了对皇家矿业公司 100% 股权的控制。

第五，高财务杠杆投资与运营未必能提升被并企业管理层管理绩效。3家企业在并购过程中通过向被并企业提供股东贷款，借此提升主并企业控制力的做法也带来两方面副作用：一是当主并企业自身出现现金流困难而"违约"时，主并企业的控制力会骤然下降；二是当被并企业现金流充足而无需依赖主并企业时，也会造成对被并企业失控。另外，在自然资源采掘领域，公司绩效受产品价格波动的大环境影响较大，管理层的收益与公司总货币收益成正比，公司的高负债造成的公司经营压力会直接影响被并企业管理层收益，因此，被并企业过高的财务杠杆会挫伤管理层的积极性。以兖煤为例，2013 年度在国际煤炭市场持续恶化的大背景下，被并企业高负债运营并没有带来意外的管理绩效，兖煤澳洲资产陷入了大幅度亏损境地，加之跨市场的会计因素带来的巨额汇兑损益、高负债带来的利息费用以及煤炭跌价引发的资产减值准备金的计提，使得 2013 年兖煤澳洲税后利润亏损达到 49.78 亿元，兖州煤业在资源和资本市场饱受赞誉的海外并购成长之路也引发了市场广泛担忧。

第六，吉恩镍业在海外并购中采用复杂的支付方式提升自身控制能力的策略值得借鉴。吉恩镍业的做法不仅对被并企业日后的运营提供了资金支持，降低并购后主并企业的财务风险，也使主并企业通过复杂的支付方式使自身自然嵌套在被并企业的股东结构之中，享有和"创业股东"类似的地位，使控制被并企业的基础更为牢固。本书以 Wind 资讯并购数据库数据为数据来源，对中国企业海外并购中的对价支付策略进行了专题研究①，通过对 213 宗中国企业海外并购事件分析发现，中国企业海外并购中绝大多数交易选择了现金支付，一小部分选择了混合支付，极少选择股票支付。单纯的现金支付给主并企业带来较大的融资压力和财务风险的同时，对被并企业控制权配置也存在潜在的负面影响。为此，专题研究中也建议中国企业应通过采用不同的并购对价策略规避海外并购的财务风险和控制风险：一是鼓励中国企业通过注资方式实施海外并购；二是要充分利用境外资本市场完成对价支付；三是通过联合并购构建混合支付平台，同时也在一定程度上分散现金支付的财务风险和控制风险。

6.3
无形资源吸收型海外并购与控制权配置

无形资源是以知识技能形态存在的组织战略性资源，主要包括品牌、技术专长、组织文化、长期客户关系等以无形资产表现的组织资源（刘文纲等，2007）。同有形资源一样，无形资源也是企业核心能力的构成要素。企业获得无形资源通常有四条路径：市场化购买、战略联盟、内部研发和企业并购吸收（魏涛，2012）。由于无形资源本身独特的组织依附特性，市场化购买常常因"市场失灵"而难以实现，内部研发则需要较长的时间和较大的投入，战略联盟又缺乏稳定性，因此，并购吸收被看作是能快速获得无形

---

① 专题研究详细报告见马金城. 中国企业海外并购中的对价支付策略研究 [J]. 宏观经济研究，2012（10）：63 – 69.

资源的重要路径。随着中国企业国际化程度的不断提升，通过"走出去"快速获得互补性技术，通过技术消化吸收和利用，提升自身核心技术水平的海外并购战略目标已被越来越多的企业重视。但是，与有形资源比较，无形资源的跨国转移、消化和吸收受到更多因素的制约。因此，无形资源吸收型海外并购在目标企业的控制权配置上更需要重视各制约因素的影响，以减少冲突，实现并购双方有形和无形资源的高度协同。

6.3.1　无形资源的特性对跨国转移的影响

威斯通等（1998）、刘文纲等（2007）、魏涛（2012）等学者从不同的角度对无形资源的特性及对跨国转移的影响进行了分析，这些分析认为无形资源的依附性、专属性、隐默性和适配性是影响其跨国转移的关键特性。

1. 无形资源的依附性与跨国转移

企业的无形资源依附于企业的有形资源，无形资源协同作用的发挥需要有形资源提供资金及各种必需的物质要素等资源支持，因此，无形资源发挥作用的基础是企业的整个资源系统，离开企业原有的组织系统，无形资源的效用可能会大幅度降低，甚至全部丧失。刘文纲等（2007）根据无形资源发挥作用是否需要其他无形资源协调与配合，将其划分为独立性无形资源与综合性无形资源，独立性无形资源由于受其他资源的制约较少，因此在跨国并购中比较容易转移与扩散；综合性无形资源与特定的群体或情境紧密关联，因此跨国转移的难度较大，转移所需要的时间也会较长。可见，除一些专利技术、配方、诀窍等独立性较高的知识和技术外，多数无形资源的跨国转移难度较大，无法直接独立转移给对方，而需要遵照路径依赖通过无形资源所依附的东道国目标企业的持续运营向主并企业扩散和传递，在主并企业消化和吸收过程中逐步实现跨国转移。

2. 无形资源的专属性与跨国转移

无形资源的专属性是指无形资源与具体产业、组织的深度嵌入性和不可分割性。威斯通等（1998）将企业拥有的组织能力划分为一般管理能力、行业专属管理能力和行业专属非管理能力，并认为一般管理能力可以通过市场或企业并购转移到任何企业中去，行业专属管理能力则只能通过内部新建或横向并购的方式转移到相同行业或相关行业企业中，但企业专属非管理人力资本则难以转移到即便是相同行业的其他企业中。李晓华（2011）在分析中国企业竞争优势与跨境并购时也发现，中国企业劳动力成本优势并不能跟随中国企业通过海外并购转移到国外，其本质原因即在于劳动力这种非管理人力资本是嵌入特定产业的专属性无形资源，这类资源并不能跨国转移。因此，中国企业的海外并购中，对那些专属于东道国产业、组织的专属性无形资源，只能谋求共享和协同，无法实现跨国转移。

3. 无形资源的隐默性与跨国转移

无形资源包括显性和隐性两大类。显性无形资源是可以用比较规范的语言、文字或图形进行描述的资源，这类无形资源主要包括品牌、专利技术、管理与物流信息系统等。隐性无形资源是依赖于特定的情境，或者内嵌于特定的群体、组织之中无法用语言、文字或图形清晰描述的资源，这类无形资源主要包括技术秘密、企业文化、营销渠道及客户关系等。无形资源的隐默性是指隐性无形资源的不可描述和无法度量性。魏涛（2012）将企业无形资源划分为可以资本化的表内资本化无形资源与难以资本化的表外非资本化无形资源。表内资本化无形资源是能够反映在企业资产负债表中的知识产权（商标权、专利权、版权等）、特许经营权和商誉等，表外非资本化无形资源则是难以计量或无法资本化处理的企业文化、企业制度、企业能力、企业际关系和企业信息技术系统等资源。这一划分所强调的表外性，也是无形资源隐默性的反映。由此可见，显性的无形资源基于可见性和可度量性，可以通过规范性通道在组织间传递，比较容易实现跨国转移和扩散；而隐性的无形资源基于不可度量性，难以通过规范的通道转移和传递，不易在国家间转移与扩散，即使隐性无形资源能够实现跨国转移扩散，也会存在较高的转移成本。

4. 无形资源的适配性与跨国转移

无形资源的适配性是指无形资源之间以及无形资源与组织的其他资源之间的协同作用、相互支撑的关系。在企业并购中，无形资源适配性更多体现为并购双方无形资源之间及无形资源与其他资源之间的协同作用能力。刘文纲（1999）指出，并购中无形资产的协同效应主要包括品牌扩张效应、人力资本协同效应、技术扩散效应与文化协同效应。其中，品牌扩张效应受主并企业品牌价值、目标企业对品牌的支撑能力、并购双方产品的关联度等因素的影响，并与这些因素呈现出正相关的关系；人力资本协同效应则受企业基础性资产与市场资产的配合与支持程度、激励机制的有效性与并购双方人力资本存量对比状况等因素的影响；技术扩散效应的发挥受目标企业的消化吸收能力、并购双方核心技术的关联度以及欲转移技术的先进程度等因素的影响。在企业跨国并购中，由于文化差异、就业安全限制、技术封锁和企业基础实力差距等内在和外在因素影响，并购之后不论是无形资源从主并企业向被并企业的正向转移，还是无形资源从被并企业向主并方逆向转移，"跨国"因素都加大了转移的难度。

针对无形资源的依附性、专属性、隐默性和适配性等特性，刘文纲等（2007）将这些资源划分为三类，并构建了二维模型（见图 6 - 1）。三大类无形资源中，Ⅰ类显性无形资源具有较好的独立性，跨国转移较为容易；Ⅱ类隐默性无形资源更强调适配性，跨国转移具有一定难度；Ⅲ类隐性无形资源具有较高的综合性，大都属于企业专属性无形资源，跨国转移的难度最大。

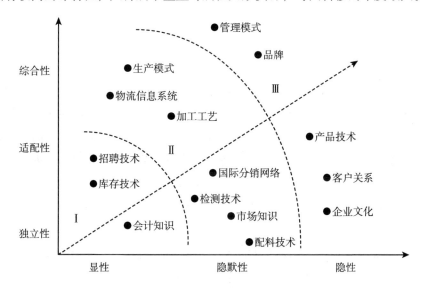

图 6 - 1　跨国并购无形资源优势转移的区域模型

资料来源：刘文纲，汪林生，孙永波. 跨国并购中的无形资源优势转移分析——以 TCL 集团和万向集团跨国并购实践为例［J］. 中国工业经济，2007（3）：120 - 128.

6.3.2　控制权配置各影响因素对无形资源跨国转移的制约

1. 外部环境因素的制约

同有形资源一样，外部环境层面的东道国经济环境、政治环境、法律环境和社会文化环境因素对无形资源跨国转移也存在一定影响。

首先，东道国经济环境和政治环境状况的影响。经济环境状况影响无形资源跨国转移中的控制权配置同样体现在当东道国整体经济环境不景气时，卖方的谈判能力降低，同自然资源寻求型海外并购一样，此时不论是在资源的可获得上还是在定价上以及在控制权配置中都比较有利于买方；而经济状况转好时，卖方的谈判能力上升，此时则不利于控制权向买方转移。但是与自然资源跨国转移不同的是，无形资源的专属性、依附性和适配性等特性决定了这类资源的获得并不能简单建立在"便宜"的基础上，经济环境的低迷在并购程序上有利于控制权配置，但并购目标实现必须依托并购后并购双方的协同。因此，东道国整体经济环境对无形资源跨国转移的影响作用有限。从政治环境的制约作用来看，无形资源体现的局部性、个体性更明显，因此这类资源跨国转移对东道国国家利益以及其他利益集团的整体利益影响并不明显，除非并购对东道国某一产业的民族经济造成明显威胁。

其次，东道国法律规制对无形资源跨国转移的制约。基于无形资源自身的特性，东道国政府对这类资源的跨国转移更多考虑的是对东道国"国家战略安全"、"公平交易秩序维护"以及"劳动安全"方面的影响。从国家战略安全方面来看，出于对国家主权保护的考虑，有些东道国对涉及军事相关的高技术企业的控制权转移采取严格审查甚至明令禁止的措施，防止技术扩散。另外，为保护本国经济发展基础，特别是保护民族经济的发展，防止通过"资本入侵"威胁国家安全，也会对某些关系国计民生的重点产业的控制权转移加以限制。从反垄断及公平交易规制方面看，包括美国、欧盟、日本、澳大利亚等发达国家在内的多数国家都制定了较为完备的反垄断法，通过法律规制对他国试图通过垄断资本控制别国经济的行为加以限制；并且为维护本国市场公平竞争秩序，也需要对垄断行为加以抑制。而无形资源的跨国转移在某些产业、行业的垄断方面存在较为现实的基础，因此，涉及无形资源跨国转移的外资并购，尤其是并购规模较大的并购事项，东道国政府都需要进行较为严格的反垄断与公平交易审查。

最后，东道国的社会文化约束。前面在比较美英、德日、东亚及澳洲等不同区域的社会文化环境与公司治理特征之后发现，不同区域的公司控制权配置模式很大程度上是与社会文化环境高度融合的产物。与自然资源寻求型海外并购相比较，无形资源的专属性、依附性、隐默性等特性决定了这类资源与东道国社会文化环境的高度融合性，因此可以认为，在外部环境层的影响因素中，东道国的社会文化约束是无形资源吸收型海外并购中影响目标企业控制权配置的关键要素。

根据上述分析，我们可以认为：

假说 4：无形资源吸收型海外并购更多受并购双方的局部产业环境及企业自身的所有权能力和内部化能力制约，相比于自然资源寻求型海外并购，外部环境因素对无形资源跨国转移的制约作用较小，但社会文化环境对并购中的控制权配置影响作用不容忽视。

2. 局部个体因素的制约

局部个体层面的制约因素对无形资源跨国转移的制约主要体现在并购双方战略上的匹配性、对目标企业监督和激励机制的有效性以及目标企业运行环境的不确定性程度方面。

首先，并购双方战略匹配性的制约。无形资源的适配性特性要求无形资源跨国转移中并购双方在战略上要高度匹配。这种战略匹配主要体现在三个方面：（1）并购双方资源关联的匹配，即强调并购双方的核心资源在产业链内能有效契合，进而在统一控制后，能够通过并购双方在产业链上高度关联，充分发挥并购的协同作用。（2）并购双方无形资源技术含量的匹配性。如果并购双方无形资源技术含量差异过大，主并企业难以消化和吸收先进的技术，则会造成资源浪费；如果并购双方无形资源技术含量差异过小，则目标企业的无形资源价值不大，并购的效用也就难以体现。只有并购双方无形资源技术含量差异适中，主并企业才能在消化吸收中实现并购绩效。（3）并购双方研发战略的匹配性。主并企业对目标企业无形资源的吸收应是从简单仿制、模仿创新到自主创新的不断提升过程；对目标企业也不是简单的资源转移，而应是一个应用和再创新的过程。同时，目标企业被并购后，并购双方如何制定协调匹配的研发战略不仅影响并购绩效，也影响目标企业核心人才的稳定。因此，相比自然资源为目标的海外并购，在以无形资源吸收为主要目标的并购中，并购的完成并不意味着资源真正的获得和技术能力的提升，并购只是创造了资源获取和技术学习、能力提升的前提条件，如何通过有效的控制、提升并购双方战略匹配性和依附性才是实现并购目标的关键。

主并企业的战略匹配能力也直接反映了对目标企业的内部化能力。无形资源的内部化能力不仅仅体现在主并企业通过战略协同作用，将目标企业的资源吸收并消化，还体现在将目标企业整体内部化，使之成为本企业综合能力的组成部分，并且通过资源重组整合，实现互补和强化。主并企业的这种战略匹配能力影响着被并企业对主并企业的战略依附性，因此会间接影响到对被并企业的控制。

其次，监督和激励机制有效性的制约。基于阿吉翁和伯尔顿（1992）关于投资者与经营者如何相机配置控制权的论述——如果经营者收益与总收益线性相关，那么企业最好由经营者控制；如果货币收益与总收益线性相关，那么企业最好由资本所有者控制。在以无形资源为核心能力的企业中，经营者是资源的载体，如果经营者愿意与主并企业共享目标企业的无形资源，那么经营者收益与企业总收益就会呈现高度线性相关性，因此按照阿吉翁和伯尔顿（1992）的观点，以无形资源为核心能力的企业由经营者掌握控制权更有利于并购目标的实现。同时，按照本书控制权配置系统的思想——控制权配置是公司治理系统中以控制权配置为核心的权利制衡体系的构建，它是企业决策机制、监督机制和激励机制的有效融合过程。基于这一思想，在无形资源为目标的海外并购中，如果实施经营者控制，就应通过强化股东和董事会监督以及通过对核心人员的激励来保障经营者收益与企业总收益线性相关。

最后，目标企业运行环境不确定性程度的影响。目标企业无形资源专属性价值一方面强调目标企业对主并企业成长的意义；另一方面也强调目标企业的不可替代性。目标企业无形资源的专属性价值越高，对主并企业越有意义，但资源转移的难度也就越大。本书在关于谁该拥有企业控制权的讨论中发现，无形资源（包括技能、品牌、渠道、关系网络等）的提供者多为高管团队，这种资源的路径依赖性强。按照希克森等（1971）的战略相机状态理论的观点，在处理企业战略实施中所面对的不确定性时，谁最具关键作用谁就应该拥有控制权。同时本书认为，基于企业所处行业领域不同，以无形资源为核心能力的企业通常处于不确定性程度较高的行业，从战略相机状态角度看，越是处于高不确定性中的企业，人力资本的提供者对控制权的承载能力就越强。因此，基于无形资源专属性价值的影响，越是专属性价值高的企业，倾向于高管团队配置控制权，经营绩效会越理想。

根据上述分析，我们可以认为：

假说5：无形资源吸收型海外并购中并购双方的战略匹配性对控制权配置的影响较大。基于无形资源对管理团队的高依附性，海外并购中倾向于被并企业管理层配置控制权更容易实现并购目标。

3. 内部资本因素的制约

内部资本因素对无形资源跨国转移的制约作用主要反映在主并企业所有权能力和资本结构安排两个方面。

首先，是所有权能力方面的制约。以无形资源吸收为主要目标的并购，并购的完成并不意味着资源真正的获得和技术能力的提升，并购只是创造了资源获取和技术学习、能力提升的前提条件，因此，这类并购能否实现并购目标，一是要看主并企业是否有足够的技术消化和吸收能力以及主并企业是否具备技术再创新能力。只有在并购后能够消化、吸收目标企业的技术，并且培育出自身的技术再创新能力，才真正体现了主并企业的所有权能力。二是，在以无形资源为目标的并购中，拥有较高的股权比例并不代表所有权能力就高。由于隐性知识存在于个体中，并且其本身具有流动性，它是非常脆弱的（Von Krogh，1998）；一旦拥有隐性知识的核心技术人员在并购前或者在并购时离开企业，那么知识的损失将会导致组织能力的变异或者枯竭（Nelson & Winter，1982）。三是，无形资源的依附性也反映出这类资源的社会网络依赖性较强，如果某个关键个体出现问题，可能会导致整个目标企业的技术和能力都被破坏。由此可见，在以无形资源为目标的并购中，主并企业的所有权能力更多体现在与被并企业协同作用实现共赢上，而非由股权决定所有权。因此，股东与管理层共享经济，协调治理更容易实现高绩效。

其次，是资本结构安排方面的制约。本书在前面分析中强调，由于无形资源吸收型海外并购在控制权配置上更适合于倾向被并企业管理层控制，而围绕这种安排，强化股东监督和管理层激励被认为是约束管理层权力的综合治理措施。另外，詹森和麦克林（1976）认为对企业管理者而言，还本付息是一种刚性约束，因此公司负债在一定程度上能够促使经理多努力工作，少进行在职消费，并且可能做出更好的投资决策。基于这些认识，本书认为以无形资源为目标的海外并购中，在倾向管理层配置控制权的情形下，被并企业更适合采用高负债的资本结构，在增加管理层压力的同时，也借助债权人监督力量实现被并企业综合治理绩效。

根据上述分析，我们可以认为：

假说 6：无形资源吸收型海外并购中，所有权能力体现的是吸收和消化无形资源的能力，高股权比例并不代表拥有高所有权能力；高负债运营有助于引入外部监督力量，增加管理层压力，进而提升被并企业经营绩效。

6.3.3　无形资源吸收型海外并购中的控制权相机配置：案例分析

1. 一般描述性案例分析

自 2000 年以来，随着中国经济国际化的发展，中国企业走向海外吸取技术与拓展市场的步伐不断加快。但与自然资源寻求型海外并购不同，无形资源吸收型海外并购对主并企业的战略协调能力、所有权能力和内部化能力要求更高，因此，无形资源吸收型海外并购在中国企业海外并购总交易额中所占比重不高，也不像自然资源寻求型海外并购那样在某个时间段集中出现。另外，无形资源吸收型海外并购的成功与否不仅要看并购程序是否顺利完成，更要看整合是否成功。为此，本书在分析无形资源吸收型海外并购案例时，将考察时段拉长，选取 2001～2012 年期间发生的十大成功并购事件与十大失败并购事件进行比较，以此讨论无形资源吸收型海外并购中的控制权相机配置策略。

（1）案例选择。

本书选择的十大成功并购事件与十大失败并购事件的标准主要有三个方面：第一，社会关注度。并购事件本身的商业价值、对并购双方以及母国和东道国的影响以及社会媒体对并购的报道等所体现的市场关注度较高。第二，并购战略参考价值。并购事件对并购双方以及母国和东道国的借鉴意义大，对产业和行业发展的影响作用明显。第三，并购交易额。在同一时期或同一领域并购交易额相对较大。根据上述标准，本书选择的 2000～2012 年无形资源吸收型海外并购十大成功并购事件和十大失败并购事件的基本情况如表 6-6 和表 6-7 所示。

表 6-6　　　　2000～2012 年无形资源吸收型海外并购十大成功并购事件

序号	并购时间	主并企业	目标公司	目标区位	并购模式	并购内容要点	并购比例（%）	交易金额（亿美元）	支付方式
1	2001.08	万向集团	美国UAI公司	美国	协议收购	认购200万股可转换优先股，外加UAI违约期权，成为UAI第一大股东	21	0.028	现金加期权
2	2004.12	联想	IBM-PC部门	美国	协议收购	收购IBM-PC业务、Think品牌及相关专利、位于日本及美国的研发中心	100	12	现金、股票、承债
3	2005.10	北京第一机床厂	德国科堡公司	德国	协议收购	北一机床全资收购德国科堡公司全球一流的品牌和技术，并通过当地决策，充分授权，事后控制，成功进行了整合	100	—	现金

续表

序号	并购时间	主并企业	目标公司	目标区位	并购模式	并购内容要点	并购比例（%）	交易金额（亿美元）	支付方式
4	2007.10	中国工商银行	南非标准银行	南非	协议收购	以购买 10% 新股及购买原股东 10% 旧股的方式成功持股 20%，成为第一股东	20	54.6	现金
5	2008.09	中联重科	CIFA公司	意大利	协议收购	联合弘毅投资、高盛、曼达林基金完成对 CIFA 收购，中联重科占股 60%	60	2	现金
6	2009.12	北汽集团	萨博汽车部分资产	瑞典	协议收购	收购了萨博三个整车平台和两个系列的涡轮增压发动机、变速箱的技术所有权以及部分生产制造模具	100	1.97	现金
7	2010.03	吉利汽车	沃尔沃轿车业务	瑞典	协议收购	收购了福特汽车公司所有的沃尔沃轿车业务，包括 9 个系列产品、3 个平台、2 000 多个全球网络	100	18	现金加票据
8	2010.06	上海电气	美国高斯国际	美国	协议收购	上海电气原持有 40% 高斯国际股权，此次收购后上海电气拥有 100% 高斯国际	100	15	现金
9	2012.01	三一重工	普茨迈斯特	德国	协议收购	联合中信产业基金收购 100% 普茨迈斯特股权，之后再收购中信产业基金持有的 10%	90	4.2	现金
10	2012.05	大连万达	美国AMC	美国	协议收购	从 Apollo、摩根大通、贝恩资本、凯雷等投资集团手中购买北美第二大电影院线 AMC100% 的股权	100	26	现金加承债

注：成功的案例是指并购交易完成。支付方式为非美元时交易金额按交易发生时汇率换算取得。表中 "－" 表示未披露交易额。

资料来源：作者根据 Wind 资讯并购数据库数据及调研资料整理。

表 6 – 7　　　2000 ~ 2012 年无形资源吸收型海外并购十大失败并购事件

序号	并购时间	主并企业	目标公司	目标区位	并购模式	并购内容要点	并购比例（%）	交易金额（亿美元）	支付方式
1	2001.10	华立集团	飞利浦CDMA业务	美国	协议收购	收购飞利浦加拿大温哥华和美国达拉斯的 CDMA 手机参考设计相关业务	100	0.05	现金
2	2003.11	TCL集团	法国汤姆逊彩电	法国	协议收购	TCL 与汤姆逊以实物资产共同出资组建 TCL – 汤姆逊公司，共同开发、生产及销售彩电及其相关产品	67	4.15	实物资产
3	2004.04	TCL集团	阿尔卡特手机	法国	协议收购	TCL 与阿尔卡特共同组建 TCL – 阿尔卡特电话公司，共同开展移动手机业务	55	0.75	现金
4	2004.10	上汽集团	韩国双龙汽车	韩国	协议收购	2004 年 10 月协议收购双龙48.9% 股权，2005 初通过证交所增持至51.33%，上汽绝对控股	51.33	5	现金
5	2007.09	华为	美国3COM公司	美国	要约收购	华为与美国贝恩资本斥资 22 亿美元共同收购美国网络设备公司 3COM	16.5	22	现金
6	2007.10	民生银行	美国联合银行	美国	协议收购	计划分三步以增资入股方式收购联合银行 20% 股权并实现对联合银行的控制	20	5	现金
7	2007.11	中国平安	富通银行	比利时	协议收购	平安先以 18.1 亿欧元购入富通 4.18% 股份，成为富通单一最大股东，随后，平安将股权增持至 4.99%	4.99	29	现金
8	2009.02	四川腾中重工	通用公司悍马品牌	美国	协议收购	四川腾中重工与通用达成初步协议，购买通用旗下著名越野汽车品牌悍马	100	—	现金

续表

序号	并购时间	主并企业	目标公司	目标区位	并购模式	并购内容要点	并购比例(%)	交易金额(亿美元)	支付方式
9	2009.07	北汽集团	通用公司德国欧宝汽车业务	德国	要约收购	北汽拟出资 6.6 亿欧元,同时要求德国政府 26.4 亿欧元担保贷款,以此换得持有新欧宝 51% 股权	51	8.7	现金
10	2010.08	华为	摩托罗拉公司无线设备部门	美国	要约收购	华为出资 13 亿美元与诺基亚西门子竞购摩托罗拉无线设备部门	100	13	现金

注:失败案例的发生时间为受阻停止收购时间。支付方式为非美元时交易金额按交易发生时汇率换算取得。表中"-"表示未披露交易额。

资料来源:作者根据 Wind 资讯并购数据库数据及调研资料整理。

(2) 案例比较。

对比表 6-6 与表 6-7 中成功与失败的并购事件,可以发现在控制权初始配置上具有以下五个方面的特点。

第一,并购股权比例与并购规模趋向小型化。首先,卖方对某项独立可分拆业务的出售占全部事件的比例较高,且这类并购在程序性交易方面成功率高。其次,除单项业务整体购买外,相对较小的股权比例并购在无形资源吸收型海外并购中较多见,但这类并购的整合失败率也较高。最后,并购交易总金额不是影响控制权转移的重要因素。不论是成功的并购还是失败的并购,并购交易总金额有大有小,但与自然资源寻求型海外并购相比,无形资源吸收型海外并购的整体交易金额都较小。

第二,股东身份仍然是影响控制权转移的重要因素。与自然资源寻求型海外并购不同的是,即使是非国有企业,在一些敏感领域的海外并购同样会因股东身份限制而难以获得目标企业的控制权。属于民营企业的深圳华为创始人任正非曾是解放军的一名团级干部,其身份始终受美国有关人士的质疑,加之华为所从事的高技术领域本身就很敏感,因此华为在美国的多次并购屡屡受阻。而中联重科和三一重工与投资基金联合实施并购,也是为突破股东身份限制,最终获得程序性交易成功的权宜策略。

第三,并购区域主要集中在欧美发达国家和地区。不论是成功的并购事件还是失败的并购事件,全部并购事件都发生在欧美发达的国家和地区,尤以美国、德国为最多。一方面反映出无形资源吸收型海外并购的有价值"标的"必然存在于发达国家和地区；另一方面也反映发达国家和地区已经形成较为成熟的控制权市场及经理人市场，有规范的游戏规则和信用机制，形成了对外资并购坦然面对的社会文化环境，这些都有助于控制权的跨国转移。

第四，协议收购是获得控制权的最好方式。十大成功并购事件全部采用协议收购方式，在全部 20 件收购事件中，3 件要约收购都在程序性交易阶段失败。这一现象反映了无形资源吸收型海外并购的整合阶段比购买阶段更重要。如果只是通过公开市场进行要约收购获得目标公司的控股权，缺少同目标公司管理层的广泛沟通并获得目标公司管理层的支持，这类并购在整合阶段会遭遇更多困难，因此主并企业通常不会在公开市场要约竞购目标公司股权，更不适合强行收购。同时，3 件要约收购事件全部失败也反映了中国企业在无形资源吸收型海外并购中，或因股东身份原因，或因自身能力方面的原因，在公开市场竞购中不具有优势。

第五，现金支付与对目标公司的潜在财务支持是获得控制权的重要手段。在全部 20 个并购事件中，除联想集团并购 IBM-PC 部门采用了"现金＋股票＋承债"的支付方式，其余都采取了现金支付方式。但进一步分析涉及买方、卖方及目标公司的并购协议发现，成功的并购事件中，主并企业在相关协议中都不同程度涉及对目标公司注资及后续财务支持的相关约定，这些约定或以购买新股注资，或以股东贷款，或以股东承债形式体现，总之，对目标公司潜在的财务支持约定以及财务支持能力成为主并方获得控制权的重要影响因素。

表 6 - 8 是 2000～2012 年间无形资源吸收型海外并购十大失败并购事件在控制权配置方面原因的进一步归纳。

表6 – 8　　　2000～2012 年无形资源吸收型海外十大失败并购事件失败原因

序号	并购案例	并购目标	并购失败的主要事由	控制权配置制约因素
1	华立集团并购飞利浦 CDMA 业务	获取技术	华立此次并购只获得了低端技术，高端技术和专利都控制在飞利浦合作伙伴——美国高通手里，华立的并购未得到核心专利技术的所有权，而仅仅获得了使用权，并购未能获得对核心技术的真正控制权	所有权能力不足
2	TCL 集团并购汤姆逊彩电	获取技术与拓展市场	在 TCL 收购汤姆逊彩电业务没多久，原汤姆逊所掌握核心技术在液晶和等离子平板电视的攻势下快速走向没落。同时 TCL 对收购部门的整合也不力，使收购后合资公司亏损不断加重直至走向倒闭	企业外部运行环境改变与治理整合不力

续表

序号	并购案例	并购目标	并购失败的主要事由	控制权配置制约因素
3	TCL集团并购阿尔卡特手机	拓展市场	并购后不仅没有达到两大手机企业降低成本提升市场销售的整合初衷，反而成为拖累出资双方亏损的泥潭。在合资公司运营一年之际，TCL集团通过股票互换方式收购了阿尔卡特所持有T&A全部45%股权	局部治理整合不力、内部化能力不足
4	上汽集团并购韩国双龙汽车	获取技术	上汽并购双龙后留用了以双龙原社长苏镇琯为首的原管理层，由此开始了近5年的艰难整合，上汽始终难以真正控制双龙。最后在双龙工会主导下的不断罢工中，双龙持续亏损直至走向破产重整	局部治理整合不力
5	华为竞购美国3COM公司	获取技术与拓展市场	华为与美国贝恩资本共同要约收购3COM的收购协议在历经美国外国投资委员会共75天的两期国家安全审查后，2008年2月，最终因监管部门以"危害美国政府信息安全"为由拒绝对收购案放行而搁浅	国家安全审查限制
6	民生银行收购美国联合银行	拓展市场	民生银行在对联合银行两次注资后持股比例增至9.9%。但因联合银行管理层违规事件及财务状况恶化被美联储勒令关闭。此时民生银行向美联储提出注资申请遭拒，最终联合银行被竞争对手华美银行收购	国家安全审查限制
7	中国平安收购富通银行	拓展市场	荷兰政府购买富通在本国的资产、比利时政府收购富通银行、法国巴黎银行购买富通集团比利时银行75%的股权三笔交易使富通走向解体。平安投资238亿元人民币、持有4.99%股权的富通只剩下空壳	所有权能力不足
8	四川腾中重工收购通用公司悍马品牌	获取品牌、技术与市场	由于在双方商定的期限内未能获得中国相关监管机构对悍马交易的批准，四川腾中重工经与通用磋商，宣布停止推进交易的相关行动，并终止签署的最终协议。通用汽车将逐步关闭对悍马的运营	战略协同能力、所有权能力、内部化能力不足
9	北汽集团收购通用德国欧宝汽车业务	获取品牌、技术与拓展市场	尽管北汽开出较高的收购对价，并给出了并购后依靠原管理层控制的承诺，但通用和北汽在拟引进的五款车型的知识产权问题上没有达成共识，存在重大分歧，导致此次收购项目失败	战略协同能力、内部化能力不足
10	华为竞购摩托罗拉的无线设备部门	获取技术与拓展市场	卖方担心美国政府的审查可能拖延交易，最终诺基亚西门子击败了华为，以低于华为的出价购得摩托罗拉无线设备部门	国家安全审查限制

（3）研究发现。

根据表6-8的资料进一步分析失败的海外并购在控制权配置方面的原因可以发现，2000~2012年无形资源吸收型海外并购十大失败事件中，有3件是由于东道国国家政策法规限制；有4件是自身能力欠缺；有5件是整合不力。这些数据反映了在无形资源吸收型海外并购中，并购后的整合是影响控制权转移的首要因素，主并企业的自身能力居于其次，国家政策法规虽然在交易程序限制方面仍然发挥着重要作用，但已经不是影响这类并购成败的关键要素。

另外，在失败的10件并购事件中，从并购目标的细分角度看，纯粹为获取技术的并购只有2件，其他8件虽然并不全是纯粹追求拓展市场的目标，但或多或少都与拓展海外市场的目标相关联，这一数据表明，虽然同属于无形资源吸收型海外并购，拓展市场的海外并购目标实现难度更高一些。这主要源于中国企业的所有权能力和内部化能力欠缺，还难以在全球性价值链构建中实现有效控制。

综合以上对2000~2012年无形资源吸收型海外并购十大成功事件和十大失败事件的描述性案例分析可以发现，无形资源吸收型海外并购的控制权初始配置中，东道国的政策规制不再是制约控制权转移的关键因素，并购后的整合比程序化交易成功更重要，并购区域的市场和文化环境影响着并购的实施，这些发现部分验证了本书的假说4；并购双方的战略协调性对控制权成功转移的影响较大，由于中国企业对全球价值链的战略控制能力欠缺，相比吸收海外技术拓展中国市场，以市场换技术，依靠自身能力到海外拓展市场的海外并购成功难度更大，这些发现部分验证了假说5；主并企业能力是影响控制权配置的核心要素，以现金为基本支付方式附加对目标企业财务支持的海外并购成功率高，部分业务购买型并购更容易成功，小股权比例的并购需要面对更多的整合风险，这些发现部分验证了假说6。

由于相关数据尚不能完全验证相关假说，还需要结合典型案例企业的控制权相机配置策略做进一步个案分析。

2. 万向集团、联想集团、TCL集团海外并购中控制权配置策略的跨案例分析

之所以选择万向集团、联想集团、TCL集团三个案例进行对比，主要基于：一是3家公司中有两家为上市公司，万向集团虽然不属于上市公司，但

拥有多家上市公司股权，3 家公司相关并购资料公告及媒体披露较充分，3
家公司都有经典的并购事件，且相关并购事件发生在几年前，便于本书对控
制权初始配置效果进行深入分析；二是 3 家公司并购事件发生的主要区域分
别在美国和欧洲，分属于本书第 5 章所划分的两大类不同区域——美英区域
和德日区域之中，便于结合区域差别下控制权配置模式选择做针对性分析；
三是 3 家公司分布在汽车及零配件、电子信息领域，由于海外并购目标主要
是技术获得和市场拓展，符合本书研究目的。四是 3 家企业海外并购中采用
了不同的控制权配置模式，其中万向集团采用的主要是小比例控股、本土
化管理方式；联想集团选择的是单项资产整体购买，资产吸并后业务部式
运营和大比例股权收购方式；TCL 集团采用的是资产注入新设合资公司并
控股方式。将三种不同控制权配置模式进行比较，相关结论和发现更有借
鉴价值。五是 3 家公司的海外并购有成功（万向集团、联想集团），有失
败（TCL 集团），不同并购效果的案例进行比较，有利于对问题本质的发
现和分析。

（1）3 家公司海外并购情况简介。

万向集团、联想集团、TCL 集团是中国企业中较早走向海外的企业，3
家公司在海外并购中都有经典事件。

表 6 - 9 是 3 家公司 2000 ~ 2012 年海外并购简要情况。

表 6 - 9　　　　万向集团、联想集团和 TCL 集团海外并购事件概况

案例企业	时间	海外并购事件	典型事件
万向集团	2000. 04	收购美国舍勒公司的专用设备、品牌、技术专利及全球市场网络	收购美国上市的 UAI 公司 21% 的股份，成为第一股东；收购美国 AI 公司 30% 股权，成为第一股东
	2000. 10	收购美国 LT 公司 35% 的股权，成为第一大股东，从事汽车轮毂的制造与营销业务	
	2001. 08	收购美国上市的 UAI 公司 21% 的股份，成为第一大股东，从事汽车制动器的制造与营销业务	
	2003. 09	收购美国 Rockford 公司 33.5% 的股权，成为第一大股东，主要从事汽车传动零部件的制造与营销业务	
	2005. 06	收购美国 PS 公司 60% 的股权，成为控股股东，主要从事汽车零部件的制造与营销业务	
	2007. 07	收购美国 AI 公司 30% 股权，成为第一大股东，从事模块装配及物流管理业务	
	2009. 03	收购美国 DS 公司转向轴业务的全部资产	

续表

案例企业	时间	海外并购事件	典型事件
联想集团	2004.12	联想收购 IBM 的 PC 部门，包括 IBM 在全球的台式和笔记本电脑领域的全部业务	并购 IBM-PC 业务。获得了 IBM 个人电脑领域的全部知识产权、销售网络、1 万名员工及 5 年 IBM 商标使用权
	2011.01	通过注册合资公司方式收购 NEC，联想集团与 NEC 公司把各自在日本的个人电脑业务转入合资公司，联想持 51% 合资公司股权	
	2011.08	收购德国消费电子公司 Medion51% 股份及 56% 的表决权，交易使联想获得一个成熟品牌和欧洲的分销网络	
	2012.09	以约 1.48 亿美元全额收购巴西本土消费电子制造商 CCE，拓展在拉丁美洲的市场份额	
TCL集团	2002.09	以 820 万欧元收购施耐德彩电业务的商标、生产线、销售渠道、研究部门及存货等资产	收购汤姆逊彩电与阿尔卡特电话公司纷纷因巨额亏损而宣告失败，成为海外并购经典案例
	2003.11	TCL 与汤姆逊公司以实物资产共同出资组建 TCL – 汤姆逊公司，控股合资公司，共同开发、生产及销售彩电及其相关产品和服务	
	2004.04	TCL 与阿尔卡特共同组建 TCL – 阿尔卡特电话公司，控股合资公司，共同开展移动手机业务	

资料来源：作者根据 Wind 资讯并购数据库数据及调研资料整理。

（2）3 家公司海外并购中控制权配置策略的比较。

3 家案例企业在海外并购的控制权配置中不同程度地受到了来自外部环境层面、局部个体层面和内部资本层面诸多因素的制约，但与自然资源寻求型海外并购不同，各层面影响因素的作用程度存在差异，3 家公司也采取了不同方式的控制权配置策略，控制权配置效果也不尽相同。

万向集团的应对策略主要突出以下特点：

一是在外部环境层面通过树立良好商业形象和优选目标公司突出同目标公司间的战略协作关系，减少同各利益相关者间的利益冲突。在树立良好商业形象方面，从 1994 年起万向集团即进入美国市场开拓海外业务，并取得了良好的成绩和口碑。1999 年万向美国公司的领导人倪频当选为美国中西部地区中资企业联谊会会长，受到时任美国总统克林顿、副总统科尔等政要的接见，万向美国公司以其良好的商业形象成为当时美国中西部发展最快、管理最好的中资企业。在优选目标公司方面主要突出四个特点：其一是重视专业化并购方向。万向集团的海外并购事件均以汽车零部件制造和营销的企业为目标，这与其自身的汽车零部件制造行业高度相关；其二是首选战略合作伙伴。万向集团并购的目标公司大都是在并购之前与万向有着多年业务合作的战略合作伙伴，并购双方间不仅熟悉，也有着较好的协作关系基础；其三是目标公司相对规模适中。万向集团自身的规模并不是很大，但在并购中万向集团还是倾向于选择与自身规模相比整体规模和实力略逊一筹的企业作为并购目标，尽管这类目标公司在汽车零部件的某一细分领域可能具有较高的市场地位及一流的客户，但与万向集团比则整体实力偏低；其四是集中于熟悉的区域并购。万向集团的海外并购主要集中在美国，这不仅有利于熟悉海外的并购环境及并购操作，也有利于让目标公司熟悉和接受。正是由于万向集团良好的商业形象和精选"门当户对"的目标公司，其海外并购行为常常是水到渠成的市场化选择，并购对于并购双方以及其他利益相关者都是一种共赢的决策，因此，从外部环境层面看，万向集团的海外并购不论是在"国家安全"审查还是在"劳动安全"审查，以及反垄断及公平交易审查方面遇到的阻力都很小，加之万向集团以万向美国公司为收购主体和在美国中西部地区较深的本土融入性，使其在美国市场的并购很少受政治歧视等非市场因素困扰，相反，地方政府和媒体常常成为万向美国公司并购行为的有力支持者。

二是在局部个体层面充分尊重美国法律规制，下放决策权给目标企业管理层，紧抓关键环节控制权，重视管理层及雇员的薪资和股权激励。万向集团对于并购后的被并企业决策、监督和激励机制的构建充分体现了美英区域公司的治理特点。突出表现在管理层控制、社会监督、高薪资和股权激励方面。在管理层权力方面，万向集团仅仅以万向美国公司股东的身份体现其对被并企业的所有权。被并企业的治理和整合完全由万向美国公司负责，而万向美国公司通过续聘被并企业原管理层人员和员工，并将被并企业的决策权下放给管理层，实施纯粹"美国化"的公司运营与管理[1]。但是，在管理层权力的安排中，万向集团对被并企业对外采购环节的控制权格外重视，要么通过特别约定，要么通过委派关键人员对该项权力实施绝对控制[2]。在监督

---

[1]　即使万向美国公司向被并企业委派个别管理人员，相关人员也并非来自中国，因为万向美国公司的900多名职员中也仅有6人来自中国。

[2]　例如在并购 UAI 公司过程中，就特别约定并购后 UAI 公司每年向万向集团购买 2 000 万美元的产品，且万向集团可拒绝 UAI 公司向其他中国厂商购买同类产品；在并购 AI 公司后，万向集团在中国组建了与 AI 公司业务对口的技术采购中心，并通过万向美国公司派驻人员到 AI 公司各工厂促成其采购转移与业务模式的调整，对 AI 公司的对外采购实施绝对控制，实现 AI 公司与万向集团的高度协同。

机制构建方面，重视社会监督的作用，减少股东监督的成本。在并购目标企业及并购后被并企业的运营过程中，万向美国公司与花旗银行、美林公司等金融机构密切合作，获得了大量的东道国金融机构的本土融资，这些提供融资的东道国金融机构自然成了对被并企业管理层监督的第三方力量，从而减少了股东对管理层的监督压力和监督费用。在管理层薪资和股权激励方面，万向集团对万向美国公司和被并企业都采取了强激励的激励措施，这也是"万向模式"的控制权配置体系的重要支撑①。这种高薪资和管理者持股使管理层收益与公司总收益高度正相关，因此，即使是管理层控制企业，控制权私利的空间也相对狭小，管理层与所有者利益的一致性保障了被并企业良好的运营绩效。

三是在内部资本层面实施绝对规模由小到大、相对规模适中、小股权比例的并购，以此保障内部化的能力，确立对被并企业战略协调的优势。万向集团在美国的并购行为始终重视自身的能力和控制力，避免"蛇吞象"难以消化的并购行为发生。从并购的绝对规模看，从最初42万美元并购舍勒公司起步，到280万美元并购 UAI 公司，再到2 500万美元并购 AI 公司，尽管并购规模不断扩大，但最大规模也只有2 500万美元，有效地控制并购规模不仅降低了并购风险，对并购后的控制也比较有利。从并购的相对规模看，万向集团所选择的目标企业虽然在汽车零部件的某个细分领域可能比较有实力，但与万向集团比较，其整体实力还是存在一定差距，这种"差距"保证了万向集团的并购呈现出"强对弱"的并购特征，并购后彰显出万向集团在战略协调方面的能力和优势，使万向集团能够塑造对被并企业的内部化控制环境，实现技术对接和海外市场的拓展目标。正是由于万向集团在并购规模控制中突出了自身的战略协调和内部化能力，万向集团在海外并购中的股权安排上又突出了另一个特点，即小股权比例收购。具体设计思路是：在保证第一股东地位的前提下，实施部分股权收购，与东道国的股东及被并企业管理层共享企业所有权收益②。虽然收购比例不高，但通过对被并企业

---

① 以万向美国公司为例，公司规定子公司每年利润增长超过26.58%的部分划入"经营者基金"，归经营者所有。并且还规定，经营者可以将其所有的经营者基金通过入股的方式转化为不超过40%的公司股权。

② 按照这一设计思想，具体并购中万向美国公司仅收购了 LT 公司35%的股权、UAI 公司21%的股权、洛克福特公司33.5%的股权、AI 公司30%的股权，收购比例最高的 PS 公司也只是60%的股权。

关键运营环节的绝对控制，实现了吸收高端技术，拓展国外市场的并购目标。在被并企业的资产负债结构安排中，万向集团并没有刻意加大被并企业的资产负债率，而是遵循地方企业的运营习惯，与地方金融机构合作，保持被并企业的适度负债，这样既保证了管理层的适度压力，也有效利用了债权人的监管力量。

联想集团的应对策略主要突出以下特点：

一是在外部环境层面主要通过良好的商业形象及选择战略合作伙伴作为目标企业来降低利益相关者的排斥。在树立良好商业形象方面，联想集团所从事的 IT 行业本身即是市场竞争较为充分的领域，联想作为在香港上市的公众公司，其业务活动、公司治理已经高度市场化、国际化，并以"中国 IT 行业的领军人物"形象，拥有较高的商业声誉①。从目标企业选择角度来看，联想的海外并购尤其重视与目标企业战略上的关联性。从 IBM-PC 到 NEC，再到 Medion，目标企业都是与联想有着较长时间战略合作关系的企业，以往是功能协议式联盟，转到股权参与式合作也是水到渠成的选择。这种设计一方面有利于并购后的整合，另一方面也大大降低了目标企业利益相关者的抵触。从联想所实施的几宗海外并购事件来看，东道国监管部门在并购审查上都比较宽松。即使是对影响比较广泛的 IBM-PC 部门的收购，一向比较谨慎的美国外国投资委员会也顺利地批准了该项并购。

二是在局部层面上发挥所有权优势，实施事业部形式的内部化控制，并充分体现以全球为中心的国际化治理特征。以联想并购 IBM-PC 部门为例，控制权的配置和动态调整大体经历了三个阶段：第一阶段是 2005 年并购之初，实施美国人唱主角的"美国帮"控制。并购 IBM-PC 部门后，联想构建了联想国际与联想中国两大超级事业部。由于联想国际的主体即是 IBM-PC 部分，其创造的营业收入是联想中国的 3 倍之多，加之 IBM 的高管都具有丰富的国际化管理经验，因此，并购初期联想的控制权基本由原 IBM 高级副总裁史蒂夫·沃德为核心的美国高管团队把控②。第二阶段是 2006 年初

---

① 联想在并购 IBM-PC 部门之初，其资产负债率仅为 2%，属于财务稳健型企业，这对联想的商业形象构成很强的正面支撑。

② 在包括董事长和 CEO 在内的最高决策层构成中，16 名成员来自原联想的中国高管只有 5 人，其余 11 人要么是 IBM 的原高管人员，要么是新加盟的国际化人才，整个联想的控制权基本由美国人掌握。

开始的由 IT 领域国际化经理人阿梅里奥主导的国际化控制①。阿梅里奥主导的国际化控制更多借鉴了戴尔的治理模式，对于联想的国际化治理起到了重要的推动作用。第三阶段是 2009 年年初开始的中西方二元化控制。2009 年年初美籍 CEO 辞职，柳传志重新出任联想董事长，联想开始实施由中方占主导地位的中西方结合的二元化控制②。新的二元结构中，对于西方发达国家和地区的市场和员工，以及西方多年形成的全球最为专业的供应链、市场、服务、人力资源等职能，主要由美国人掌控；而针对新兴市场这类不发达国家和地区的市场与员工，以及中国人擅长的消费产品设计、渠道管理等，则由已经有了国际化市场经验和较强执行力的中国人管理。总之，到第三阶段，联想的控制权开始由中国人"唱主角"。进一步分析联想对 IBM-PC 部门并购后的控制权配置可以发现四个特点：第一是把并购来的业务内部化统筹安排，实施管理层控制，循序渐进，从稳定到相机调整管理层构成，最大限度减少冲击；第二是重视专业化国际人才的聘用，从史蒂夫·沃德到阿梅里奥，再到二元化时期的里德，都是 IT 领域知名度极高的职业经理人；第三是把握关键领域控制权。并购 IBM-PC 部门后，在三个不同阶段控制权配置上有较多调整，但财务领域控制权始终由来自联想的中方人士掌控；第四是实行高薪资和股权激励制度，加大对管理层的激励。

三是在内部资本层面实施大规模和较大股权比例的并购，利用所有权能力发挥对被并企业的控制优势。从表 6 - 9 所列示的联想的四宗海外并购事件看，这些并购行为可分为两类：一类是对某一业务部门的资产收购，采取的是 100% 全额购买；另一类是股权收购，这类并购采取的是大比例控股的股权收购。就某一业务部门的资产购买来看，100% 全额收购是这类并购的惯例，但就股权收购角度来看，联想的大比例控股式并购也体现了联想自身的能力优势。联想之所以采取资产全额购买或大比例股权收购，主要受三方面因素影响：其一是联想作为中国 IT 行业的领军企业以及全球 PC 领域的知名企业，自身有较高的所有权优势，即使是面对 IBM-PC 部门这样的"大

---

① 2006 年初联想集团聘请戴尔前高级副总裁阿梅里奥任 CEO，阿梅里奥则吸纳戴尔和 IBM 的原高管人员组建了新的 18 人决策机构。新的 18 人决策机构中，原联想的高管人员有 6 人，占 1/3，其余 12 人主要由阿梅里奥引进联想。

② 新的决策机制实施执委会制度，在新的执委会 9 个席位中，中国籍高管占了 5 席，外籍高管占据 4 席。

象"，从专业角度讲联想也不处于劣势，因此，联想有整合和控制这些目标企业的能力基础；其二是联想收购的主要动机在于构建全球化市场势力，而在某一特定区域只有那些拥有一定局部势力的企业，才更适合作为联想的收购目标；其三是联想作为在香港上市和国际化程度较高的上市公司，拥有较好的融资基础，对于较大规模的并购可以通过综合支付方式满足并购融资需求。正是基于这些原因，联想的相对规模较大的并购仍然取得了较理想的控制效果。

TCL 集团的应对策略主要突出以下特点：

一是在外部环境层面主要通过收购已经破产或接近破产的目标企业资产，实施资产注入设立并控股合资公司，避免利益相关者的抵制。与西方发达国家企业进入新兴市场购买健康、业绩良好的目标企业不同，TCL 在海外并购中选择的目标企业都是经营绩效极差的标的，TCL 试图借助将这些资产注入合资公司，获得技术和国外市场销售网络的同时，绕开贸易壁垒，扩大自有品牌在国际市场的销售。以收购法国汤姆逊彩电业务为例，在 TCL 收购之前，汤姆逊公司属于严重亏损的法国国有企业，法国政府曾决定以 1 法郎象征性地把汤姆逊的家用电器业务卖掉，条件是买方要承担所有负债，但未找到买家接盘。之后，法国政府被迫注资并重组汤姆逊公司，并于 1999年挂牌上市。上市之后汤姆逊公司的亏损更加严重，为此，法国政府决定坚决出售该公司。在并购顾问高盛的撮合下，2004 年 1 月，TCL 与汤姆逊公司达成协议，双方以实物资产共同出资组建 TCL - 汤姆逊公司，控股合资公司，共同开发、生产及销售彩电及其相关产品和服务，间接收购了汤姆逊的彩电业务。由于 TCL 模式中收购的是处于企业生命周期中衰退阶段的资产，这类资产技术含量不高，加之以合资的模式共同运营，这种收购模式受外部环境困扰的因素很少。但这种模式的海外并购很容易实现的同时，也留下了三个明显缺陷：其一是高额的亏损转亏为盈需要买方有足够强的所有权能力；其二是衰退中的资产技术含量低，难以实现技术获得的目标；其三是合资运营模式为合资双方在控制权争夺方面留下新的空间，合资公司的治理整合难度较大。

二是在局部个体层面通过组建并控股合资公司，实施合资双方共同控制。在 TCL 与汤姆逊合资公司 TTE 中，TTE 实施董事会控制。董事会的 9名董事中，6 位由 TCL 委派，3 位由汤姆逊委派。董事会决议一般由简单多数通过，如果 TTE 进入重大新的业务或分配可分配利润的 70% 以上时，需 TCL 和汤姆逊双方同意。TTE 的 CEO 由 TCL 方委派，总裁由汤姆逊方委派。在 TCL 与阿尔卡特合资公司 TAMP 中，也实行董事会控制，董事会的 7 名董事中，TCL 方占 4 席，阿尔卡特占 3 席。从上述的董事会构成中似乎显示了 TCL 方的控制权优势，但在决策的执行中，由于合资双方各自的所有权优势都不突出，结果常常各行其是，冲突时常发生，双方都无法控制全局。以从事手机业务的合资公司 TAMP 为例，合资公司正式运营后，阿尔卡特方与 TCL 方原有的手机业务都不断恶化，但双方都没能力为对方的业务协同带来多少好处。TCL 和阿尔卡特基本延续合资前的两套体系各自为政，TCL 的产品难以进入阿尔卡特的销售渠道，阿尔卡特的研究团队也没有利用其技术能力推出有竞争力的新产品。交易 7 个月后，阿尔卡特大部分产品还是外包生产，而 TCL 自己的工厂因为产能过剩而部分停产。在持续加重的亏损面前，TCL 方也无充足的现金流支持阿尔卡特方研发团队的高昂研发费用开支，最终不得不接受合资失败的现实而重组 TAMP 公司。

三是在内部资本层面强调资产注入组建合资公司，通过绝对控股合资公司达到间接收购目的。TCL 开展的海外并购尤其强调非现金收购股权式并购，重视并购后的战略合作。以收购汤姆逊彩电业务为例，在收购谈判过程中，TCL 几次拒绝了汤姆逊方要求支付部分现金的提议，一方面为降低现金支付的风险；另一方面意图借助共同治理，保障合并后业务开展和顺利整合。实践中 TCL 的非现金支付收购方式并没有达到预期目标，反而增加了整合风险。第一，资产注入的水分加大。汤姆逊注入合资公司的资产多为彩电制造厂，有一定技术含量的专利和有价值的品牌、欧美销售网络并没注入合资公司，TCL 的收购并没买到关键资产。第二，鉴于 TCL 本身的品牌、技术等所有权优势较小，具有所有权优势的货币资本又未注入合资公司，这在一定程度上削弱了 TCL 方在合资公司中的控制权基础。第三，简单的非优质资产合并难以产生足够协同，亏损似乎在所难免。

万向集团、联想集团和 TCL 集团 3 家公司海外并购中控制权配置策略要点如表 6 - 10 所示。

表 6 - 10　　万向集团、联想集团和 TCL 集团海外并购中控制权配置策略要点

案例企业	外部环境层	局部个体层	内部资本层
万向集团	• 重视海外商业运行环境的完善 • 优选目标公司 • 妥善处理利益相关者的利益关系	• 以东道国为中心实施管理层控制 • 对被并企业关键资源重视所有者控制 • 维持较高的薪资水平 • 实施管理层持股制度	• 实施小规模并购 • 低比例股权收购 • 进行现金收购 • 不强调被并企业重负债经营
联想集团	• 展示较好的所有权和内部化能力 • 重视将战略合作伙伴纳入并购的目标企业 • 以质素较差资产为收购目标 • 加强同利益相关者的公关沟通	• 以全球为中心实施一体化综合治理 • 重视对不同领域专业人才控制 • 对被并企业财务资源重视所有者控制 • 实施高薪资和股权激励制度	• 实施大规模并购 • 进行全额资产收购 • 综合支付方式收购 • 不强调被并企业重负债经营
TCL集团	• 以劣质资产为收购目标 • 以合资形式运作减少利益相关者冲突 • 提供适当的就业承诺	• 按东道国法律规制要求构建被并企业治理架构 • 设立合资公司实施并购双方共同控制 • 尽可能保留原管理团队	• 实施资产注入式并购 • 对合资公司控股 • 实施非现金收购 • 合资公司高负债运营

（3）研究发现。

进一步将万向集团、联想集团和 TCL 集团 3 家公司海外并购中控制权配置策略进行对比可以发现：

第一，在以无形资源吸收为主要目标的海外并购中，东道国外部环境因素的影响相对较小。3 家企业具体的并购活动都以战略合作伙伴为目标企业，并购只是战略合作方式的深化，基于此，相关并购行为受东道国政府及其他利益关系方的干涉较少。3 家企业的具体并购活动，不论是规模较大的并购还是股权比例较高的并购，不论是对优质资产的并购还是对劣质资产的并购，具体行为在政府监管方面的并购审查中都未遇到明显的障碍。由此可见，从战略合作伙伴中寻求目标企业，通过并购获得控制权的行为受东道国外部环境因素的制约较小，这也部分验证了假说 4——无形资源吸收型海外并购更多受并购双方的局部产业环境及企业自身的所有权能力和内部化能力制约，相比于自然资源寻求型海外并购，外部环境因素对无形资源跨国转移

的约束作用较小，但社会文化环境对并购中的控制权配置影响作用体现不明显。

第二，在以无形资源吸收为主要目标的海外并购中，管理层控制是基本的控制权配置方式。3家企业在并购后被并企业的控制权配置上都体现了管理层控制的特征。尽管在管理层权力的具体安排上存在差异，但不论是万向集团的绝对管理层控制，还是 TCL 集团的共同控制，抑或是联想集团的国际化人才控制，都以管理团队控制为主。3家企业并购实践部分验证了假说5——无形资源吸收型海外并购中并购双方的战略匹配性对控制权配置的影响较大，基于无形资源对管理团队的高依附性，实施管理层控制更有利于并购目标实现。3家企业的管理层控制模式也存在一定差别：万向集团与联想集团的并购中，对被并企业的控制权配置模式更倾向于美英模式的高薪酬激励下的管理层控制；TCL 集团对并购后的合资企业控制更倾向于德日模式的集体控制。但从控制权配置效果上看，万向集团和联想集团对被并企业的治理绩效明显高于 TCL 集团的配置方式，TCL 集团实施的共同治理不仅没有使并购后的整合更顺畅，反使组织内部形成"双头"控制，各行其是，严重影响了决策权的统一。

第三，管理层持股有利于提升管理层控制下的管理绩效，但高财务杠杆负债运营未必能提升被并企业经营绩效。万向集团与联想集团在对被并企业的控制权配置过程中都实施了管理层持股制度，TCL 集团则未涉及该项制度。从配置后的效果看，万向集团和联想集团所构建的控制权配置体系很好地激励了管理层，取得了比 TCL 集团更好的控制权配置效果。这部分验证了假说6——无形资源吸收型海外并购中高股权比例并不代表主并企业拥有高所有权能力，实施管理层持股更有助于提升管理层经营绩效。3家案例企业的运营中，万向集团与联想集团在放权给被并企业管理层实施管理层控制时，并没有特别强调高财务杠杆运营，而 TCL 集团在并购后的合资企业中则始终维持高财务杠杆运营，从具体运营效果来看，TCL 集团的运营模式不仅未使合资企业的管理层由压力变为动力，反倒显现出更加颓势，最终导致巨额亏损。这种现象可能的原因是中国企业海外并购往往是借助资金优势对财务状况较差的目标企业的并购，这些目标企业多是为摆脱高财务杠杆的不利局面才选择被并购，如果在并购后继续实施高财务杠杆负债运营，高的财务杠杆会让管理层更加失去信心，无法将压力转化为动力。由此来看，对于核心竞争力不足的中国企业来讲，海外并购中实施管理层控制的控制权配置

体系中，并不适合对被并企业实施高财务杠杆负债运营。这一结论部分否定
了假说 6，无形资源吸收型海外并购中被并企业高负债运营无助于经营绩效
提升。

第四，初始配置不利的情形下应相机调整控制权配置。3 家企业在并购
交易完成后都存在控制权配置的动态调整问题。万向集团在并购美国 UAI
过程中即设定了控制权动态调整的安排：在首次 280 万美元购入 UAI 的可
转换优先股及购股权证成为第一大股东的同时，还同时设置了三份购股权
证，即当不利于万向集团的事件出现时，万向集团可通过行使购股权来维持
第一大股东的控制地位；联想集团在并购 IBM-PC 后，实施了由美国人主导
的一元控制、国际化经理人主导的多元控制和中方主导的中西方结合的二元
控制三大阶段转换；TCL 在 2004 年并购汤姆逊成立合资公司后，不到 3 年
的时间三次更换 CEO，2006 年 10 月对双方合作模式做出较大调整，汤姆逊
逐步撤出了合资企业，2007 年 5 月，合资公司最终进入了破产程序。从 3
家企业对控制权的动态调整来看，万向集团与联想集团的调整都比较富有成
效，但 TCL 集团对合资企业控制权的调整最终没能挽救并购失败的命运。

6.4
本章小结

基于两类并购目标的跨案例比较发现：在控制权获得方面，自然资源寻
求型海外并购比无形资源吸收型海外并购更容易受东道国制度环境的制约，
而战略协同能力在两类并购行为中发挥着同样重要的作用；在控制权配置倾
向方面，自然资源寻求型海外并购适合于控股股东控制，无形资源吸收型海
外并购则适合向管理层让渡控制权；在股权资本与债务资本配置方面，自然
资源寻求型海外并购中并购比例和并购规模对控股权获得呈负向影响，这主
要是由于东道国制度环境的限制，无形资源吸收型海外并购中并购比例和并
购规模对控制权掌控并无明显影响；在两类并购行为中，支付方式对控制权
稳定具有重要影响作用，高负债的财务运行模式并不利于管理层控制下的绩
效提升。基于以上研究发现，本章建议：自然资源寻求型海外并购应重视并
购交易阶段股权的获得，重视同东道国各利益相关者的公关沟通，充分利用
货币资本方面的所有权优势换取目标企业的资源控制权，并通过战略协同实
现股东对被并企业的整体控制；无形资源吸收型海外并购应重视主并企业所

有权能力和内部化能力基础，从小规模、小比例并购获取对目标企业关键资源点控制入手，通过构建并购双方战略协同平台提升被并企业的战略依附性，逐步实现从关键点控制到整体控制的转变。在管理层控制下，应通过管理层持股和薪酬激励保障管理层利益与企业整体利益的统一。同时，针对两类并购，本章还建议重视支付方式多样化，改变目标企业对主并企业过高的财务依赖关系；当控制权初始配置不利时应及时动态调整控制权配置，以确保并购目标的实现。本章的主要贡献在于通过跨案例分析对 6 个假说进行了检验，同时从实践角度对基于不同目标的海外并购的控制权配置策略提出了政策建议。

第7章

海外并购后控制权的动态调整与
相机转移

本章以上汽集团并购双龙汽车和平安信托并购上海家化两个并购事件为案例，讨论并购交易完成后控制权的动态调整与相机转移问题。首先对影响并购中控制权配置的相关因素进行简要回顾，之后对并购交易完成后影响因素演化与控制权动态调整、相机转移的逻辑关系进行梳理，在此基础上对两个案例事件在并购中控制权的初始配置、并购交易后控制权的动态调整和相机转移过程进行分析，最后根据研究发现讨论了海外并购后控制权动态调整、相机转移成败的决定因素。

7.1
问题的提出

并购作为一种通过公司控制权市场竞争企业资源管理权的行为（Manne，1965），从理论上讲，对被并企业的控股应可实现对被并企业的控制，但事实上控制权并不一定与控股权同步转移到控股股东手中，这主要基于四点原因：一是前文研究中讨论的控制权相机配置主要以影响控制权配置的各因素在不同区域、不同行业中的表现为依据，探讨并购后控制权的初始配置问题，初始配置中因某些影响因素的制约，控制权转移可能会滞后；二是前文研究中发现，将控制权配置给管理层而非由控股股东控制对具有某些行业特征和企业特征的目标企业可能更有利于企业绩效提升；三是由于控股股东所有权能力、内部化能力或战略协同能力较低，不具有对被并企业实施整体控制的能力；四是为获得并购交易机会，控股股东可能有意让渡控制权给管理层或某一关键利益主体。控制权让渡或滞后转移可能有利于被并企业的运营，但也可能造成被并企业的控制冲突甚至控制权争夺，损害控股股东利益。近年来，伴随着并购交易的逐年递增，因并购引发的控股股东与管理层的控制权争夺问题也越来越突出，相当一部分并购案因控制权初始配置存在缺陷，后期动态调整不力，结果引发了严重的控制权冲突，如上汽集团与韩国双龙汽车原管理团队及双龙工会的控制权之争，法国达能与以宗庆后为核心的娃哈哈集团管理层的控制权之争，海航置业与九龙山公司原控制人形成的"双头"董事会的局面，平安信托与上海家化原管理层的强烈冲突等等，这些与日俱增的并购交易后控制权争夺案例也凸显出对控制权初始配置后如何实施动态调整和相机转移的重要意义。

以往理论上对控制权配置问题的研究较多关注控制权初始配置过程（Aghion & Bolton，1992；张维迎，1996；Zingales，2004），很少关注并购交易完成后对被并企业控制权动态调整和相机转移问题（乐琦、蓝海林，2010）。凯罗莉等是为数不多的围绕并购后控制权问题开展研究的国外学者（Calori et al.，1994；Very et al.，1996；Lubatkin et al.，1998；Larsson & Lubatkin，2001）。事实上，并购后主并企业对被并企业的控制是并购双方关系的核心，并购后的控制方式和控制程度直接影响到并购的整合以及企业的绩效（Shimizu et al.，2004）。主并企业需要在并购后实施合理和有效的控制，才能保证并购后的企业整合和运营符合主并企业的战略目标（Hitt et al.，2004）。因此，本章将以两个并购交易后控制权冲突案例为样本，讨论主并企业与被并企业以及其他利益相关群体如何围绕控制权进行利益博弈，并购交易后影响控制权配置的因素如何演化，主并企业如何基于影响因素演化实施对被并企业控制权的动态调整和相机转移。

7.2
影响因素演化与控制权动态调整和相机转移

7.2.1 初始配置阶段复杂影响因素的回顾

学术界对于决定公司控制权掌控因素的分析通常遵循两大范式：股权控制链分析范式（Aghion & Tirole，1997；LLSV，1999；张维迎，2005）和社会资本控制链分析范式（赵晶等，2010；关鑫和高闯等，2011；赵晶等，2014）。而并购交易后的控制权配置与传统新建企业的控制权配置不同，因为并购不仅仅只是一系列新的资源和技能的接收，同时也传承了被并企业原有嵌入的制度环境因素的影响，包括其所有利益相关者关系（Buono & Bowditch，1989）。因此，考虑并购情境的嵌入，在并购后被并企业控制权配置影响因素分析中，除股权资本与社会资本因素外，战略状态、环境因素、并购契约等因素同样受到了学者们的重视。不同学者对相关影响因素的认识可归纳为表 7 - 1。

表 7 - 1　　　　　　　　　　控制权配置影响因素主要观点回顾

影响因素		主要观点	代表学者
资本因素	股权资本	股东持股集中度决定控制权的配置倾向，股权分散时控制权会倾向经理人代理，股权集中时控制权会倾向投资方控制；持股人结构对公司控制权的稳定具有重要影响	LLSV（1999）；Meckling（1976）；Shleifer & Vishny（1986）
	社会资本	企业与利益相关者的关系是企业的核心资源，控制资源就是控制与利益相关者的关系，社会资本通过控制与利益相关者关系实现对企业核心资源的控制	赵晶等（2010）；关鑫和高闯等（2011）；赵晶等（2014）
战略因素	战略状态	组织应根据战略相机状态来配置权力。谁该拥有权力应该看谁对组织战略方向和不确定性处理具有更强的把控能力	Hickson et al.（1971）；Haspeslagh & Jemison（1991）
	战略依赖	并购后在权力分配中起决定性作用的因素是"战略依赖性的需要"；并购双方战略依赖的需求越高，控制程度会越高；子公司战略越依存于母公司，越有利于对子公司的控制	Haspeslagh & Jemison（1991）；Kumar & Seth（1998）；Knoerich（2010）
环境因素	制度环境	制度环境是企业并购所面对的重要外部环境；法律制度为分权及制衡营造了外部环境，有助于并购中的授权治理	La Porta et al.（1999、2002）；汤欣（2001）；王砚羽等（2014）
	文化环境	不同国家的经理人员倾向于对被并企业实施不同的控制机制以及运用不同的管理方式，主并企业控制机制的运用受到母国文化较深的影响	Calori et al.（1994）；Larsson & Lubatkin（2001）
	运营环境	被并企业所处的行业会影响主并企业对被并企业的控制程度，被并企业所处的环境不确定程度越高，主并企业集权控制程度越低	Gates & Egelhoff（1986）；Demsetz & Lehn（1985）
契约因素	并购契约	控制权是企业产权契约规定的特定控制权之外的剩余控制权，契约的签约成本与控制权如何配置高度相关；契约不完全会导致权力配置冲突	Grossman & Hart（1998）；郑家育（2010）

7.2.2 并购交易后影响因素演化与控制权动态调整、相机转移

崔淼等（2013）在基于资源依赖视角研究跨国公司对合资公司控制权的收回过程时发现，投资方与东道国合资方之间的资源优势并非是固定不变的，而是随着合资企业的发展，合资各方的资源优势会产生动态演化，进而基于资源基础的控制权配置也将发生变革。同样，在企业并购扩张中，并购交易完成后的并购整合及整合后的协同是个复杂而漫长的过程（拉杰科斯，2001）。在这一过程中，影响被并企业控制权配置的各相关因素都可能发生变化，致使被并企业控制权初始配置的基础改变，进而会引发各利益相关方围绕自身利益的追求产生摩擦和冲突，这些摩擦和冲突在不影响主并企业核心利益的情形下，主并企业对被并企业控制权配置可能仅做局部调整，也就是本章所指的控制权动态调整；但当战略演化而致并购双方出现战略冲突以及在被并企业关键资源失控的情形下，主并企业就会考虑收回控制权。当并购双方矛盾的升级严重阻碍并购目标实现时，主并企业即会通过经济手段、行政手段或法律手段的运用，完成被并企业控制权从管理层向控股股东的转移，也就是本章所指的控制权相机转移。

苏敬勤和刘静（2013）总结了企业并购的五个主要动机：资源获取和利用、行业整合、交易费用节约、实现协同效应和构建市场势力。如果从本质上对五个主要并购动机进一步梳理可以发现，资源获得和利用针对的是被并企业的关键资源，是财务动机与战略动机的混合，其他四个动机则与主并企业的战略布局高度相关。以资源依赖理论（Emerson，1962）和战略动态相机理论（Hickson et al.，1971）为理论基础，可以发现主并企业在被并企业中的核心利益主要表现在关键资源获得和战略协同作用发挥两个方面。而关键资源的获得与战略协同作用的发挥常常又交互影响，相互促进。股权资本提供者往往在初始投资时把控制权授予具备专业技术知识和信息优势的管理层，以提升决策和资源配置效率，而随着企业发展，特别是一旦经营业绩不佳或战略出现冲突，控制权承载主体就会发生变化，控制权就会相机转移（徐细雄、淦未宇，2013）。战略本身具有时间范畴的属性，战略环境和前

提的转化将导致旧战略的消亡，取而代之的是一种崭新的战略状态（梁运文，2008），战略的演化又会导致组织关键资源依赖的改变，从而带来以资源依赖为基础的控制权配置的改变。

动态调整和相机转移被并企业控制权可通过内部机制和外部机制两条路径实现。内部机制主要通过资本控制（徐细雄、刘星，2012；马金城、柳志光，2014）、薪酬契约（王克敏、王志超，2007）、董事会重构（Bebchuk，2003）、直接干预或解聘（徐细雄等，2007）等方式解决冲突；外部机制则通过产权市场转让（朱红军等，2004）、规划调整（崔淼等，2013）和法律诉讼（La. Porta et al.，1999）来重新配置控制权。上述解决控制权冲突的各种方式中，资本控制、薪酬契约、产权市场转让和规划调整是利用经济手段理顺所有者与经营者的关系；董事会重构、直接干预或解聘是采用行政手段维护或重建主并企业在被并企业中的权力地位；法律诉讼则是通过法律手段争夺被并企业的控制权。

7.3
研究设计

7.3.1　研究方法

针对研究问题，本章采用纵向双案例进行研究（Eisenhardt，1989）。采用这一研究方法的原因在于以下三点：一是案例研究擅长于回答"怎么样"和"为什么"的问题（Yin，1994），而本章的目的在于尝试回答并购交易后影响控制权动态调整和相机转移的关键因素是什么，因而采取案例研究的方法是适合的；二是与单案例研究相比，采用双案例研究在方便数据收集的同时，研究两个案例间的共性和特性相互印证、互为补充，通过差别复制的原则，可得到比单案例更具普适性的理论（Yin，1994）；三是本章是对动态演化历程中因果关系的研究，从过程视角探索问题的一般规律，对于过程研究，纵向比较案例研究方法比较合适（Langley et al.，2013）。

7.3.2 案例选择

本章选择上汽集团并购韩国双龙汽车和平安信托并购上海家化①两个并购事件作为研究案例。上汽集团是中国三大汽车集团之一，是中国 A 股市场最大的汽车上市公司。主要从事乘用车、商用车和汽车零部件的生产、销售、开发、投资及相关的汽车服务贸易和金融业务。韩国双龙是韩国第四大汽车制造商，主要生产豪华型高档轿车、运动型多用途车（SUV）及休闲车（RV），拥有独立的整车设计、研发能力和近百家独立经销商组成的海外销售网络。上汽集团 2005 年 1 月与韩国双龙完成股权交割，正式成为后者第一大股东。此后上汽集团围绕双龙的控制权历经四年的艰难整合，最终于 2009 年 1 月宣告并购失败。平安信托是中国平安保险投资控股的独立法人机构，是目前国内注册资本最大的信托公司。家化是中国化妆品行业首家上市公司，是国内日化行业中少有的能与跨国公司展开全方位竞争的本土企业，其旗下拥有多个中国著名品牌，拥有国际水准的研发和品牌管理团队。2011 年 11 月平安信托透过旗下公司平浦投资成功竞买国有股权成为家化集团第一大股东。收购完成一年后，平安信托与以家化 CEO 葛文耀为核心的管理层出现了裂痕，自此开始了控股股东与管理层激烈的控制权之争，最终于 2014 年 6 月，葛文耀及其嫡系被清理出家化管理团队，平安重新收回家化控制权。本章选择上汽双龙和平安家化作为研究案例，主要有以下三方面原因：

第一，案例事件具有较强的典型性和特殊性（Yin，1994）。两个案例事件中，不论是主并企业还是被并企业都是行业内知名度较高的企业，且并购规模较大，并购后的主并企业与被并企业原管理层的控制权争夺公开化，并且有较大的波折，社会影响面广，具备较强的典型性特征。另外，上汽双龙的并购是中国企业走出国门的海外并购，平安家化是民营企业对国有企业

---

① 平安对上海家化的并购中，在过程上看是平安集团持股 99.88% 的子公司平安信托透过旗下全资子公司上海平浦投资对上海家化集团的并购，但并购后权力争夺的焦点是对上海家化集团持股 29.23% 的上市公司——上海家化联合股份有限公司的控制权争夺。因此，本文所指的平安家化控制权争夺本质上是平安集团对上海家化联合股份有限公司的控制权争夺（2011 年家化集团挂牌转让数据显示，上海家化联合价值占家化集团总价值的 85.93%）。本文中平安指平安信托。上海家化有两个主体，一个是上海家化集团，另一个是上市公司上海家化。本文中凡主体为上海家化集团的，统称为 "家化集团"；凡主体为上市公司上海家化的，统称为 "家化"。

的国内并购，并购环境的差异对分析不同因素的影响作用提供了更有效率的情境支持①。

第二，案例事件选择符合极化类型原则（Eisenhardt，1989）。本章所选择的两个案例事件在并购后的控制权初始配置中都实施了管理层控制，并购交易完成后随着影响因素演化都爆发了控股股东与管理层激烈的控制权争夺战，主并企业也都进行了控制权的动态调整并试图收回控制权，但争夺结果迥异：上汽双龙以主并企业控制权转移失败收场，平安家化则以主并企业成功收回控制权宣告阶段性胜利，其中的原因十分值得探讨。在对立中鉴别一致，更能揭示控制权动态调整、相机转移的一般规律，这正符合罗伯特·K·殷（Robert K. Yin，1994）提出的双案例研究应能够差别复制的思想。

第三，案例事件的社会反响强烈，有利于案例数据的多角度收集和分析。控制权配置问题涉及的很多内容都是公司内幕信息，较为隐蔽，难以通过公开渠道获取（赵晶等，2014）。上汽双龙和平安家化并购后的控制权争夺激烈，引发了社会各方面广泛关注，众多媒体的挖掘以及当事人员的揭露，为本书多渠道获得数据提供了较好的支持。

7.3.3　数据收集

根据巴顿（Patton，2002）的观点，在数据收集中应尽量多地寻找不同来源的证据，从而实现证据的三角验证。基于此，作者从 2005 年上汽并购双龙开始即重视对案例企业数据的收集，对并购整合过程进行跟踪观察。2011 年平安并购家化后，至 2012 年末平安与家化原管理层的控制权之争公开化，再到 2014 年 6 月平安完成对家化控制权的收回，作者从不同渠道全面收集平安家化控制权之争的相关数据，并在基于上汽双龙与平安家化的对比中完善数据。文章具体数据的获得主要通过以下三个渠道：

第一，公司公告。案例事件中上汽集团（股票代码：600104. SH）、韩国双龙（股票代码：003620. KS）与家化（股票代码：600315. SH）都属于上市公司，平安信托的母公司平安集团（股票代码：02318. HK/601318. SH）

———————

① 尽管平安家化的并购案例属于国内并购，但并购的本质是一致的。之所以选择一宗非海外并购案例进行对比，也期望把海外并购中跨国因素对控制权配置的影响展示的更清晰。

则是在香港和中国内地的上市公司，主并企业与被并企业的历史档案资料比较全面且方便查阅，另外，上市公司对重要事件的披露都较为及时和充分。

第二，媒体披露。两个案例都因控制权争夺激烈而引起了社会各界的广泛关注，尤其是报刊媒体和网络媒体都对案例事件进行了较深的挖掘。不同媒体披露的材料是对同一事件相互印证的重要参考。

第三，微博等在线媒体互动。在平安家化事件中，家化公司和原董事长葛文耀都有微博，微博互动是获得一手资料的重要平台。另外，案例事件中的家化、中国平安、上海汽车3家上市公司在东方财富网股吧中的互动网页也是作者与不同投资者（股东）直接访谈的平台，相关资料也是本书重要的证据来源。

7.3.4　研究框架

根据前面理论分析和文献梳理，本章首先对以资源依赖为基础，在并购契约、并购双方股权资本、社会资本、战略状态及环境等因素的约束下并购双方对被并企业的控制权初始配置情况进行了分析。在此基础上对初始配置所依托的各因素在并购交易完成后的演化情况进行跟踪分析，重点分析关键资源依赖变化和战略依赖变化对控制权配置的影响，明确引发被并企业控制冲突的关键因素，并考察动态调整控制权配置的效果。最后分析在控制权冲突影响主并企业核心利益的情形下主并企业采取哪些方式对顺利完成控制权转移最有效率。具体研究框架如图 7-1 所示。

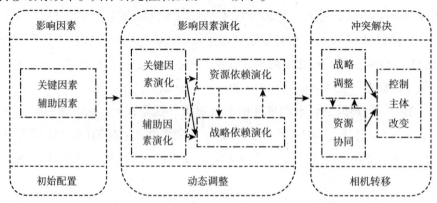

图 7-1　研究框架

7.4

案例企业控制权冲突概况

7.4.1 上汽双龙并购交易后的控制权冲突概况

2004 年 10 月，经过与韩国第四大汽车制造企业——韩国双龙汽车公司债权委员会几轮谈判终于达成收购协议：上汽集团以总价值 5 900 亿韩元（约合 40 亿元人民币）的代价收购韩国双龙汽车 48.92% 的股权。2005 年 1 月上汽集团与卖方完成股权交割手续，标志着上汽双龙并购交易完成。上汽获得双龙的控股权后，双龙的控制权并未随控股权同时转移到上汽手中，而是由双龙原社长苏镇琯为核心的双龙原管理层把握，上汽只是派了很小的团队去监督或者说是学习。但在之后双龙的运营中，原管理团队掌控下的双龙很难让上汽实现当初的并购目标，于是上汽决定收回双龙控制权。此后上汽同双龙管理层及另一利益群体——双龙工会展开了长达 4 年的控制权争夺，期间多次对控制权配置进行调整，但最终没能收回双龙控制权。2009 年 1 月上汽不得不同意双龙申请破产保护，这也标志着上汽收购双龙的彻底失败。

表 7 - 2 是双龙控制权冲突概况。这一冲突过程大体分为三个阶段：

第一阶段：并购谈判及并购协议签订——初始配置阶段（2004 年 7 月至 2005 年 3 月）。在这一阶段上汽与双龙的卖方——债权人委员会、双龙原管理层、双龙工会围绕并购对价、并购承诺、对赌条款等进行博弈，最终以并购协议以及特别协议的形式约定了双龙控制权配置的基本原则并进行了初始配置。

第二阶段：影响因素演化及冲突爆发——动态调整阶段（2005 年 4 月至 2006 年 5 月）。这一阶段主要是同以苏镇琯为核心的双龙原管理层进行控制权争夺。最终从形式上把双龙的控制权转移到以崔馨铎为代表的新管理层手中，苏镇琯及嫡系基本被清理出了双龙管理层。但苏镇琯及其嫡系从背后支持双龙工会继续与上汽争夺双龙实际控制权。

第三阶段：矛盾激化及斗争——权力转移阶段（2006 年 6 月至 2009 年 1 月）。这一阶段主要表现为工会以罢工为手段同上汽就双龙的产品研发和技术转移权力进行激烈争夺。最终上汽无法实现"使用双龙的汽车研发技术在中国设厂，打造自主品牌"的战略目标，并在双龙无休止的追加投资需求中全面放弃了双龙的控制权。

表7-2　　　　　　　　　　双龙控制权冲突概况

时间	事件描述	结果	
		上汽方	双龙方
2004.07至 2005.03 （初始配置阶段）	① 双龙工会举行总罢工，要求与上汽签署一份特别协议方案，内容包括：建立劳资海外经营战略委员会，允许工会参与董事会决策过程，保障雇佣和设备不被转移等 ② 与双龙债权委员会达成收购协议，以5 900亿韩元收购双龙48.92%的股权 ③ 上汽通过公开市场继续增持双龙股权到51.33% ④ 双龙实行以苏镇琯和蒋志伟（上汽代表）为首的两人代表董事体制。上汽还派出徐峰等三名高管进入双龙，参与管理	① 获得绝对控股权 ② 参与董事会决策 ③ 参与日常业务管理和监督	① 管理层获得控制权 ② 工会获得参与董事会决策权
2005.04至 2006.05 （动态调整阶段）	① 将双龙董事会扩充为4人。增补张海涛和陈虹为新任董事，同时陈虹接任苏镇琯为双龙董事会主席。至此，双龙四名董事里有三名来自上汽。同时，上汽向双龙派驻了5名人员进入双龙高管层 ② 上汽以企业经营不善为由，罢免苏镇琯在双龙的一切职务，同时任命原双龙汽车研发中心和产品开发部执行总监崔馨铎接任代理社长职务。之后包括两名副总经理在内的与苏有关的6人也被免职。涉及管理、生产、成本控制、会计等多项重要岗位的8名双龙汽车高管在2006年初也被解雇 ③ 工会代表团应邀访问上汽集团，受到东道主的盛情款待和格外重视，上汽承诺在未来五年投资双龙大约10亿美元	① 控制了董事会和管理层 ② 获得形式控制权	① 管理层失去控制权 ② 工会掌握关键资源控制权
2006.06至 2009.01 （权力转移阶段）	① 2006年5月至2006年8月，双龙工会连续举行5次较大规模的罢工，对抗上汽的解雇计划和上汽的产品开发、市场开发计划 ② 改革董事会建构，墨斐代替蒋志伟作为新任代表理事，开始实施墨斐、陈虹、崔馨铎三人共同代表机制运营公司 ③ 金融危机爆发，双龙资金链紧张请求上汽紧急注资，上汽以双龙应裁员2 000人予以回应很快被双龙工会否决，上汽停止救助 ④ 2009年1月，上汽同意双龙破产申请，撤出双龙	① 产品开发、市场开发计划失败 ② 解雇计划失败 ③ 与工会谈判无效 ④ 通过产权市场出售，放弃控制权	① 获得上汽有限资金扶持 ② 阻止了双龙汽车中国本土生产规划 ③ 始终掌握关键资源控制权

注：表中双龙方指的是双龙汽车的原管理层和双龙工会。
资料来源：作者根据案例企业官方网站、Wind资讯并购数据库数据及调研资料整理。

7.4.2　平安家化并购交易后的控制权冲突概况

2011 年 9 月上海市国资委挂牌出售其所持有的家化集团 100% 股权，平安集团控股子公司平安信托最终在众多竞争者中被上海市国资委及家化的管理层选中，于 2011 年 11 月以 51.09 亿元的总对价成功获得家化集团 100% 股权，借此间接成为上市公司——家化的新控股股东。平安在获得家化的控股权后，在家化的控制权初始配置中完全将控制权授予以葛文耀为核心的家化原管理层，平安不委派董事，只委派一名监事。这种权力配置格局维持了不到半年时间，2012 年 5 月，以葛文耀坚持投资海鸥手表项目被平安否决为转折点，此后平安与家化管理层的矛盾开始增多，平安与家化的战略冲突也越来越激烈，于是平安决定收回控制权。自此平安与家化的原管理层围绕家化的控制权明争暗斗，直到 2014 年 6 月，家化原董事长葛文耀及其嫡系都被清理出家化的董事会和管理层队伍，宣告家化的控制权转移成功。

家化控制权冲突过程大体可归纳为三个阶段：

第一阶段：并购谈判及并购协议签订——初始配置阶段（2011 年 7 月至 2012 年 2 月）。这一阶段是平安与家化的卖方——上海市国资委、家化原管理层就并购对价、并购承诺、对赌条款等进行博弈，最终以并购协议形式约定家化控制权配置的基本原则并进行了初始配置。

第二阶段：影响因素演化及冲突爆发——动态调整阶段（2012 年 3 月至 2013 年 8 月）。在这一阶段，随着平安与家化战略冲突的公开化，平安逐步增加在家化董事会中的话语权，并择机免去了管理层核心人物葛文耀在家化集团中的董事长职务，在家化集团层面全面收回了控制权。而葛文耀则通过不断将嫡系力量充实到家化的管理层，同平安形成上市公司与家化集团分别控制的"两个家化"的格局。

第三阶段：矛盾激化及斗争——权力转移阶段（2013 年 9 月至 2014 年 6 月）。平安依托不断强化的社会资本基础，并从法律诉讼威慑的角度找到"杀手锏"，最终将葛文耀及嫡系人员清理出家化，通过全面掌控家化董事会完成了控制权从管理层到控股股东的转移。家化控制权冲突概况如表 7－3 所示。

表 7 – 3   家化控制权冲突概况

时间	事件描述	结果	
		平安方	家化方
2011.07 至 2012.02（初始配置阶段）	① 2011 年 7 月家化集团整体改制方案确立，挂牌出让控股权 ② 10 月家化推出不接受外资、投资基金及限定投资方资产规模的限制条件 ③ 11 月家化在挂牌条件中设置了不接受多家受让和上市公司三年不融资的毒丸计划 ④ 2012 年 2 月，平安在婉拒派遣董事后，只派驻了一名监事到家化	① 获得相对控股权 ② 不参与董事会决策 ③ 参与日常业务监督	① 管理层获得控制权 ② 管理层控制董事会和未来发展规划
2012.03 至 2013.08（动态调整阶段）	① 2012 年 3 月平安欲出售家化两处不动产提议被葛文耀否决 ② 4 月家化公告股权激励计划并很快获批并执行 ③ 5 月葛文耀极力推进的海鸥手表投资项目被平安否决 ④ 11 月平安信托董事长兼 CEO 童恺进入家化董事会，葛文耀投了反对票；葛文耀的得力助手王茁替换原董事曲建宁被选入董事会；高管层中新任了包括财务总监丁逸菁在内的两位总经理助理，皆为葛培养的家化"老人" ⑤ 11 月葛文耀首次在微博上表达对平安的不满；12 月，平安计划发行一款家化股权质押型信托产品，被家化管理层认定违反不转让家化股权承诺而报到上海国资委 ⑥ 2013 年 3 月，家化的外部审计事务所从安永华变成了普华永道，并进驻家化进行一个多月的审计；5 月家化集团召开临时董事会免去葛文耀家化集团董事长和总经理职务，由平安信托副总经理张礼庆接任家化集团董事长 ⑦ 葛文耀通过微博公开指责"平安进入后家化集团便名存实亡，只有卖资产"；平安方面则通过微博指责管理层存在金额巨大的"账外账、小金库"，存在利益输送或者腐败嫌疑 ⑧ 上海国资委参与平安与家化双方调解安抚，矛盾暂时缓和	① 参与董事会决策 ② 获得家化集团控制权 ③ 调整家化公司层战略及产品开发战略	① 失去家化集团控制权 ② 仍然掌握上市公司——家化联合控制权
2013.09 至 2014.06（权力转移阶段）	① 2013 年 9 月葛文耀以"本人因年龄和健康原因申请退休，请董事会批准"请辞；11 月平安指派谢文坚任家化董事长并增选曲建宁为董事 ② 11 月 15 日葛文耀到监管部门做笔录；11 月 20 公司因涉嫌未按照规定披露信息，被证监会立案稽查 ③ 2014 年 5 月家化总会计师兼财务总监丁逸菁辞职；家化董事会以 8 票赞同、1 票反对罢免王茁总经理职务 ④ 6 月股东会决议以 95.7%的赞同率解除王茁家化董事职务	① 控制董事会 ② 法律诉讼威慑下，解聘计划陆续实施 ③ 全面收回控制权	① 葛文耀及其嫡系被解聘 ② 原管理层失去董事和高管资格 ③ 原管理层失去控制权

注：表中家化方指的是以葛文耀为核心的家化原管理层。

资料来源：作者根据案例企业官方网站、Wind 资讯并购数据库数据及调研资料整理。

7.5
控制权动态调整和相机转移过程分析

7.5.1　管理层获得控制权的资源基础

从表 7 - 2 和表 7 - 3 的资料中可以发现，两个案例中被并企业管理层在并购初期都顺利获得了控制权，被并企业都实施了较为相似的控制权初始配置：保留原管理团队，实行管理层控制。尽管上汽向双龙派出了一名董事和三名高管，但最初目的只是去监督或者说是学习。平安则全面保留了家化原董事会和管理层的配置，只是向家化派出了一名监事，发挥一些监督作用。

两个案例中管理层获得控制权的基础支撑因素反映在形式因素和本质因素两个方面。

1. 并购协议支撑

从形式因素看，并购协议是管理层获得控制权的法律支撑因素。

在本章所选择的两个案例中，上汽同双龙间的并购协议有三个：与双龙债权人银行委员会的框架协议、与双龙工会的特别协议和与债权人银行委员会、双龙公司的并购协议。平安与家化间的并购协议有两个：参与上海市国资委"家化集团股权挂牌出售"的竞标书、与上海市国资委、家化集团、家化的并购协议。案例中，上汽同双龙工会签订的特别协议虽然是在并购协议签订之前签署，但也是并购协议的组成部分，属于具有法律约束力的补充协议；平安竞购家化集团的竞标书尽管具有法律约束力，但它主要约束竞购程序部分，是并购协议内容的重要参考，并不属于并购协议的补充协议。因此，从形式上看上汽双龙的并购契约的全面性与约束力都要高于平安家化。

从并购协议的内容上看，并购协议不仅约定了控制权初始配置的方向，也对未来控制权的调整设置了一定的限定。两个案例中主并企业都对被并企业的发展及被并企业的治理做出了较多的承诺。上汽对双龙的承诺主要包括五部分：一是市场拓展。上汽收购双龙后将利用上汽在中国的营销网络把双龙汽车销往中国市场。二是追加投资。上汽并购后将对双龙追加投资，帮助双龙调整产品结构和提高生产能力。三是留用双龙原管理团队和现有员工。四是允许工会参与董事会决策过程，建立劳资海外经营战略委员会，保障雇佣和设备不被转移。五是并购后 3 年内实现盈利，否则主并企业放弃控制权。平安对家化的承诺包括四部分：一是金融服务支持。承诺为家化提供360度保险支持、银行信贷、债券融资等全方位金融支持。二是追加投资。针对家化集团日化产业链延伸以及高端表业等时尚产业拓展承诺追加70亿元人民币的投资。三是保持现有上市公司管理团队的稳定，实施股权激励。四是家化集团实际控制权5年内不转让。

如果将并购协议中的相关承诺对控制权初始配置和相机转移的影响分为强、较强、一般、较弱、弱五个等级，则并购协议对两个案例企业控制权配置的约束力可由表7-4反映。

表7-4　　　　　　　并购承诺对案例企业控制权配置的约束力

或有事项	上汽双龙		平安家化		对控制权配置的约束	
	承诺条款	详细程度	承诺条款	详细程度	上汽双龙	平安家化
支持市场拓展	○	宽泛	○	宽泛	弱	弱
追加投资	○	较宽泛	○	较宽泛	较弱	较弱
保留原管理团队	○	宽泛	○	宽泛	强	强
保障雇佣	○	较宽泛	—	—	一般	—
工会参与决策	○	具体	—	—	强	—
控制权转移限制	○	具体	○	具体	强	较弱

注：表中"○"表示有该项；"—"表示无该项。

从表7-4的对比中可以发现，在并购交易中基于被并企业原管理团队的重要性，主并企业都对被并企业原管理层做出了权力让渡方面的承诺，比较而言，上汽的承诺更具体、更有针对性，对控制权配置的约束力也就更强。尤其是上汽允许双龙工会参与董事会决策是更具实质意义的"让权"，就如同在董事会决策中给了工会一票否决权，成了上汽在后期控制权争夺中始终无法摆脱的桎梏。

2. 社会资本支撑

从本质上看，丰富的个人社会资本以及组织对社会资本的依赖是管理层获得控制权的资源基础。

在组织社会资本方面，两个案例中的被并企业有较多的相似性，即组织社会资本丰富。双龙汽车有着50多年的发展历史，特别是拥有独立的整车设计、研发中心和由近百家独家经销商组成的海外销售网络，几百人的研发团队，有着良好的社会关系。家化则有着30多年的发展历史，拥有众多历史悠久的品牌，一流的管理团队和技术，完善的销售网络和良好的社会关系。两家企业的这些关系资源属于社会资本范畴，是企业发展所依赖的核心资源。而在个人社会资本方面，两个案例中的被并企业原管理层都有着较强的社会资本基础，且与组织社会资本有很高的契合度。双龙原管理层人员大部分都在企业里工作了二三十年，有着很深厚的人脉关系基础。苏镇琯本人在双龙汽车已经担任了五年社长，曾经在生产、销售、企划等双龙几乎所有的部门都工作过。因此他在工人、管理层以及双龙的经销商中都有着极大的凝聚力和影响力，并拥有良好的工作业绩。另外，在社会关系网络上也与一些财团之间有着很深的交往。因此，苏在双龙内外都有极高的威信。而双龙工会在明处依托庞大的工人群体，暗中依靠苏的策划，具有较强"斗争"能力。韩国工会组织本身作用能力就强大，双龙工会的活动同样会获得其他工会组织的声援，加之韩国强烈的民族保护主义文化倾向，当工会宣扬上汽存在"向中国转移双龙汽车核心技术的阴谋"时，很容易获得韩国政府、民众以及社会舆论的同情和支持。在家化方面，以葛文耀为核心的家化原管理层是家化发展壮大的功臣，他们的技术能力和管理能力、商业网络关系和政府关系等个人社会资本是家化组织社会资本的重要支撑元素。

　　正是由于两个案例中的被并企业都拥有丰厚的组织社会资本且对社会资本高度依赖，管理层拥有丰富的个人社会资本且与组织社会资本高度契合，主并企业在并购之初都更多依赖被并企业原管理层获得交易机会，顺利开展整合，提升运营效率。上汽并购双龙之初，一度依靠苏镇琯的社会关系控制工会，例如与工会的特别协议谈判就由以苏为首的双龙管理层完成；平安并购家化机会的获得在很大程度上得益于葛文耀及其团队的暗中支持，并购之初也完全相信并依托以葛为核心的原管理层的社会关系经营家化。

7.5.2　因素演化导致的控制权冲突与动态调整

1. 关键资源依赖演化与控制权基础的动摇

控制权所依托的关键资源主要体现在股权资本与社会资本两个方面。

股权资本因素演化对案例企业控制权配置的影响主要体现在三方面：一是持股比例变化的影响；二是持股结构变化的影响；三是管理层持股变化的影响。

并购之初，两家案例企业都未采取全资并购。并购后，上汽将其对双龙的持股比例从 48.92% 增加到 51.33%，实施绝对控股；平安因为家化增发新股实施管理层股权激励使自身的持股比例从 29.23% 降为 27.58%，实施相对控股。从主并企业持股比例变化与控制权争夺事件发生的关联来看，因为持股比例变化不大，二者之间没有明显的关联。尽管上汽对双龙的持股比例变化意味着绝对控股，但也并未形成对董事会的绝对控制权。

从持股结构来看，双龙的主要股东除上汽外即是债权人银行及个人股东，外部股东分散且持股比例相对较小，因此对控制权的争夺并不关心。在平安与家化的控制权争夺中，以投资基金为代表的外部股东由于占股比例较大，故而在控制权争夺事件的发生及控制权配置动态调整中发挥了一定的作用。在葛文耀离开家化之前，平安与家化的多次矛盾冲突都是通过葛的微博公开，且每一次冲突都会导致家化的股价大幅下跌，于是外部股东很容易站在葛的一边使平安承受了较大的压力。在葛从家化辞职后，外部股东希望公司尽快稳定，又转向支持平安，机构投资者易方达等 3 家基金就致函家化，推荐曲建宁为董事候选人①，并提议公司董事会构成由原 8 名董事增至 9 名，为将葛的接班人王茁等清理出管理层打下基础。

在管理层持股方面，上汽进入双龙后并未实施管理层持股计划，而以苏镇瑄为首的双龙原管理层早就有以管理层持股的方式运作公司的想法，上汽的进入使这一计划流产，这也使苏耿耿于怀，暗中一直抵制上汽控制双龙。而平安对家化积极推进的管理层股权激励计划则为后期平安赢得家化管理团队的认可带来很多的加分。

从上述股权资本因素的演化情况来看，股权资本变化对两个案例的控制权争夺双方的控制权基础有一定影响，但作用不明显，并不是影响控制权转移的核心因素。

从社会资本演化方面看，主要体现在主并企业网络关系构建和原管理层个人社会资本与组织社会资本阻断联结两方面。

上汽并购双龙后在主并企业网络关系构建方面主要做了三项工作：一是重点培养原双龙汽车研发中心和产品开发部执行总监崔馨铎，并委以要职，试图构建以崔为核心的倾向于上汽的新型管理团队，并通过崔掌控双龙的关键资源——技术和研发中心。但由于崔的个人社会资历较浅，不足以影响旧的关系网络，该目标最终未能实现。二是与工会搞好关系，通过邀请工会负责人团体到上海访问等手段，欲同化工会，但此类举动对于利益目标十分明

---

① 在葛文耀控制时期，曲建宁曾被王茁替换出董事会，因此，曲建宁可归为平安方面的代表。

确的工会作用不大。三是聘请国际声望较高的职业经理人墨斐掌控双龙，但墨斐作为外籍人士在双龙网络关系重建方面的作用比较有限。

在尝试构建新型网络关系的同时，上汽更重视阻断原管理层及工会个人社会资本与组织社会资本的联结。上汽并购双龙最基本的目标是获得双龙的技术和研发能力，但并购后上汽很快就发现与双龙之间有一层无形且难以突破的隔膜，尤其当上汽希望从双龙研发部门获取技术支持时，这种隔膜体现更为明显。而保护这层隔膜的正是双龙管理层和工会。于是，当发现苏镇琯总是与工会联合起来反对与上汽实现技术合作时，上汽坚决地罢免了苏及其嫡系，可这一罢免不仅招致了工会的罢工抵制，也使苏及其嫡系成为上汽公开的"敌人"，并成为后来暗中帮助工会与上汽争夺控制权的重要力量。从这一点上看，上汽罢免苏等人虽然在表面上阻断了原管理层与组织的社会资本联结，但却潜在强化了工会的社会关系网络。由此看，上汽自始至终都没能真正动摇以苏镇琯为核心的双龙原管理层对双龙的控制基础。

平安并购家化 4 个月后，主并企业与被并企业管理层开始产生决策冲突。此后，并购双方由信任转向了摩擦，直至冲突爆发。为削弱以葛文耀为核心的家化原管理层的影响力，并逐步收回控制权，平安在家化中的网络关系构建方面主要做了四方面工作：一是于 2012 年 6 月积极推进并实施管理层股权激励计划，改善内部人际关系氛围；二是积极与上海市国资委及证监会沟通，强化自身与政府管理部门的关系；三是积极与基金、券商等机构投资者沟通，争取机构投资者的支持；四是聘用在商界很有影响力的职业经理人谢文坚做家化董事长，提升公司治理能力的同时，稳定家化原有商业网络关系。这些工作的开展使家化从对葛时代管理层社会资本的高度依赖中逐步脱离出来，与新管理团队契合重构了新型组织社会网络关系，并使平安的影响力逐步渗透到家化社会网络关系之中。

在构建基于平安影响的家化社会网络关系的同时，平安在阻断以葛文耀为核心的原管理层对家化的影响力方面主要做了四方面工作：一是于 2013 年 3 月更换审计事务所，对家化进行外部审计寻找压制以葛为核心的原管理层威信的"证据"；二是于 2013 年 5 月通过微博方式公开葛在管理中的问题，在平息社会舆论压力的同时，逐渐改变政府对葛及原管理层的看法；三是重新规划品牌和技术方向，淡化葛文耀时代的技术和管理的作用；四是 2013 年 5 月择机罢免葛在家化集团的董事长职务，2014 年 6 月解除葛的核心助手王茁的家化总经理职务。这些工作的开展收到了两方面显著效果：一是"压制"手段使以葛为核心的原管理层的社会资本影响力不断削弱；二是择机阻断以葛为核心的原管理层个人社会资本与组织社会资本的联结，彻底动摇了以葛为核心的原管理层对双化的控制基础。

综合以上分析可以发现，在影响控制权配置的基础因素——股权资本与社会资本方面，股权资本在两个案例企业中的影响都不大，即使绝对控股的上汽也未能凭借资本优势获得控制权方面的更多支撑；而外部股东对相对控股的平安获得双化控制权则发挥了前后相反的作用，管理层股权激励也为平安获得控制权产生了一定的正向影响。在两个案例企业的控制权争夺中，管理层个人社会资本成为左右胜负的关键力量。上汽尽管果断清除了以苏镇瑄为核心的双龙原管理层，但却间接强化了比管理层更难控制的工会的影响力，而工会凭借其社会关系基础对双龙关键资源——技术和产品研发的强控制使得上汽始终无法实现对双龙的控制。在控制权争夺中上汽只考虑了正面交锋，并未找到真正阻断工会社会资本与双龙关键资源契合的有效手段；相比之下，平安则通过采取一系列针对性措施不仅直接削弱了以葛文耀为核心的原管理层的社会资本影响力，更通过强化与政府管理部门、外部机构投资者的关系，以及重新规划品牌和技术方向，从实质上阻断原管理层社会资本与组织社会资本的契合，改变了组织对原管理层社会资本的依赖，并不断强化自身在双化中的社会网络关系，为成功收回控制权奠定了社会资本资源基础。

2. 战略依赖演化和资源依赖演化的互动与控制权基础改变

上汽并购双龙之初，并购双方的战略目标是清晰和可行的，上汽看重的是双龙的技术和研发能力以及国际市场销售网络；双龙看重的是上汽的资金和中国的汽车销售市场。从双方战略目标来看应该是优势互补、资源互补，具有高度战略协同性和可操作性。在此次并购交易中上汽方把战略目标聚焦在技术获得上，双龙则把战略目标聚焦在资金获得及市场开发上，双方战略目标的实现比较接近于"市场换技术"。但从战略动态演化来看却出现了明显的战略冲突。

并购后双龙方很快发现上汽的核心目标就是双龙的技术和研发能力，双龙借助上汽在中国市场拓展的潜力远没有当初想象中的乐观。于是双龙方的战略由积极进取的市场开发战略转变为消极保守的市场防御战略，核心目标是防止技术转移到上汽，防止双龙的生产能力转移到中国。围绕这一防御战略，为防止技术和生产能力转移，双龙原管理层及工会采取了直接对抗策略，包括设置专人把守研发中心大门，坚决禁止中国人进入双龙的研发中心，通过罢工阻止上汽战略规划的执行。

针对双龙方的市场防御战略，上汽曾先后四次修改计划试图打破控制链条：一是 2005 年初，计划通过进口零部件的形式到中国组装、生产，间接获得技术。结果苏镇珣和双龙工会强烈反对，上汽后来停止了该计划；二是 2005 年 8 月推出 S-100 计划，双龙和上汽拟以各占 50% 比例在中国合资建厂，在 2007 年底实现双龙产品国产化。结果双龙工会发动了"阻止双龙汽车作用降低及汽车产业技术流出"的总罢工，该计划于 2006 年初终止；三是 2006 年 6 月上汽与崔馨铎为代表的双龙新管理层签订了 L—计划，规定上汽有权在中国使用凯龙车型的相关技术，并制造、销售基于该技术变更的衍生产品及零部件。结果双龙工会认为这是上汽转移技术的开始，因此发动了长达 49 天的玉碎罢工，使该计划终止；四是 2007 年 3 月，上汽计划与双龙在中国建立合资公司，最晚在 2011 年以前开始投产，实现双龙国产化。但仍遭受到工会不断罢工抵制，直至 2009 年初上汽退出双龙，该计划也未能实施。上汽得不到技术，双龙自然也难以顺利得到上汽的资金，尽管上汽在 2006 年先后向双龙工会承诺在之后五年投资韩国双龙大约 10 亿美元，到 2009 年为止每年投资约 3 000 亿韩元开发新车，但承诺也迟迟不予兑现，这也屡屡成为双龙工会罢工的理由。由于缺少足够的资金支持，双龙自身也一直没有能力开发新产品，致使双龙的大批研发人才不断流失，企业亏损加重，只能向上汽寻求资金支持，而这种情形反使双龙工会更加确信只有保护好"技术"这一筹码，才有可能换来更多资金支持，于是并购双方自始至终都在战略僵持中对峙，双方都没能找到适应战略演化的协同策略打破僵持，最终导致"双输"。

从平安对家化的并购来看，并购之初平安的战略目标更多是财务利益而并非是对实体产业的青睐，而家化方面则是为摆脱国有体制的束缚，寻求一个自由发展的空间。基于上述动机，家化选择了平安。双方的初始并购动机比较契合，但在并购后战略协同很快演化为战略冲突。平安与家化的战略冲突主要表现为公司层战略方向选择上的严重冲突——管理层拟让家化多元化发展，而控股股东则主张专业化发展。从 2007 年开始，以葛文耀为核心的家化原管理层就拟实施多元化发展战略，进军综合时尚产业，但受制于国有体制层层审批的束缚，多元化战略始终停留在计划之中。2011 年在平安收购家化时，平安承诺支持葛的多元化战略，葛也按多元化思路设计家化的发展路径。但在 2012 年 5 月，当葛将筹划已久的收购海鸥手表项目计划拟付诸实施时却遭平安否决，这也标志着葛的多元化战略与平安对家化的战略安排出现明显冲突。

面对战略冲突，平安方面主要做了四项工作：一是明确强调家化未来发展战略不清晰，邀请国际咨询机构——贝恩资本参与制定上海家化的未来发展战略。之所以引入贝恩资本做战略咨询顾问，是因为众多中高层管理人员对于公司未来的战略规划都有着各自不同的见解。为了统一整个团队的经营思路，借助贝恩资本提供的方法论与战略模型，与家化管理团队共同制定新规划。二是与机构投资者充分沟通，并获得机构投资者对家化未来战略定位的认同，即家化精耕细作于日化行业，而非收购前葛文耀力推的时尚综合产业更有利于家化长远价值。三是调整品牌战略。尽管仍然坚持葛文耀控制时期的多品牌战略，但在未来家化将专注于化妆品、个人护理用品和家居护理用品三大领域，聚焦中高端女士护肤、男士护肤、大众洗护、大众护肤、婴童护理等五大市场，集中资源发展"六神"、"佰草集"、"高夫"、"美加净"、"启初"等五大核心品牌，同时重新诊断和调整包括葛文耀于 2013 年 8 月刚刚推出的"恒妍"在内的非核心品牌产品的经营策略。四是实施品牌收购战略，未来家化将围绕新战略规划开展产业收购，但被并企业将集中在彩妆、口腔护理等领域，与现有产品系列形成互补效应。2014 年 3 月，谢文坚在出任家化董事长后的家化 2013 年度业绩说明会上清楚地阐释了家化聚焦日化专业化发展的公司层战略以及聚焦核心品牌的业务层战略。平安所主张的这一战略规划取代了葛文耀主导的多元化发展思路，并得到了家化中高层管理者及机构投资者的广泛认同。

比较两个案例可以发现，战略冲突是导致两个案例中控制权冲突的关键因素。在上汽双龙案例中，战略方向没有问题，但在战略演化中上汽与双龙没有找到战略协同点，主要是上汽没能在双龙的防御战略中找到突破口，致使战略规划难以落实，控制权冲突更加剧了战略实施的困难，战略演化转变为战略僵持。战略僵持局面也使双龙的资源依赖仍停留在原来状态，双龙基于资源依赖的控制权基础也就没发生任何改变。而在平安家化案例中，战略冲突本身引发了控制权冲突，但平安方面通过引入专业咨询机构和职业经理人，加强同机构投资者沟通，重新调整家化的经营战略和品牌战略，构建了家化专业化发展的新型战略平台。新型战略平台也把平安的资源优势——资本市场运作能力嵌入到家化发展战略之中，从而构建了平安与家化战略协同的基础，而新型战略平台对家化原有资源的依赖也产生变化，新的资源依赖环境改变了原有的资源依赖方向，从而在一定程度上改变了家化基于资源依赖的控制权基础。

3. 并购契约与外部环境对控制权动态调整的约束

并购契约与外部环境约束着资源依赖和战略演化，进而对并购双方的控制权争夺也发挥了相应的调节作用。因为并购契约是在并购交易之前签署，交易之后其本身不会发生变化，其约束作用跟随外部环境动态变化会相应变化。外部环境因素对两个案例企业的影响主要表现在经济、法律、政府管理、社会舆论等方面。

在上汽并购双龙之初，外部环境还是比较有利于上汽对双龙整合的，韩国的地方政府、社会媒体用"相生"，即"相互依赖、共同成长"来表达对双龙与上汽合作的良好预期。但随着整合冲突的出现，工会接连的罢工、游行，以及工会不断宣传的上汽"违背当初投资协议"，尤其是违反特别协议约定的"保障雇佣和设备不被转移"，谋求"窃取韩国汽车技术"等言论，使韩国地方政府、民众和社会舆论都倒向了工会一边，上汽只能孤军奋战，疲于应付。

在平安与家化的控制权争夺中，争夺之初外部环境因素对平安较不利，主要表现在三方面：一是葛文耀向上海国资委投诉平安变卖资产、变相转让股权，不履行后续投资约定，获得政府支持；二是葛发微博指责平安拥有27.5%的股权却要全权代表100%的股东，以及"平安只知道变卖资产"等言论获得社会公众股东及社会舆论的同情和支持；三是家化股价的下跌，外部股东把原因都归结于平安解除葛文耀家化集团董事长职务造成，外部股东力挺葛。面对外部不利的环境，平安则通过三方面措施进行应对：一是利用微博、匿名信揭露葛的"小金库、账外账"问题，转移外部股东和社会公众视线；二是与政府和机构投资者保持密切沟通，并利用法律手段找到压制葛及原管理层影响力的突破口；三是强调葛在公司治理方面的缺陷，聘用知名职业经理人谢文坚，树立良好的商业形象。三项措施的实施很快改变了外部环境的影响方向，在争夺的后期阶段，外部环境对平安获得家化控制权起到了正向推动作用。

综合以上对影响控制权动态调整的各因素在案例企业控制权争夺中的演化及作用过程的对比分析，并把各因素的作用效果分为强、较强、一般、较弱、弱五个等级，相关因素的影响过程及作用效果可归纳为表7-5。

表 7 – 5　　　　　因素演化对案例企业控制权动态调整的影响

影响因素	演化过程				作用效果	
	上汽方	双龙方	平安方	家化方	上汽双龙	平安家化
股权资本	↗	—	↘	↗	弱	较弱
社会资本	↘	↗	↗	↘	强	强
战略状态	—	↗	↗	↗	强	强
外部环境	↘	↗	↗	↘	一般	一般
并购契约	↘	↗	↘	↗	较强	较弱

注：表中"↗"表示影响力上升；"↘"表示影响力下降；"—"表示没有变化或不适用。

　　表 7 – 5 的数据反映出上汽之所以争夺控制权失败，双龙工会不断增强的社会资本、并购契约的强约束以及整合过程中没能找到战略协同点是根本原因；而平安之所以能顺利收回控制权，在战略演化中夯实战略定位话语权的基础，不断强化自身社会资本，抓住外部环境的有利因素是获胜的关键。比较五方面因素的影响，社会资本和战略状态在两个案例的控制权争夺中都发挥了强影响作用，也反映了在并购交易之后的控制权争夺中，社会资本控制和战略控制的决定性作用。

7.5.3　控制权动态调整方式选择与控制权转移

　　从上述对各影响因素动态分析中可以发现，主并企业在不同时期分别采取了不同的方式实施对控制权动态调整并择机转移。其中调整董事会结构、罢免高管职务是主要调整方式。

　　上汽对双龙先后三次调整董事会结构：2005 年初实行苏镇珀（韩方）和蒋志伟（中方）双代表董事制度；2005 年 11 月解聘苏镇珀，聘用崔馨铎，更换代表董事；2006 年 9 月改革董事会，实行墨斐、陈虹、崔馨铎三代表董事制度。2005 年 11 月也在解聘苏镇珀的同时解聘了与苏关系密切的 6 名高管人员，但董事会重构以及解聘高管都没能动摇工会的控制力。而调整后的计划也屡屡无法实施，有限的资本扶持反而成为工会罢工的借口，最终只能通过产权市场出售股权而放弃控制权。

　　平安对家化先后进行了三次重要的董事会调整：2012 年 11 月，将董事会成员从 6 名扩至 8 名。其中，独立董事由 2 名扩至 3 名，董事由 4 名扩至 5 名，副董事长职位取消，平安信托董事长兼 CEO 童恺进入家化董事会；

2013 年 11 月，董事会增至 9 人，平安指派谢文坚当选新任董事长并增选曲建宁为董事；2014 年 6 月，解聘王茁的董事职务。随着董事会调整，平安的话语权不断增加，直至全部解除葛文耀及其嫡系在董事会中的任职。伴随董事会调整，与葛有密切关联的高管人员也陆续被解聘。同时，通过公司运营战略的调整，强化了对战略的控制能力。在平安争夺家化控制权过程中，虽然没有直接使用法律诉讼的方式，但法律诉讼威慑却是最终结束控制权争夺的"杀手锏"，其对实现家化控制权收回的作用不可低估。

综合比较案例企业控制权动态调整和相机收回方式，如果把各种方式对两个案例企业控制权转移结果的作用划分为强、较强、一般、较弱、弱五个等级，相关调整方式的作用过程及效果如表 7-6 所示。

表 7-6　　　　控制权动态调整方式对控制权转移结果的影响

控制权动态调整和收回方式	采用过程		作用效果	
	上汽双龙	平安家化	上汽双龙	平安家化
资本扶持	○	—	弱	弱
董事会调整	○	○	较强	强
解聘	○	○	较强	强
法律诉讼	—	○	弱	强
规划调整	○	○	弱	较强
产权转让	○	—	强	弱

注：表中"○"表示有该项；"—"表示无该项。

表 7-6 的数据反映出上汽虽然比平安采用了更多的动态调整控制权方式，但相关方式的作用效果并不明显，最终只能借助产权市场让出控制权；而平安所采取的四种方式都对控制权配置的调整直至最终收回产生了明显的效果，尤其是利用法律诉讼威慑，压制住葛文耀及其嫡系的社会资本影响力，最终相机罢免了原管理层核心人物的职务，收回了家化的控制权。

7.6

研究发现与讨论

本章通过对上汽双龙和平安家化两个并购案例的对比分析，从初始配置、动态调整和相机转移三个阶段考察了海外并购中控制权相比于控股权延后转移情形下，控制权动态调整、相机转移的决定因素。所选取的两个案例一个属于国内企业间的并购，一个属于跨境进行的海外并购，尽管国内并购与海外并购的影响因素有所不同，但并购的本质是一致的。研究发现，案例中的主并企业都是资本实力较强的优势企业，目标企业也是规模相当，知识和技术资源较丰富的企业。但在实际控制权争夺过程中，两个主并企业采取了不尽相同的策略，随之也出现了截然不同的结果：上汽实施的海外并购控制权转移失败，平安实施的国内并购控制权转移成功。

进一步分析发现，上汽之所以始终无法实现对双龙的控制，本质原因之一是在并购之后只是与以苏镇瑄为核心的原管理层和工会展开正面交锋，未能真正阻断双龙原控制人的个人社会资本与组织社会资本的高度契合；本质原因之二是未能跟随战略演化构建一个并购双方都能接受的战略协同平台，致使并购双方战略僵持，双龙基于关键资源依赖的控制权基础始终未发生改变。尽管上汽也采取了与平安大致相同的控制权收回策略，但效果微弱，双龙的控制权最终被工会牢牢把握。图 7 - 2 是对上汽双龙在资源依赖、战略演化中的控制权冲突及动态调整、相机转移过程的总结。

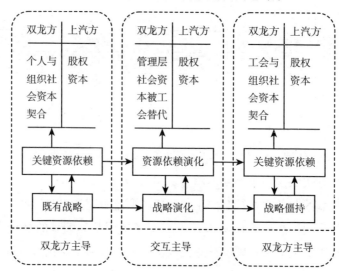

图 7 - 2　资源依赖、战略演化与双龙的控制权转移

与上汽不同，平安之所以如愿收回控制权，其本质原因是在阻断以葛文耀为核心的管理层个人社会资本与组织社会资本契合的过程中，围绕聚焦日化产业、聚焦核心品牌构造了战略演化的基础环境并及时调整了战略，战略的调整也降低了家化对葛及其嫡系的个人社会资本的依赖，这种背景下采取适当的方式择机收回控制权就成了顺理成章的选择。图 7 - 3 是对平安家化在资源依赖、战略演化中完成控制权转移的总结。

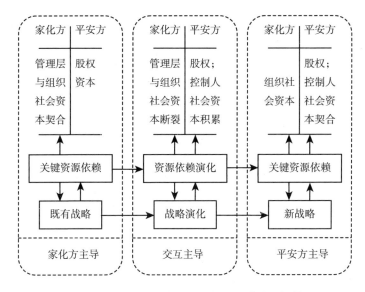

图 7 - 3　资源依赖、战略演化与家化的控制权转移

图 7 - 2 与图 7 - 3 的对比可以发现，在控制权初始配置、动态调整及相机转移三个阶段中，关键资源依赖是被并企业控制权的基础；管理层个人社会资本及其与组织社会资本的契合对控制权的掌控发挥了重要作用。同时，战略选择与关键资源依赖呈现出双向互动关系，战略演化可改变组织关键资源的依赖方向；而关键资源的演化又促进了战略方向的调整。因此，能否基于自身资源优势在战略演化中构造与被并企业契合的战略协同平台，对主并企业能否顺利收回控制权发挥了至关重要的作用。

上述研究结论对并购交易后主并企业利益保护具有理论贡献和实践意义，而两个案例中控制权冲突表象之后的控制权配置逻辑也应引起中国企业海外并购实践的高度重视。

1. 海外并购中管理层控制的"底线"是什么

阿吉翁和泰若尔（1997）将控制权分为名义控制权与实际控制权，名义控制权是指做出决定的权力，即股东大会对公司的战略发展方向、公司的重大经营改变等做出决定的权力；而实际控制权指的是公司权力部门做出发展决议之后，由公司管理层等执行部门具体执行决议，在执行过程中，管理层实际控制着决议的执行方向和程度，因此，其往往拥有对公司的实际控制权。名义控制权只是理论上的推演，实际控制权才是现实的决策权力。刘磊和万迪昉（2004）则将控制权分为一般控制权和核心控制权。一般控制权通常被赋予人力资本所有者；而掌握在所有者手中的核心控制权则是一种或然权力，仅在特殊情形下被激活。上述两种观点比较相似，即一方面承认了控股股东的权力，但又认为它是象征性的，实际权力掌握在管理层手中；另一方面形式性的控股股东控制权力可以被激活。尽管上述认识中没有进一步解释哪些属于激活控股股东权力的特殊情形，但从阿吉翁和泰若尔（1997）对名义控制权所给出的定义看，"公司的战略发展方向、公司的重大经营改变等做出决定的权力"必然属于刘磊和万迪昉（2004）强调的"特殊情形"。基于这些理论认识可以发现，放权给管理层实施管理层控制并不是引发控制权争夺的本质原因，本书中的两个案例都是在战略演化中出现了"特殊情形"——产生了明显的关键资源失控和战略冲突才激活了控股股东动态调整并回收权力的欲望。那么，并购交易后管理层控制是否容易产生战略冲突？诺艾瑞克（Knoerich，2010）在对5家被中国公司收购且实施管理层控制的德国公司研究后发现，中国主并企业明确的战略需求是进入高端细分市场，而被并企业德国公司明确的战略需求是进入低端细分市场，并购双方的战略需求嵌套在更广泛的全球经济环境中，并购交易后并购双方不仅没有产生战略冲突，反而在协同发展中实现了战略上高度互补。由此可见，管理层控制也不是并购后战略冲突的根源，本书中管理层控制下的战略冲突是并购交易后的战略演化中某一方战略改变所致。基于这些分析可以认为，并购交易后授权给管理层实施管理层控制并不必然引发控制权争夺，但管理层控制下控制人用权超越"底线"，激活控股股东"名义控制权"，由此引发了控制权争夺。那么，管理层控制的"底线"是什么？

基于上述理论分析并结合本章的案例研究可以发现，从主并企业角度来看，让渡控制权给管理层的"底线"应该有两条：一条是核心控制权（刘磊、万迪昉，2004）不能让渡，以保障控股股东潜在的顶层控制权力。这一核心控制权主要是被并企业关键资源和战略方向控制权。核心控制权作为一种或然权力存在，当拥有一般控制权的管理层的决策方向与主并企业目标一致时，这一权力处于闲置状态，而当管理层的决策方向与主并企业核心利益出现冲突时核心控制权会被激活，控股股东即会利用顶层控制权力动态调整一般控制权配置，甚至完成一般控制权的相机转移。案例企业中上汽集团在双龙控制权初始配置中同意双龙工会参与董事会决策是核心控制权的让渡，这种权力让渡成为上汽集团最终无法收回一般控制权的关键因素之一。

另一条是主并企业激活核心控制权的能力。这种能力主要包括所有权能力、内部化能力和战略控制能力。当管理层谋求控制权私利而致主并企业核心利益受到侵害时，主并企业应该有能力行使顶层控制权力制止管理层的私利行为，甚至收回一般控制权。案例企业中上汽集团未能收回一般控制权的另一关键原因是上汽集团所有权能力、内部化能力的缺乏以及未能开发一个使被并企业战略依赖的战略控制平台，致使出现关键资源失控以及战略冲突时，上汽意欲通过顶层控制权力收回一般控制权，但却因无能力行使核心控制权致使一般控制权转移失败。

2. 海外并购中如何嵌入被并企业社会资本控制链

传统理论认为股权资本决定着控制权的归属，股东的持股比例直接表现为控制权（Aghion & Tirole，1997；LLSV，1999；La Porta et al.，1999），并购即是通过股权购买获得目标公司控制权的行为（Manne，1965）。而本书在对两个案例对比分析后发现，股权资本在两个控制权争夺事件中并未发挥明显的作用，即使是绝对控股的上汽，控股权并没能顺利转化为控制权。在两个控制权争夺事件中，管理层的个人社会资本及其与组织社会资本的契合成为掌握控制权的重要因素。这是否表明在并购情境下社会资本对控制权归属更具影响力？

高闯和关鑫（2008，2011）、赵晶等（2014）认为，社会资本是企业的关键性资源，企业实际控制人要拥有控制权并保持控制权的稳定性，就需要提升个人社会资本与组织社会资本的契合度，控制企业的社会资本。易阳等（2016）针对雷士照明公司的控制权争夺在分析创始人运用专用资产形成的堑壕效应阻止控制权转移时也强调，要约束创始人的私利行为，需要阻断创始人与外部利益相关方形成的隐性契约，用组织的显性契约替代创始人个人的隐性契约，这一结论也强调了社会资本在控制权配置中的关键作用。

本书中的两个被并企业在社会资本方面有着三方面共同特征：一是组织社会资本是企业发展所依托的重要资源。双龙的技术、研发能力和经销商网络，家化的品牌、技术和经销商网络构成了两个企业不可或缺的关键资源。从这方面来看，两个被并企业呈现出较强的组织社会资本依赖属性。二是管理层个人社会资本丰厚且都有"领袖级"人物。不论是以苏镇琯为核心的双龙原管理层，还是以葛文耀为核心的家化原管理层，在多年经营管理企业过程中都累积了丰富的管理经验和广泛的人脉关系，尤其核心人物的作用更为突出。三是管理层个人社会资本与组织社会资本高度契合。不论是苏镇琯还是葛文耀，都是被并企业的"元老"，他们在多年管理和控制被并企业过程中，不仅培养了自己的管理团队，更与各利益相关群体构建了稳定的社会关系，个人与组织社会资本深度黏合。正是上述三个特征使被并企业管理层拥有很强的控制基础，这种限制其他组织获取关键资源的能力赋予了他们在交易关系中的权力（Inkpen & Beamish，1997）。当控股股东与管理层展开控制权争夺时，就凸显出这种权力的作用。这一权力关系的形成机理如图7-4所示。上述分析虽然不能证明在并购情境下社会资本对控制权归属具有普适性的影响力，但对于具有强社会资本依赖特征，且管理层个人社会资本与组织社会资本高度契合的被并企业来讲，社会资本对控制权掌控具有更强的影响力。

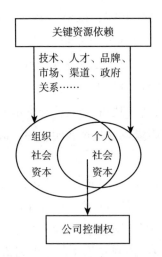

图7-4　社会资本依赖与公司控制

与境内企业间并购相比，海外并购受社会文化因素的影响更大（Guiso et al.，2006；Dikova & Sahib，2013），跨文化整合的难度更高（拉杰科斯，2001）。由于跨文化、跨区域的约束，主并企业嵌入被并企业社会资本控制链的难度更大，这也是海外并购中更多实施管理层控制的又一原因。但是，当并购交易后出现控制权冲突时，管理层的社会资本资源又成为主并企业收回控制权的障碍。因此，并购交易后如何嵌入被并企业社会资本控制链也是构建主并企业控制权基础的重要内容。

从案例企业的控制权争夺过程来看，嵌入被并企业社会资本控制链应重点把握两个环节：一是重视关键性人力资本资源的开发和使用。关键性人力资本资源是被并企业中集专用性人力资本与社会网络联结于一身的核心人

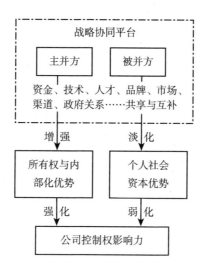

图 7 - 5　战略协同平台开发与公司控制

才，上汽和平安在并购后都尝试从企业内部选拔这类人才①，但所选拔的人才具备技术优势而缺少社会网络联结优势，之后上汽和平安又都采用外部开发的方式从经理人市场聘用知名职业经理人，与上汽比较，平安所聘用的职业经理人在社会关系方面更胜一筹②，成为平安收回控制权的重要力量；二是阻断原有个人社会资本与组织社会资本的联结。个人与组织社会资本深度黏合造成了企业对管理层个人的强依赖，因此，只有采用适当方式改变原有的依赖关系才能使主并企业嵌入到重构的企业社会关系网络之中。比较两个案例事件，上汽在阻断原有个人社会资本与组织社会资本的联结方面比较失败，既没能彻底清除原管理层的影响力，也没能通过战略调整构建新的社会关系网络；而平安则抓住原管理层"小金库"这一重要把柄，利用法律诉讼威慑有效扼制了原管理层社会关系网络的作用，并通过战略调整重新构建了由自身主导的企业社会关系网络。

3. 战略协同平台开发中如何构造主并企业的控制权优势

邓宁（1977）提出的国际生产折衷理论认为，企业对外直接投资应具备所有权优势、内部化优势和区位优势三个基本条件。其中所有权优势强调

---

①　上汽曾任命原双龙汽车研发中心和产品开发部执行总监崔馨铎任代理社长；平安则重用了曾被葛文耀的得力助手王茁替换出董事会的原董事曲建宁。

②　平安所聘用的谢文坚对中国市场和社会文化更熟悉；上汽聘用的澳大利亚籍的墨斐则对韩国市场和社会文化较陌生。

的是投资方应该具有某种核心能力优势，包括资金、品牌、渠道、技术和人才等；内部化优势强调的是投资方应该具有把目标企业的资源与自身能力很好地契合，最大限度地发挥协同作用的能力。赛罗沃（Sirower，1997）也指出，公司并购主要通过协同效应实现帕累托效率的改进，一个公司并购另外一个公司后，应产出比并购前两个公司产出之和还要大的绩效。邓宁（2000）强调，判断企业并购能否成功，最终要看并购是否在主并企业与被并企业的合作中真正延续或构建了主并企业的核心竞争优势。上述理论认识的核心都在强调企业对外投资必须存在能力基础，基于自身能力与合作方能力的协同才是共赢的关键。

李晓华（2011）在对中国企业跨境并购失败原因的分析中发现，中国的国家环境对促进企业发展比较有利，可以说国家具有相当高的竞争力，中国也不缺少资本实力较强的企业，但这并不代表中国企业跨国经营时就一定具有所有权能力，不能基于战略协同实现对被并企业内部化运营是中国企业海外并购失败较多的根本原因。刘文纲（2007）通过对TCL集团和万向集团跨国并购实践比较，发现基于自身能力构建并购双方高度契合的战略协同平台是消化吸收被并企业无形资源的关键手段，也是万向集团在美国成功实施多起并购的本质原因。

本书中的两个案例事件，表面上看在战略演化中上汽尝试的各种办法都被双龙管理层或工会阻止，实则是自身消化吸收能力不足，未能构建一个让并购双方双赢的战略协同平台，导致内部化利用双龙资源的途径只能是粗放的"拿来"，最终使并购双方战略僵持。因此，所有权能力和内部化能力不足或者说对目标企业选择的错误才是上汽对双龙控制权转移失败的关键。与上汽不同，尽管平安更缺少经营实业的经验，但平安通过聘请国际专业咨询机构，聘用具有较强实业经营能力的职业经理人，围绕"聚焦日化"的战略定位重新构建了并购双方协调运作的战略协同平台才是问题的关键，而通过战略协同平台的构建，平安也适时地将自身的资源优势嵌入到与家化的协同发展之中，客观上也增强了家化对平安资源的依赖，强化了平安对家化控制的所有权基础。这一通过战略协同平台开发构造主并企业控制权优势的运作机理如图7-5所示。另外，两个案例事件的控制权争夺过程也显示，并购交易后对被并企业的控制是由关键资源控制到战略控制的动态演化过程，在这一过程中，只有做到战略控制，才能实现对被并企业的整体控制。

7.7

本章小结

　　并购交易后因被并方的控制权未随控股股权转移给控股股东而引发的控制权冲突问题越来越受到重视，本章重点研究并购交易后被并企业控制权动态调整、相机转移的决定因素。通过将上汽双龙与平安家化两个控制权冲突案例对比分析发现：并购契约是控制权配置、动态调整和相机转移的重要调节因素；并购交易后管理层控制的资源基础是社会资本；被并企业对组织和个人社会资本的依赖阻碍了控制权向主并企业转移；引发主并企业与管理层控制权冲突的关键因素是战略冲突；战略演化可使组织对个人社会资本依赖程度改变，进而构建主并企业控制基础。本章在上述研究发现的基础上进一步分析认为，海外并购后实施管理层控制应重视两条"底线"：一是一般控制权力可以让渡，核心控制权力不能让渡，且在让渡一般控制权时，关键点控制权不能让渡；二是让渡一般控制权力应该以主并企业动态调整、收回权力的能力为依据。海外并购交易完成后，主并企业应重视对被并企业社会资本控制链的嵌入，应基于自身所有权能力、内部化能力积极开发并购双方战略协同平台，在战略演化中围绕主并方核心控制权构筑主并企业的顶层控制基础。本章的主要贡献在于结合案例分析从理论上进一步讨论了控制权初始配置、动态调整、相机转移的内在逻辑；从实践角度对中国企业海外并购中的控制权动态调整和相机转移策略提出了参考建议。

第 **8** 章

结论与建议

本书在对控制权配置的关键概念界定基础上，对控制权及其相机配置的研究文献进行了梳理，设计了企业控制权相机配置的影响因素分析框架；将企业控制权相机配置纳入并购和跨国并购情境中分析，通过对并购后控制及跨国并购中子公司控制研究文献的理论回顾，基于跨国并购后的子公司控制模式选择开发了综合分析模型。以理论分析为基础，本书从跨区域角度、跨行业角度对中国企业海外并购中控制权相机配置的影响因素及模式选择进行DIM 方法比较分析和跨案例比较分析，之后对并购交易完成后被并企业控制权的动态调整和相机转移进行了双案例比较分析，综合讨论了并购交易中控制权初始配置、并购交易后控制权动态调整、相机转移的关键影响因素和策略。

本书采用 DIM 比较分析和跨案例分析的研究方法对中国企业海外并购中的控制权配置问题进行研究，主要回答了三个关键问题：海外并购中放权给管理层实施管理层控制的理论基础是什么；决定海外并购中控制权初始配置、动态调整、相机转移的关键要素是什么；基于不同区域、不同行业的海外并购选择何种控制方式最有效率。

本书的主要研究结论、建议、创新点和贡献、研究不足之处归纳如下。

8.1
主要结论

本书通过理论分析和案例分析，得出以下主要研究结论：

（1）控制权配置是集决策机制、监督机制、激励机制为一体的综合权力体系设计，其配置过程受资源依赖、战略状态、环境条件等多方面因素影响，与相关影响因素"状态依存"进行相机配置是控制权配置的基本指导思想。

（2）并购后的控制影响着并购双方的关系。与创业企业比较，被并企业控制权配置影响因素更为复杂，跨国并购则再次增加了这种复杂性。在有利、中等、不利三种配置环境中，对应选择整体控制或关键点控制、关键点控制、放弃并购进入模式的控制权配置策略，对提升跨国投资效率具有重要意义。

（3）在中国企业海外并购快速发展的同时，在控制权配置方面重视获取交易机会而忽视被并企业控制的现象比较普遍，具体问题表现在过度放权、高估自身的控制能力、与管理层间存在战略冲突、管理层控制成本过大以及监督激励机制不完善等方面。

（4）从中国企业的自身能力看，在某些领域已经具备了相对优势甚至绝对优势，但在某些领域则存在能力上的软肋。主要表现在财务资本实力和外部环境助推力较强，在初级产业和低端制造业领域也具备了明显的所有权能力和内部化能力，但在中高端制造业和服务业中的所有权能力和内部化能力较弱，同时，中国企业整体战略协调能力较差，海外子公司的治理能力弱，这种弱势格局制约着中国企业海外并购中对被并企业的整体控制能力。

（5）应用 DIM 方法进行比较分析发现：当股权结构分散，公司信息通过外部市场获得性强且获得成本较低时，企业控制权可选择市场型配置模式，公司内部通过强化中短期激励把管理层利益与公司利益捆绑，将控制权配置给管理层，控股股东只对关键点控制；当股权结构集中，股东参与公司控制与监督的成本相对较低时，企业控制权可选择关系型配置模式，控股股东依托公司内部信息通过积极参与内部治理进行整体控制，并通过与利益相关者合作，以及构建内部稳定的晋升通道、长期的绩效考核机制把各利益相关者利益与股东利益协调起来实现共赢。

（6）东道国制度环境是海外并购中控制权配置的重要调节因素。对五个国家进行典型案例分析发现，东道国对股权结构安排、反垄断、就业保障三个方面的监管规制对控制权初始配置中的控股权比例、决策结构安排以及激励机制的构建发挥着政策调节作用，制约着按一般理论逻辑设计的控制权配置体系的构建。

（7）并购目标影响着海外并购的控制权配置。在控制权获得方面，自然资源寻求型海外并购比无形资源吸收型海外并购更容易受东道国制度环境的制约，而战略协同能力在两类并购行为中发挥着同样重要的作用；在控制权配置倾向方面，自然资源寻求型海外并购适合控股股东整体控制，无形资源吸收型海外并购则适合向管理层让渡控制权，控股股东实施关键点控制；在并购股权比例方面，自然资源寻求型海外并购中并购比例和并购规模对控股权获得呈负向影响，这主要是由于东道国制度环境的约束；无形资源吸收型海外并购中并购比例和并购规模对控制权掌控并无明显影响。另外，在两类并购行为中，支付方式对控制权稳定具有重要影响作用，高负债的财务运行模式并不利于管理层控制下的绩效提升。

（8）社会资本对并购中的控制权相机配置、动态调整和相机转移具有关键约束作用。并购交易后管理层控制的资源基础是社会资本；被并企业对组织和个人社会资本的依赖阻碍了控制权向主并企业转移；引发主并企业与管理层控制权冲突的关键因素是战略冲突；战略演化可使组织对个人社会资本依赖程度改变，进而构建主并企业控制基础。

（9）海外并购后实施管理层控制应该重视两条"底线"：一是一般控制权可以让渡，核心控制权不能让渡，且在让渡一般控制权时，关键点控制权不能让渡；二是让渡一般控制权应该以主并企业动态调整、收回权力的能力为依托。海外并购交易完成后，主并企业应重视对被并企业社会资本控制链的嵌入，应基于自身所有权能力、内部化能力积极开发并购双方战略协同平台，在战略演化中围绕主并方核心控制权构筑主并企业的顶层控制基础。另外，案例研究发现，并购契约是控制权初始配置、动态调整和相机转移的重要调节因素。

8.2
政策建议

本书的研究结论对中国企业海外并购中的控制权相机配置提供了一定参考，围绕这些结论，本书提出以下政策建议：

（1）海外并购中主并企业应重视控制权让渡的"底线"。

国内企业并购中，主并企业经常在并购后对被并企业实施废弃旧有制度、更换原有管理团队的"大刀阔斧"改革（乐琦、蓝海林，2010），与此相反，本书在案例分析中发现，中国企业海外并购时却往往大幅度保留原管理团队，让权给管理层实施管理层控制。乐琦、蓝海林（2010）通过实证研究发现，过度集权进行正式控制并不一定有利于并购绩效的实现，因此建议主并企业并购后要注意非正式的沟通和企业文化融合，提升非正式控制程度。本书发现，与国内并购不同，海外并购中的过度让权实行非正式控制则制约了并购目标的实现，因此，海外并购中应该重视强化正式控制机制的运用，向管理层让渡控制权必须注意把握"底线"。对于把握让权的底线，本书有三方面具体建议：第一，并购之初的控制权初始配置中可以让渡一般控制权，但不能让渡核心控制权。不论是基于高股权比例的整体控制还是低股权比例的关键点控制，主并企业必须掌握对被并企业战略方向和关键资源的决策权。在交易机会获得和控制权让渡的权衡中，尤其注意不能为降低交易的初始成本和获得交易机会而让渡核心控制权。第二，做好让权与收权能力的权衡。一般控制权的让渡要以激活核心控制权的能力做保障，当权力让渡引发权力冲突致使主并企业核心利益受到威胁时，主并企业应该拥有利用控股股东的身份调整被并企业决策结构、撤换被并企业管理层人员、维持被并企业稳定运营的能力。第三，保留原管理团队与动态增加"自己的人"相结合。并购交易后对被并企业原管理团队的信任是让权的基础，但信任不等于放任，保留原管理团队不等于封闭原管理团队，并购交易完成后主并企业需适时选派"自己的人"融入被并企业管理层中，以此保障当核心控制权被激活时控股股东的动态控制能力。管理大师德鲁克（1986）在总结"成功兼并的五条原则"时就曾指出，主并企业如果没有能力或没有准备向被并企业提供新的最高管理层，这个收购活动就不太可能成功；不管被并企业的管理人员多么有能力，他们通常都不应该继续留任，而外部录用新的高层管理人员则是一种很少取得成功的冒险。德鲁克甚至强调，向被并企业派驻最高管理层在并购后最多一年的时间内才能很好地保证并购目标的实现。尽管德鲁克的思想过于尖锐，但也充分反映了让权给管理层对并购的成功并非很有益。

（2）尽职调查中应基于自身治理能力和目标企业治理环境的评估，做好控制权配置体系设计。

本书的理论分析与案例分析都发现，控制权相机配置并非单指决策权的安排，它应该是决策机制、监督机制与激励机制相互作用、相互制约的综合权力体系的设计。这一权力体系的设计既要考虑主并企业的治理能力，更要考虑目标企业的治理环境。中国企业海外并购中简单放权的做法既缺少对决策权配置的相机设计，又缺乏决策机制与监督机制、激励机制相互呼应的考虑，结果导致了控制成本过大以及监督激励机制不配套等问题。因此，本书建议，将控制权配置体系设计纳入到海外并购的尽职调查和并购设计之中，根据不同区域文化环境、不同目标企业治理环境，相机确定控股股东控制的重点。其中，对于股东监督成本低、外部监督能力较强、管理层激励手段比较完善的目标企业，控股股东主要抓监督、激励环节，采用管理层控制；对于股东监督成本高、外部监督能力较差、管理层激励成本较高的目标企业，采用控股股东控制，适当弱化对外部监督和管理层物质激励手段的依赖。

（3）理性分析不同东道国的区域治理特征和制度环境的约束，适应性选择被并企业的控制权配置方式。

采用 DIM 方法对不同东道国的区域治理特征的比较分析以及对典型东道国的制度环境分析表明，外部环境因素在很大程度上约束着目标企业控制权配置方式的选择。与文化环境相融合的区域治理特征约束着控制权是选择市场型配置模式还是关系型配置模式；而东道国制度环境则对进入模式、控股结构等发挥着调节作用。因此，本书建议：第一，中国企业在不同区域开展并购活动应当尊重区域文化特点，根据区域治理环境特征，适应性选择控制权配置模式并构建控制权体系。其中，在美英区域重视市场化配置模式的采用——控制权配置给管理层，控股股东重视关键点控制；在美英以外的区域重视关系型配置模式的采用——控股股东积极参与内部治理，控制权配置给由重要股东控制的董事会，重视对被并企业的整体控制。第二，对具体目标企业的 DIM 治理特征进行评价，围绕相应的控制权配置模式完善影响控制权配置的薄弱环节。其中，采用市场化配置模式时，重视监督机制和激励机制的完善；采用关系型配置模式时，重视同其他利益相关者的协作，营造共同治理的决策氛围。③重视东道国法律规制等制度环境对海外并购中控制权配置的影响，在行业准入、股权集中度及股东身份等方面策略应对，相机配置控制权。尤其是针对中国国有企业股东身份上的敏感性问题，可通过引入战略合作伙伴进行混合所有制处置，模糊收购方的身份，策略应对西方发达国家对中国国有企业股东身份的质疑以及政治性歧视行为。

（4）根据主并企业的并购目标和被并企业的行业特点相机确定控制方式和控制程度。

阿吉翁和伯尔顿（1992）认为经营者收益与企业总收益线性相关，那么企业最好由经营者控制；如果企业货币收益与总收益线性相关，企业最好由资本所有者控制。这一思想反映了基于企业行业属性的不同，企业的控制权配置倾向应不同。本书把中国企业的海外并购分为自然资源寻求型和无形资源吸收型两大类，研究发现不论是在东道国的制度环境限制方面还是在被并企业的协同方面，对两类并购的控制权配置都有不同的影响。其中，外部环境因素在自然资源寻求型海外并购中的制约作用更明显；管理层的作用在无形资源吸收型海外并购中更关键。同时，针对中国企业海外并购中控制权配置能力的分析发现，中国企业在一些行业领域已经具备了相对优势甚至绝对优势，但在另一些行业领域则存在能力上的软肋。主要表现在初级产业和低端制造业具备了明显的所有权能力和内部化能力，但在中高端制造业和服务业中所有权能力和内部化能力较弱。根据这些研究发现，本书建议在中国企业海外并购中应根据并购目标的差异和自身在不同行业领域内的控制权配置能力，对被并企业采取不同的控制方式和控制程度。具体建议是：第一，对处于初级产业领域的自然资源寻求型海外并购，应以整体控制为目标，重视并购交易阶段股权的获得，重视同东道国各利益关系者的公关沟通，充分利用货币资本方面的所有权优势换取目标企业的资源控制权，并通过战略协同实现股东对被并企业的整体控制。第二，对处于低端制造业领域的无形资源吸收型海外并购，应以整体控制为目标，利用自身所有权能力和内部化能力以资产收购的方式吸并目标方，通过高度内部化实现并购目标。第三，对处于中高端制造业和服务业领域的无形资源吸收型海外并购应正视自身所有权能力和内部化能力不足的事实，从小规模、小比例并购获取对目标企业关键资源点控制入手，实施管理层控制，通过构建并购双方战略协同平台提升被并企业的战略依附性，逐步实现从关键点控制到整体控制的过渡。

（5）并购交易完成后重视主并企业控制权基础的构建，动态把握从关键点控制到整体控制的转变。

通过案例分析本书发现，并购交易完成后让权给管理层实施管理层控制可能会导致控制冲突。当出现控制冲突时，主并企业对控制权初始配置的动态调整或相机转移是消除冲突的主要手段。但是，主并企业能否顺利实现控制权的动态调整或相机转移，取决于主并企业是否构建了对被并企业的控制基础。这种基础不仅包括社会网络关系，更重要的是联结并购双方的战略协同平台的开发。德鲁克（1986）认为，并购双方单靠财务上的联结远远不够，成功的收购要求在主并企业和被并企业之间存在共同的核心结合点，这些核心结合点包括市场方面的，也包括技术方面的，还包括战略方面的。基于并购交易后管理层控制的资源基础是社会资本，被并企业对组织和个人社会资本的依赖阻碍着控制权向主并企业转移，本书建议：第一，海外并购的目标企业应从主并企业的战略合作伙伴中优选，合作基础重于合作机会。第二，海外并购交易完成后，主并企业应重视对被并企业社会资本控制链的嵌入，在重视人才开发和培养的过程中降低被并企业对原有管理层社会关系网络的依赖。在战略协同平台开发方面本书建议：一是并购之前即应基于自身所有权能力、内部化能力对并购双方战略协同实现的路径进行精心策划和设计，并在并购后积极坚持并落实。二是并购交易后应以自身资源优势为基础，开发使被并企业依赖的战略协同平台，通过战略协同将并购双方紧密联结在一起。只有并购方彻底考虑了它能够为所要购买的目标企业做出什么贡献，而不是目标企业能为并购方做出什么贡献时，收购才会成功。这种贡献并不局限在资金方面，而是任何能够给被收购公司带来新的潜在绩效的东西（Drucker，1986）。三是通过战略协同形成对被并企业的潜在控制，相机实现从关键点控制到整体控制的转变。四是针对中国企业海外并购中过于依赖财务优势的现象，本书认为单纯的财务牵制所形成的控制权基础比较脆弱，建议海外并购中重视支付方式多样化，改变目标企业对并购方过高的财务依赖关系，只有从财务依赖转变为战略依赖才能真正夯实主并企业的控制权基础。

（6）设计一个从并购初期的控制权初始配置到并购交易后动态调整、相机转移的控股股东顶层控制机制。

设计并实施一个适当的控制结构对于并购是否能够达到主并企业战略目标以及维持其竞争优势都是至关重要的（Geringer & Hebert，1989），没有一个合适的控制机制，主并企业希望通过并购行为达成的目标很难顺利实现（Geringer & Frayne，1990）。事实上，并购交易完成后实施管理层控制还是大股东控制并不是问题的关键，重要的是在并购后的各个阶段都需要一个控股股东顶层控制机制，这个机制不论是真实的还是感知的，都能在当主并企业核心利益受到损害时及时发挥控制作用。因此，本书以海外并购中控制权初始配置、动态调整、相机转移三个阶段中核心控制权的保障、核心控制权的激活、一般控制权的收回为目标，建议在实施管理层控制的海外并购行为中，主并企业在并购之初就应设计一个贯穿控制权配置全过程的控股股东顶层控制机制。这一顶层控制机制中，在并购后控制权初始配置阶段，主并企业应基于并购动机侧重关键权力点的控制，包括关键职位、关键资源、关键决策规则等权力点的控制；随着资源演化和战略演化，主并企业的控制重点应向战略控制转移，通过战略控制构筑全面控制的权力基础；当主并企业核心利益受到侵害，控股股东核心控制权被激活时，通过恰当的控制权转移方式相机完成控制权由管理层向控股股东的转移。这一贯穿并购交易后各个阶段的主并企业顶层控制机制模型如图 8 - 1 所示。

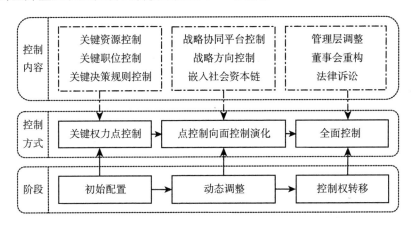

图 8 - 1　海外并购交易后主并企业顶层控制机制模型

8.3
创新点和贡献

　　针对中国企业海外并购中的治理问题，专注于主并企业对被并企业控制策略的研究，本书的主要创新点和贡献表现在以下五个方面：

　　（1）并购后主并企业对被并企业的控制是并购双方关系的核心，并购后的控制方式和控制程度对并购目标的实现和并购绩效具有决定性影响（Shimizu et al. , 2004；Hitt et al. , 2004），但该角度的研究被忽视（Hitt et al. , 2004），具体到跨国并购中控制权配置的研究更为少见。本书以中国企业海外并购为研究对象，专注于跨国并购中控制权相机配置问题的研究，研究视角新颖，相关研究结论为学者今后对该领域展开深入研究提供了理论上的参考。

　　（2）在梳理学者关于控制权配置、并购后的控制及跨国企业对跨国子公司控制相关文献基础上，本书设计了企业控制权相机配置的影响因素分析框架，首次提出跨国并购中整体控制和关键点控制两种控制模式的分类，并基于跨国并购后的子公司控制模式选择开发了综合分析模型，这些设计不仅是本书中应用研究的理论基础，对已有零散研究结论的系统化梳理，也使今后对该领域的研究在理论层面更趋向系统化。

（3）本书在研究方法上主要采用了跨案例分析和比较分析。其中在比较分析方面，本书首次将以往用于社会经济体制比较的 DIM 分析方法引入海外并购控制权配置环境的分析，基于控制权配置的 DIM 特征分析模型，以决策结构（D）、信息结构（I）、动力结构（M）为治理特征变量对海外不同区域的控制权配置环境及控制权配置模式选择进行了分析，分析思路清晰，分析结论明确。该模型不仅可作为中国企业海外并购中基于区位差别的控制权配置模式选择分析框架，也可对海外并购中的具体目标企业进行个体 DIM 特征分析，为科学设计控制权配置模式提供了一个客观的分析工具。

（4）针对中国企业海外并购中不分区域、行业及并购目标简单放权给被并企业管理层实施管理层控制的传统做法，本书明确指出了这种做法的缺陷，并从区域、行业及并购目标三个角度具体讨论了海外并购相机配置控制权策略。其中明确指出了对治理环境适合的美英区域目标企业并购应以控制关键点为主，采用市场型控制模式，重视管理层控制；而对美英以外的区域，尤其是治理环境较差区域目标企业的并购应以整体控制为主，采用关系型控制模式，重视控股股东的控制。同时，中国企业在初级产业和低端制造业领域具备了所有权能力和内部化能力，但在中高端制造业和服务业中所有权能力和内部化能力较弱。因此，对处于初级产业领域的自然资源寻求型海外并购以及低端制造业的无形资源吸收型海外并购应以整体控制为目标，重视控股股东控制；对处于中高端制造业和服务业领域的无形资源吸收型海外并购应正视自身所有权能力和内部化能力不足的事实，从小规模、小比例并购获取对目标企业关键资源点控制入手，实施管理层控制。这些分析结论为中国企业海外并购实践提供了重要参考和借鉴。

（5）本书指出海外并购中放权给管理层实施管理层控制并不表示主并企业可以放任管理层控制，主并企业应该重视自身控制权基础的建设，为实现关键点控制到整体控制的转变做好准备。这其中，嵌入被并企业的社会资本控制链，开发并购双方战略协同平台是构建主并企业控制基础的主要手段。同时，为保障中国企业海外并购目标的实现，有效应对管理层控制下的控制冲突，本书为主并企业设计了一个贯穿控制权配置全过程的控股股东顶层控制机制框架。这些建议对主并企业利益保护也具有重要的参考价值。

8.4
不足之处和研究展望

海外并购中控制权相机配置问题是一个理论价值和应用价值都比较突出的前沿问题，目前理论领域和实践领域对该问题还缺乏重视。本书尽管对该问题进行了梳理和初步研究，但研究方法、研究深度以及研究问题的全面性等方面都存在一定的不足，这些不足也是作者后续研究的方向。

（1）在研究方法方面，本书主要运用跨案例比较法进行典型案例分析。受样本的有限性及有限样本数据的残缺性限制，本书无法进行大样本统计分析，这是本书较大的缺憾。但可以相信，随着中国企业海外并购的快速发展，海外并购的有效样本数据会不断扩大，且随着时间推移，海外并购中控制权不同配置模式的配置效果也会逐步显现，因此，在未来研究中可依据充足的海外并购样本对影响控制权相机配置的关键要素进行大样本统计分析和检验，提升研究的信度。

（2）由于控制权配置问题的研究被忽视（Hitt et al.，2004），实践中控制权配置问题涉及的很多内容都是公司内幕信息，较为隐蔽，难以通过公开渠道获取（赵晶等，2014），且并购数据的商业机密属性（乐琦、蓝海林，2010），致使本书在样本数据获得上同样遇到了较多的困难。尽管本书通过多角度进行样本数据的挖掘，但受客观条件限制，本书在数据获得的全面性和深度上仍然存在不足，导致在典型案例样本的选择上仍然以媒体广为关注的、社会反响比较强烈的海外并购的经典案例为主要案例样本，影响了案例样本的新颖性。针对这方面的不足，未来研究中可通过增加跨案例样本数、与案例企业联合研究等方式增加研究的深度。

（3）本书是从主并企业视角研究海外并购中控制权相机配置问题，这种研究角度存在一定的片面性，被并企业的反应同样是重要的研究视角（Knoerich，2010）。以被并企业为样本，研究影响控制权配置的各因素在被并企业中的反应，讨论不同控制权配置模式的效果，会使研究结论的效度得以提升。受研究问题、研究篇幅和客观条件限制，本书尚未从被并企业视角开展相关研究，这也是未来研究中可以努力的方向。

参考文献

[1] Aghion, P. & H. Tirole, 1997, "Real and Formal Authority in Organizations"[J]. *American Economic Review*, Vol. 5, pp. 777 –795.

[2] Aghion, P. & P. Bolton, 1992, "An Incomplete Contract Approach to Financial Contracting"[J]. *Review of Economics Studies*, Vol. 59, pp. 473 –494.

[3] Agrawal, A. & C. R. Knoeber, 1996, "Firm Performance and Mechanisms to Control Agency Problems Between Managers and Shareholders" [J]. *Journal of Financial and Quantitative Analysis*, Vol. 31 (3), pp. 377 –397.

[4] Amiryany, N., M. Huysman & de man. Ard-Pieter, 2012, "Acquisition Reconfiguration Capability" [J]. European Journal of Innovation Management, Vol. 15 (2), pp. 177 –191.

[5] Andersen, O., 1997, Internationalization and Market Entry Mode: A Review of Theories and Concept Tualframe Work [J]. *Manag. Int. Rev.*, Vol. 37, pp. 27 –42.

[6] Barkema, H. G., J. H. J. Bell & J. M. Pennings, 1996, "Foreign entry, Cultural Barriers and Learning" [J]. *Strategic Management Journal*, Vol. 17, pp. 151 –166.

[7] Bebchuk, L. A. & J. M. Fried, 2003, "Executive Compensation as an Agency Problem" [J]. *Journal of Economics Perspectives*, Vol. 17 (3), pp. 71 –92.

[8] Bebchul, L. A., A. Cohen & A. Ferrell, 2009, "Whet Matters in Corporate Governance?" [J]. *Review of Financial Studies*, Vol. 22 (2), pp. 783 –827.

[9] Beiner, S., D. Wolfgang, M. S. Markus & Z. Heinz, 2006, "An Integrated Framework of Corporate Governance and Firm Valuation"[J]. *European Financial Management*, Vol. 12 (2), pp. 249 –283.

[10] Bennedsen, M., K. Nielsen, F. Pe'rez-Gonza'lez & D. Wolfenzon,

2007, "Inside the Family Firm: the Role of Families in Succession Decisions and Performance"[J]. *Quarterly Jonrnal of Economics*, Vol. 122 (2), pp. 647 – 691.

[11] Berle A. & G. Means, 1932, The Modern Corporation and Private Property [R]. New York: World inc.

[12] Birkinshaw, J. M. & A. J. Morrison, 1995, "Configurations of Strategy and Structure in Subsidiaries of Multinational Corporations"[J]. *Journal of International Business Studies*, Vol. 26 (4), pp. 729 – 754.

[13] Bourdieu, 1985, The Forms of Capital, in Handbook of Theory and Research for the Sociology of Education [M]. New York: Greenwood .

[14] Buono, A. F. & J. L. Bowditch, 1989, The Human Side or Mergers and Acquisitions: Managing Collisions Between People and Organizations [M]. San Francisco: Jossey-Bass.

[15] Burns, T. & G. M. Stalker, 1961, The management of innovation [M]. London: Tavistock.

[16] Byrd, J. W. & K. A. Hickman, 1992, "Do Outside Directors Monitor Managers? Evidence from Tender Offer Bids"[J]. *Journal of Finance Economics*, Vol. 32 (2), pp. 195 – 221.

[17] Calori, R. , M. Lubatkin, & P. Very, 1994, "Control Mechanisms in Cross-border Acquisitions: an International Comparison"[J]. *Organization Studies*. Vol. 15, pp. 361 – 379.

[18] Cantwell, J. A. & P. E. E. Tolentino, 1990, Technological Accumulation and Third Word Multinationals [R]. Discussion Papers in International Investment and Business Studies, University of Reading.

[19] Capron, L. & J. Annand, 2007, Acquisition-based dynamic capabilities. Dynamic capabilities: Understanding strategic change in organizations [M]. Mcmillan, London.

[20] Casson, M. C. , 1976, The Future of Multinational Enterprise [M]. Mcmillan, London.

[21] Caves, R. E. , 1996, Multinational enterprise and economic analysis [M]. Cambridge university press.

[22] Chandler, A. , Scale & Scope, 1990, The Dynamics of Industrial

Capitalism, Cambridge [M]. MA: The Belknap Press of Harvard University.

[23] Child, J. , 1973, "Strategies of Control and Organizational Behavior" [J]. *Administrative Science Quarterly*, Vol. 18, pp. 1 – 17.

[24] Child J. , 1984, Organization: A Guide to Problems and Practices [M]. London: Kaiser & Row .

[25] Chi-kun, Ho. , 2005, "Corporate Governance and Corporate Competitiveness: an International Analysis" [J]. *Corporate Governance*, Vol. 13 (2), pp. 211 –253.

[26] Claessens S. , S. Djankov, J. P. H. Fan & L. H. P. Lang, 1999, "On Expropriation of Minority Shareholders: Evidence from East Asia" [R]. New York: World Bank Working Paper .

[27] Copron, L. & M. Guillen, 2009, "National corporate governance institutions and post-acquisition target reorganization" [J]. *Strategic Management Journal.* Vol. 30, 8.

[28] Demsetz, H. , 1997, The Economics of the Business Firm: Seven Critical Commentaries [M]. London: Cambridge University Press.

[29] Demsetz, H. & K. Lehn, 1985, "The Structure of Corporate Ownership: Causes and Consequences" [J]. *Journal of Political Economics*, Vol. 93, pp. 1154 – 1177.

[30] Denekamp, J. G. , 1995, "Intangible Assets, Internalization and Foreign Direct Investment in Manufacturing" [J]. *Journal of International Business Studies*, pp. 493 – 504.

[31] Dikova, D. & P. R. Sahib, 2013, "Is Cultural Distance a Bane or a Boon for Cross-border Acquisition Performance?" [J]. *Journal of World Business*, Vol. 48, pp. 77 – 86.

[32] Doidge, C. , A. Karolyi & R. Stulz, 2007, "Why do countries matter so much for corporate governance?" [J]. Journal of Financial Economics, Vol. 86, pp. 1 – 39.

[33] Dunning, J. H. , 2000, "The Eclectic Paradigm as an Envelope for Economic and Business: Theories of MNE Activity" [R]. *International Business Review*, Vol. 9.

[34] Dunning, J. H. , 1977, "Trade, Location of Economic Activities

and the MNE: A Search for Eclectic Approach, in Bolin"[J]. *International Allocation of Economic Activity*, *Holms & Meier*, Vol. 26 (3), pp289 –336.

[35] Dunning, J. H. & L. Sarianna, 2008, "Institutions and the OLI Paradigm of the Multinational Enterprise"[J]. *Asia Pacific Journal of Management*, Vol. 25 (4), pp. 573 –593.

[36] Dyck, A. & L. Zingales, 2004, "Private Benefits of Control: an International Comparison"[J]. *Journal of Finance*, Vol. 59 (2), pp. 537 –599.

[37] Eisenhardt, K. M. , 1989, "Building Theories from Case Study Research"[R]. *Academy of Management Review*.

[38] Emerson, R. M. , 1962, "Power-dependence relations"[J]. *American Sociological Review*, Vol. 27, pp. 31 –41.

[39] Fama, E. F. , 1980, "Agency Problems and the Theory of the Firm"[J]. *Journal of Political Economy*, Vol. 88, pp. 288 –307.

[40] Fama, E. & M. C. Jensen, 1983, "Agency Problem and Residual Claims"[J]. *Journal of Law and Economics*, Vol. 26 (8), pp. 327 –349.

[41] Frence & Raven, 1959, "The Bases of Social Power. Ann Arbor: University of Michigan"[R]. Institute for Social Research.

[42] Gates, S. R. , and W. G. Egelhoff, 1986, "Centralization in Headquarters-Subsidiary Relations"[J]. *Journal of International Business Studies*, Vol. 17 (2), pp. 71 –92.

[43] Garnier, G. , 1982, "Context and Decision-Making Autonomy in the Foreign Affiliates of U. S. Multinational Corporations"[J]. *Academy of Management Jo urnal*, Vol. 25, pp. 893 –908.

[44] Geringer, J. M. , & L. Hebert, 1989, "Control and performance of international joint ventures"[J]. *Journal of International Business Studies*. Vol. 20, pp. 235 –254.

[45] Geringer, J. M. & C. A. Frayne, 1990, "Human Resource Management and International Joint Venture Control: A Parent Company Perspective. "[J]. *Management International Review*, Vol. 30, pp. 103 –120.

[46] Grossman, S. & O. Hart, 1986, "The Costs and the Benefits of Ownership: A Theory of Vertical and Lateral Integration"[J]. *Journal of Political Economy*, Vol. 94, pp. 691 –719.

〔47〕Grossman, S. & O. Hart, 1988, "One Share on Vote and the Market for Corporate Control"〔J〕. *Journal of Financial Economics*, Vol. 20.

〔48〕Gompers, P. , J. Ishii & A. Metreck, 2003, "Corporate Governance and Equity Prices"〔J〕. *The Quarterly Journal of Economics*, Vol. 118 (1), pp. 107 – 155.

〔49〕Guiso, L. , P. Sapienza & L. Zingales, 2006, "Does Culture Affect Economic Outcomes?"〔J〕. *The Journal of Economic Perspectives*, Vol. 20 (2), pp. 23 – 48.

〔50〕Gupta, A. K. , 1987, "SBU Strategies, Corporate-SBU Relations and SBU Effectiveness in Strategy Implementation"〔J〕. *Academy of Management Journal*, Vol. 30 (3), pp. 477 – 500.

〔51〕Gupta, A. K. & V. Govindarajan, 1991, "Knowledge Flows and the Structure of Control within Multinational Corporations"〔J〕. *The Academy of Management Review*, Vol. 16, pp. 768 – 792.

〔52〕Habeck, M. , F. Kröger, & M. Träm, 2000, After the Merger 〔M〕. London: Prentice Hall.

〔53〕Haspeslagh, P. G. , & D. B. Jemison, 1991, Managing Acquisitions: Creating Value Through Corporate Renewal 〔M〕. The Free Press, New Youk.

〔54〕Helfat, C. E. & M. A. Peteraf, 2003, "The Dynamic Resource-Based View: Capability Lifecycles" 〔J〕. *Strategic Management Journal*, Vol. 24, pp. 997 – 1010.

〔55〕Hickson, D. J. , C. R. Hinings, C. A. Lee, R. E. Schnedk, & J. M. Pennings, 1971, "A Strategic Contingencies Theory of Intraorganizational Powr"〔J〕. *Administrative Science Quarterly*, Vol. 16, pp. 216 – 229.

〔56〕Hitt, M. A. , D. Ahlstrom, M. T. Dacin, E. Levitas, & L. Svobodina, 2004, "The Institutional Effects on Strategic Alliance Partner Selection in Transition Economies: China vs. Russia"〔J〕. *Organization Science*, Vol. 15, pp. 173 – 185.

〔57〕Hitt, M. A. , R. E. Hoskisson & R. D. Ireland, 1990, "Mergers and Acquisitions and Managerial Commitment to Innovation in M-form Firms"〔J〕. *Strategic Management Journal*, Vol. 11, pp. 29 – 47.

［58］ Hoskisson, R. E. & M. A. Hitt, 1988, "Strategic Control Systems and Relative R&D Investment in Large Multi-product Firms"［J］. *Strategic Management Journal*, Vol. 6, pp. 605 – 621.

［59］ Hood, N. & S. Young, 1979, The economics of Multinational Enterprise［M］. Longman.

［60］ Inkpen, C. Andrew & Paul W. Beamish, 1997, "Knowledge, Bargaining Power and the Instability of International Joint Ventures"［J］. *Academy of Management Review*, Vol. 22 (1), pp. 177 – 202.

［61］ Isabel Feito-Ruiz, Susana Menéndez-Requejo, 2011, "Cross-border M&A Mergers and Acquisitions in Different Legal Environments"［J］. *International Review of Law and Economics*, Vol. 31 (3), pp. 169 – 187.

［62］ Jensen, M. C. & William H. Meckling, 1976, "Theory of the Firm: Managerial Behavior, Agency Costs and Ownership Structure"［J］. *Journal of Financial Economics*, Vol. 3 (4), pp. 305 – 360.

［63］ Joseph S. N. , 1990, "Soft power"［J］. Foreign Policy, Vol. 80, pp. 153 – 171.

［64］ Kaufmann, D. , A. Kraay & M. Mastruzzi, 2010, The Orldwide Governance Indicators: Methodology and Analytical Issues［R］. World Bank: Policy Research Working Paper 5430.

［65］ Knoerich, J. , 2010, "Gaining from the Global Ambitions of Emerging Economy Enterprises: an Analysis of the Decision to Sell a German Firm to a Chinese Acquirer"［J］. *Journal of International Management*, Vol. 16, pp. 177 – 191.

［66］ Kose, J. , S. Freund, D. Nguyen & G. K. Vasudevan, 2010, "Investor Protection and Cross-border Acquisitions of Private and Public Targets"［J］. *Jonrnal of Corporate Finance*, Vol. 16 (3), pp. 259 – 275.

［67］ Kumar, S. & A. Seth, 1998, "The Design of Coordination and Control Mechanisms for Managing Joint Venture-parent Relationships"［J］. *Strategic Management Journal*, Vol. 19, pp. 579 – 599.

［68］ Lang, A. , C. Smallman, H. Tsoukas, & A. H. Van de Ven, 2013, "Process Studies of Change in Organization and Management: Unveiling Temporality, Activity and Flow"［J］. *Academy of Management Journal*, Vol. 56 (1), pp. 1 – 13.

〔69〕La porta, R. , F. Lopez-de-Silance, A. Shleifer, & R. Vishny, 1999, "Corporate Ownership Around the Word"〔J〕. *The Journal of Finance*, Vol. 54, pp. 471 –517.

〔70〕Larsson, R. & M. Lubatkin, 2001, "Achieving Acculturation in Mergers and Acquisitions: An International Case Survey"〔J〕. *Human Relations*, Vol. 54 (12), pp. 1573 –1607.

〔71〕Lipton, M. & J. W. Lorsch, 1992, "A Model Proposal for Improved Corporate Governance"〔J〕. *Business Lawyer*, Vol. 48 (1), pp. 831 –880.

〔72〕Lubatkin, M. , Calori, R. , Very, P. , & J. F. Veiga, 1998, "Management Mergers Across Borders: a Two Nation Exploration of a Nationally Bound Administrative Heritage"〔J〕. *Organization Studies*, Vol. 9, pp. 670 –684.

〔73〕Madhok, A. , 1997, "Cost, Value and Foreign Market Entry Mode: the Transaction and the Firm"〔J〕. *Strategic Management Journal*, Vol. 18, pp. 39 –61.

〔74〕Manne, H. , 1965, "Mergers and the Market for Corporate Control"〔J〕. *Journal of Political Economy*, Vol. 75, pp. 26 –110.

〔75〕McKnight P. J. & C. Tomkins, 1999, "Top Executive Pay in the United Kingdom: A Corporate Governance Dilemma"〔J〕. *International Journal of the Economics of Business*, Vol. 6 (2), pp. 223 –243.

〔76〕Melvin, A. , 1978, Conant, Fern Racine Gold, The Geopolitics of Energy〔M〕. Westview Press, Boulder Colorado.

〔77〕Miles, R. E & C. C. Snow, 1978, Organizational Strategy Structure and Process〔M〕. McGraW-Hill, New York.

〔78〕Mintzberg H. , 1983, power In and Around Organizations〔M〕. Upper Saddle River, NJ: Prentice Hall .

〔79〕Moerland, P. W. , 1995, "Alternative Disciplinary Mechanisms in Different Corporate Systems"〔J〕. *Journal of Economic Behaviour and Organization*, Vol. 26, pp. 17 –34.

〔80〕Nelson, R. R. & S. G. Winter, 1982, An Evolutionary Theory of Economic Change〔M〕. Belknap Press .

〔81〕Newburry, W. & Y. Zeira, 1997, "Generic Differences Between Equity International Joint Ventures, International Acquisitions, and International

Greenfield Investments: Implications for Parent Companies" [J]. *World Bus*, Vol. 2, pp. 87 – 102.

[82] Ouchi, W. G. , 1979, "A Conceptual Framework for the Design of Organizational Control Mechanisms" [J]. *Management Science*, Vol. 25, pp. 838 – 848.

[83] Patton, M. Q. , 2002, Qualitative Research & Evaluation Methods (3rd ed.) . Thousand Oaks, . CA: Sage.

[84] Pan, Y. & D. K. Tse, 2000, "The Hierarchical Model of Market Entry Modes" [J]. *Int. Bus. Stud.* , Vol. 31, pp. 535 – 554.

[85] Prahalad, C. K. & Y. L. Doz, 1987, The Multinational Mission, Balancing Local Demands and Global Vision [M]. New York: The Free Press.

[86] Prahalad, C. K. & R. A. Bettis, 1986, "The Dominant Logic: A New Linkage Between Diversity and Performance" [J]. *Strategic Management Journal*, Vol. 6, pp. 485 – 501.

[87] Sirower, M. , 1997, The Synergy Trap: How Companies Lose the Acquisition Game [M]. New York: Free Press.

[88] Schaan, J. L. , 1988, "How to Control a Joint Venture Even as a Minority Partner" [J]. *Journal of General Management*, Vol. 14 (1), pp. 4 – 16.

[89] Scharfstein, D. S. , 1998, "The Dark Side of Internal Capital Markets II: Evidence from Diversified Conglomerates" [R]. Working Paper, MIT Sloan School of Management.

[90] Shimizu, K. , M. A. Hitt, D. Vaidyanath & V. Pisano, 2004, "Theoretical Foundations of Cross-border Mergers and Acquisitions: A Review of Current Research and Recommendations for the Future" [J]. *Journal of International Management*, Vol. 10, pp. 307 – 353.

[91] Shleifer, A. & R. Vishny, 1986, "Large Shareholders and Corporate Control" [J]. *Journal of Political Economy*, Vol. 94 (3), pp. 461 – 488.

[92] Simons, R. , 1994, "How New Top Managers Use Control Systems as Levers of Strategic Renewal" [J]. *Strategic Management Journal*, Vol. 15, pp. 169 – 189.

[93] Sun sunny Li, W. Mike Peng, Ren Bing & Yan Daying, 2012, "A Comparative Ownership Advantage Framework for Cross-Border M&As: The Rise of Chinese and Indian MNEs" [J]. *Journal of World Business*, Vol. 47 (1),

pp. 4 – 16.

［94］Takeo Hoshi, 1999, Japanese Corporate Governance as a System in K. J. Hopt Etc, Comparative Corporate Governance ［M］. oxford University press.

［95］Teece, D. J., G. Pisano & A. Shuen, 1997, "Dynamic Capabilities and Strategic Management"［J］. *Strategic Management Journal*, Vol. 18 (7), pp. 509 –533.

［96］Very, P., M. Lubatkin & R. Calori, 1996, "A Cross-national Assessment of Acculturative Stress in Recent European Mergers"［J］. *International Studies of Management and Organization*, Vol. 26, pp. 59 – 86.

［97］Von, K. G., 1998, "Care in Knowledge Creation"［J］. *California Management Review*, Vol. 100 (3), pp. 133 – 153.

［98］Weber, Y., O. Shenkar & A. Raveh, 1996, "National and corporate Fit in M&A: an Exploratory Study"［J］. *Management Science*, Vol. 4, pp. 1215 – 1227.

［99］Yin, R. K., 1994, Case Study Research: Design and Methods (2nd Edition) ［M］. Thousand Oaks: Sage Publications.

［100］爱冈·纽伯格和威廉·达菲（荣敬本等译）. 比较经济体制：从决策角度进行的比较 ［M］. 北京：商务印书馆，1984.

［101］彼得·德鲁克著，许斌译. 管理的前沿 ［M］. 北京：企业管理出版社，1988.

［102］博鳌亚洲论坛. 亚洲竞争力 2013 年度报告 ［R］. 北京：对外经济贸易大学出版社，2013.

［103］崔淼，欧阳桃花，徐志. 基于资源演化的跨国公司在华合资企业控制权的动态配置 ［J］. 管理世界，2013 (6)：153 –169.

［104］车汉澍. 东亚公司治理模式研究 ［D］. 吉林大学博士研究生论文，2005.

［105］陈仕华，郑文全. 公司治理理论的最新进展：一个新的分析框架 ［J］. 管理世界，2010 (2)：156 –166.

［106］陈敏灵，党兴华，韩瑾，石琳. 科技型创业企业的控制权配置机理及仿真——基于相机控制模式的分析 ［J］. 软科学，2015 (7)：83 –88.

［107］方竹兰. 人力资本所有者拥有企业所有权是一个趋势——兼与张维迎博士商榷 ［J］. 经济研究，1997 (6)：36 –40.

[108] 冯根福. 双重委托代理理论——上市公司治理的另一种分析框架 [J]. 经济研究, 2004 (12): 16-25.

[109] 付雷鸣, 万迪昉, 张雅慧. 创业企业控制权配置与创业投资退出问题探讨 [J]. 外国经济与管理, 2009 (2): 8-14.

[110] 樊治平. 知识管理研究 [M]. 沈阳: 东北大学出版社, 2003.

[111] 高闯, 关鑫. 社会资本、网络连带与上市公司终极股东控制权 [J]. 中国工业经济, 2008 (9): 88-97.

[112] 高辉: 中国上市公司控制权及其流动性研究 [M]. 成都: 西南财经大学出版社, 2010.

[113] 高谦: 资本结构与公司控制权安排研究 [M]. 北京: 中国金融出版社, 2009.

[114] 葛晨, 徐金发. 母子公司的管理与控制模式——北大方正集团、中国华诚集团等管理与控制模式案例评析 [J]. 管理世界, 1999 (6): 190-196.

[115] 郝臣, 李礼. 公司治理模式的多维度比较研究: 构建公司治理权变模式 [J]. 南开管理评论, 2006 (9): 84-89.

[116] 何自力. 家族资本主义、经理资本主义与机构资本主义——对股份公司所有权与控制权关系演进和变化的分析 [J]. 南开经济研究, 2001 (1): 9-14.

[117] 胡峰. 跨国公司在华并购论 [M]. 广州: 广东经济出版社, 2003.

[118] 胡天存, 杨鸥. 上市公司控制权配置现状与效率研究 [C]. 深圳证券交易所第六届会员单位、基金公司研究报告, 2003.

[119] 黄中生. 公司治理的财务控制权配置研究 [M]. 南京: 东南大学出版社, 2008.

[120] [美] J. 弗雷德. 威斯通, [韩] S. 郑光, [美] 苏姗. E. 侯格著 [唐旭 等译]. 兼并、重组与公司控制 [M]. 北京: 经济科学出版社, 1998.

[121] 简新华. 委托代理风险与国有企业改革 [J]. 经济研究, 1998 (9): 44-49.

[122] 姜军. 公司并购交易与管控 [M]. 北京: 知识产权出版社, 2014.

[123] 拉杰科斯, 威斯顿. 并购的艺术: 整合 [M]. 北京: 中国财政经济出版社, 2001.

[124]［法］劳伦斯·凯普伦，［加］威尔·米切尔著，李茶，刘星，马娜，夏惠娟译．企业成长的动力：内增、外借还是并购［M］．北京：机械工业出版社，2014．

[125] 乐琦，蓝海林．基于合法性视角的并购后控制与并购绩效关系的实证研究［M］．北京：经济科学出版社，2010．

[126] 李桂芳．中国企业对外直接投资分析报告2013［R］．北京：中国人民大学出版社，2013．

[127] 李维安，徐业坤，宋文洋．公司治理评价研究前沿探析［J］．外国经济与管理，2011（8）：57-65．

[128] 李维安，张国萍．经理层治理评价指数与相关绩效的实证研究［J］．经济研究，2005（11）：81-93．

[129] 李晓华．比较优势、竞争优势与中国企业的跨境并购［J］．经济管理，2011（5）：56-63．

[130] 联合国贸易和发展会议［UNCTAD］．世界投资报告2000——跨国并购与发展［R］．北京：中国财政经济出版社，2001．

[131] 联合国贸易和发展会议．世界投资报告2002——跨国公司和出口竞争力［R］．北京：中国财政经济出版社，2003．

[132] 联合国贸易和发展组织．世界投资报告2011——国际生产和发展的非股权形式［R］．北京：经济管理出版社，2011．

[133] 联合国贸易和发展组织．世界投资报告2012——迈向新一代投资政策［R］．北京：经济管理出版社，2012．

[134] 联合国贸易和发展组织．世界投资报告2013——全球价值链：促进发展的投资与贸易［R］．北京：经济管理出版社，2013．

[135] 联合国贸易和发展组织．世界投资报告2014——投资于可持续发展目标：一项行动计划［R］．北京：经济管理出版社，2014．

[136] 联合国贸易和发展组织．世界投资报告2015——重构国际投资机制［R］．天津：南开大学出版社，2015．

[137] 梁运文．企业家精神、战略演化与持久竞争优势［J］．广西大学学报［哲学社会科学版］，2008（8）：14-19．

[138] 林润辉，徐业坤．跨国公司进入的股权治理模式选择［C］．第六届公司治理国际研讨会会议论文，2011．

[139] 刘磊，万迪昉．企业中的核心控制权与一般控制权［J］．中国

工业经济, 2004 (2): 68 - 77.

[140] 刘芍佳, 孙霈, 刘乃全: 终极产权论、股权结构及公司绩效 [J]. 经济研究, 2003 (4): 51 - 93.

[141] 刘淑莲. 并购对价与融资方式选择: 控制权转移与风险承担 [J]. 投资研究, 2011 (7): 130 - 140.

[142] 刘文纲. 企业购并中的无形资产同效应分析 [J]. 经济体制改革, 1999 (6): 74 - 78.

[143] 刘文纲, 汪林生, 孙永波: 跨国并购中的无形资源优势转移分析——以 TCL 集团和万向集团跨国并购实践为例 [J]. 中国工业经济, 2007 (3): 120 - 128.

[144] 刘银国, 高莹, 白文周: 股权结构与公司绩效相关性研究 [J]. 管理世界, 2010 (9): 177 - 180.

[145] [美] 迈克尔·波特著、陈小悦译. 竞争优势 [M]. 北京: 华夏出版社, 2005.

[146] 马金城. 中国企业海外并购中的对价支付策略研究 [J]. 宏观经济研究, 2012 (10): 63 - 69.

[147] 马金城, 江宇博, 马梦骁. 国有企业海外并购中的政治性歧视与反歧视——以中海油并购优尼科、尼克森公司为例 [J]. 国有资产管理, 2013 (9): 41 - 47.

[148] 马金城, 焦冠男, 马梦骁. 中国企业海外并购行业分布的动态变化与驱动因素: 2005 - 2012 [J]. 宏观经济研究, 2014 (1): 33 - 42.

[149] 马金城, 柳志光. 并购情境下目标公司的控制权配置倾向与公司绩效 [J]. 预测, 2014 (3): 51 - 56.

[150] 马金城, 王磊. 所有者弱控制环境下跨国并购整合效率的缺失——以上汽并购双龙为例 [J]. 财经问题研究, 2008 (8): 105 - 110.

[151] 迈克尔 E.S 弗兰克尔: 并购原理: 收购、剥离和投资 [M]. 大连: 东北财经大学出版社, 2009.

[152] 潘爱玲, 任刚. 跨国并购与公司治理的互动关系研究 [J]. 山东大学学报, 2003 (1): 99 - 103.

[153] 彭灿. 知识资本、社会资本与研发团队的有效性 [J]. 技术经济, 2010 (10): 28 - 33.

[154] 商务部, 国家统计局, 国家外汇管理局. 2014 年度中国对外直

接投资统计公报 [R]. 北京：中国统计出版社，2015.

[155] 商务部，国家统计局，国家外汇管理局. 2013 年度中国对外直接投资统计公报 [R]. 北京：中国统计出版社，2014.

[156] 商务部，统计局，外汇管理局. 2012 年度中国对外直接投资统计公报 [R]. 北京：中国统计出版社，2013.

[157] 尚玉钒，富萍萍，莊珮雯. 权力来源的第三个维度——"关系权力"的实证研究 [J]. 管理学家学术版，2011（1）：3 - 11.

[158] 宋清华. 资本市场与公司治理 [J]. 中南财经政法大学学报，2004（1）：57 - 63.

[159] Stephen P. Robbins，Mary Coulter. 管理学 [第11版] [M]. 北京：中国人民大学出版社，2012.

[160] 苏敬勤，刘静. 中国企业并购潮动机研究——基于西方理论与中国企业的对比 [J]. 南开管理评论，2013（2）：57 - 63.

[161] 汤欣. 公司治理与上市公司收购 [M]. 北京：中国人民大学出版社，2001.

[162] 田泽. 中国企业海外并购理论与实践研究 [M]. 北京：化学工业出版社，2010.

[163] 王凤彬. 科层组织中的异层级化趋向 [J]. 管理世界，2009（2）：101 - 122.

[164] 王燕莉. 公司社会责任的本土化实现 [J]. 西南民族大学学报（人文社会科学版），2011（4）：104 - 107.

[165] 王砚羽，谢伟，乔元波，李习保. 隐形的手：政治基因对企业并购控制倾向的影响 [J]. 管理世界，2014（8）：102 - 114.

[166] 魏涛. 中国企业海外并购动因分析及整合研究——基于无形资源的视角 [D]. 西南财经大学博士论文，2012.

[167] 吴斌，黄鸣峰. 企业绩效、高管人力资本特征与控制权配置 [J]. 中国软科学，2011（4）：161 - 174.

[168] 吴文武. 跨国公司新论 [M]. 北京：北京大学出版社，2000.

[169] 徐细雄，刘星. 创始人权威、控制权配置与家庭企业治理转型 [J]. 中国工业经济，2012（2）：99 - 106.

[170] 徐细雄，淦未宇. 管理层控制、制度环境与公司治理效率：理论与实证 [M]. 北京：中国经济出版社，2013.

[171] 徐细雄，淦未宇，万迪昉．企业控制权动态配置的内在机理及其治理效应［J］．经济科学，2008（4）：87 - 98．

[172] 薛求知，罗来军．跨国公司控制合资子公司的机制探析［J］．财贸研究，2006（4）：96 - 101．

[173] 杨忠智．企业海外并购及海外子公司内部控制研究［M］．厦门：厦门大学出版社，2010．

[174] 杨忠智．跨国并购战略与对海外子公司内部控制［J］．管理世界，2011（1）：184 - 185．

[175] 殷召良．公司控制权法律问题研究［M］．北京：法律出版社，2001．

[176] 易阳，宋顺林，谢新敏，谭劲松．创始人专用性资产、堑壕效应与公司控制权配置——基于雷士照明的案例分析［J］．会计研究，2016（1）：63 - 70．

[177] 叶勇，胡培，刘乃全．终极产权论，股权结构与公司绩效［J］．管理科学，2005（4）：58 - 64．

[178] 尹盛焕．企业所有权优势与进入模式——中国企业在韩投资研究［J］．国际贸易问题，2004（11）：73 - 78．

[179] 于伟，周建，刘小元．企业战略与公司治理互动视角下的跨国公司治理问题研究［J］．外国经济与管理，2008（7）：1 - 11．

[180] 左庆乐．企业集团母子公司管理模式和管理控制［J］．云南财贸学院学报［社会科学版］，2003（5）：59 - 61．

[181] 张维迎．产权、激励与公司治理［M］．北京：经济科学出版社，2005．

[182] 张维迎．控制权损失的不可补偿性与国有企业兼并中的产权障碍［J］．经济研究，1998（7）：7 - 14．

[183] 张维迎．所有制、治理结构及委托— 代理关系——兼评崔之元和周其仁的一些观点［J］．经济研究，1996（9）：3 - 16．

[184] 张维迎：企业的企业家——契约理论［M］．上海：上海三联书店，上海人民出版社，1995．

[185] 赵晶，关鑫，高闯．社会资本控制替代了股权控制链吗［J］．管理世界，2010（3）：127 - 139．

[186] 赵晶，郭海．公司实际控制权、社会资本控制链与制度环境

[J]. 管理世界, 2014 (9): 160 – 171.

[187] 赵晶, 张书博, 祝丽敏, 王明. 个人资本与组织社会资本契合度对企业实际控制权的影响——基于国美电器和雷士照明的对比 [J]. 中国工业经济, 2014 (3): 121 – 133.

[188] 赵学刚, 何秀华. 公司治理的法文化解释: 美国与欧洲大陆之比较 [J]. 西南民族大学学报: 人文社会科学版, 2011 (10): 70 – 73.

[189] 甄红线, 史永东. 终极所有权结构研究——来自中国上市公司的实证研究 [J]. 中国工业经济, 2008 (11): 108 – 118.

[190] 郑家育. 企业性质、政府行为与真实控制权安排 [M]. 上海: 上海交通大学出版社, 2010.

[191] 周春生. 融资、并购与公司控制 [M]. 北京: 北京大学出版社, 2007.

[192] 周其仁. "控制权回报" 和 "企业家控制的企业" [J]. 经济研究, 1997 (5): 31 – 42.

[193] 周其仁. 市场里的企业: 一个人力资本与非人力资本的特别合约 [J]. 经济研究, 1996 (6): 71 – 79.

[194] 朱红军, 汪辉. 股权制衡可以改善公司治理吗？——宏智科技股份有限公司控制权之争的案例研究 [J]. 管理世界, 2004 (10): 114 – 123.

[195] 朱羿锟. 公司控制权配置论: 制度与效率分析 [M]. 北京: 经济管理出版社, 2001.

[196] 祝继高, 王春飞. 大股东能有效控制管理层吗？——基于国美电器控制权争夺的案例研究 [J]. 管理世界, 2012 (4): 144 – 158.

图书在版编目（CIP）数据

中国企业海外并购中的控制权相机配置策略研究／
马金城著. —北京：经济科学出版社，2016.9
ISBN 978 - 7 - 5141 - 7251 - 5

Ⅰ.①中…　Ⅱ.①马…　Ⅲ.①企业兼并 - 跨国兼并 -
控制权 - 研究 - 中国　Ⅳ.①F279.247

中国版本图书馆 CIP 数据核字（2016）第 216887 号

责任编辑：张　频
责任校对：王肖楠
技术编辑：李　鹏

中国企业海外并购中的控制权相机配置策略研究

马金城　著

经济科学出版社出版、发行　新华书店经销

社址：北京市海淀区阜成路甲 28 号　邮编：100142

总编部电话：010 - 88191217　发行部电话：010 - 88191540

网址：www.esp.com.cn

电子邮件：esp@esp.com.cn

天猫网店：经济科学出版社旗舰店

网址：http://jjkxcbs.tmall.com

北京季蜂印刷有限公司印装

710 × 1000　16 开　16 印张　270000 字

2016 年 9 月第 1 版　2016 年 9 月第 1 次印刷

ISBN 978 - 7 - 5141 - 7251 - 5　定价：42.00 元